The Art and Science of Leadership in a Changing World

FLEX

柔軟なリーダーシップ

権威と協調

を自在に使い分ける

ジェフリー・ハル
著
川﨑千歳
訳

Discover

FLEX

THE ART AND SCIENCE OF LEADERSHIP IN A CHANGING WORLD

by Jeffrey Hull

 This edition published by arrangement with TarcherPerigee, an imprint of Penguin Publishing Group, a division of Penguin Random House LLC through Tuttle-Mori Agency, Inc., Tokyo

――ＫＰに捧げる

目次

第3章

柔軟性を身につける

アルファとベータを自在に切り替える……95

第4章

目的意識を持つ

アインシュタインの宇宙からゴッホの空へ……139

第2部

感情面から見るリーダーシップ

第5章

主導権を握っているのは「部屋の中にいる象」……172

第6章

感情に意識を向ける――IQからEQへ、そしてその先へ……215

第3部 身体面から見るリーダーシップ

第7章 本来の自分になれ 感情を抑え込まず、ときには弱さを認める……251

第8章 体もあなたの大切な一部……282

第9章 コラボレーション

権力者から協力者へ

第10章 エンゲージメント

全身全霊を傾ける

購入特典

リーダーシップスタイルがわかるチェックリスト
「リーダーシップアジリティ自己評価」をお届けします。
下の二次元コードからダウンロードし、自己認識を高め、
他者からの評価を知るツールとしてご活用ください。

特典ページURL
https://d21.co.jp/special/flex/

ユーザー名　discover3028
パスワード　flex

はじめに

「飛行機事故」

天気はほぼ快晴だった。上空から見るサンフランシスコの眺めは素晴らしかったに違いない。音楽交流プログラムに参加するためにソウルを飛び立ってきた70人の高校生たちは、この景色を見て興奮したはずだ。だが死を目前にして、そのボーイング777に搭乗していた誰もが異変に気づいた。後に複数の生存者が語ったところによると、下の護岸壁にそのまま歩いて降り立てそうなほど近くに地面が見えたという。現地時間2013年7月6日の午前11時28分ちょうど、アシアナ航空214便はサンフランシスコ湾と滑走路を隔てる護岸壁に衝突した。3名を除く乗員乗客全員が奇跡的に助かったが、重傷者は数百人にのぼった。

アメリカでは5年ぶり、そして777型機では初となった悲惨な衝突事故の混乱のさなか、3人のパイロットは口裏合わせに苦慮した。

好条件が揃っているときでも、フライトクルーの役割は序列や席割り、機長が誰かによって大きく変わり得る。それでも彼らには、訓練を積んでいたことがひとつある。それは、何か異変に気づいたら声を上げるということ。たとえそれが先輩乗務員や操縦桿を握る機長に逆らうものだとしても、である。かろうじて滑走路に不時着する前、飛行機が護岸壁に急接近していたのは、コックピット内はもちろん、数マイル離れた場所からでもはっきりとわかった。この着陸失敗の惨劇は、対岸にいた見物人たちによってビデオ撮影されていた。操縦席に座っていた機長は後に、「視認進入」するのが「不安」だったと語った。自動操縦装置が故障していたために、機長は自ら窓の外を目視し、タイミングと速度と高度を測って、昔のやり方で飛行機を着陸させなければならなかったのである。だが、2人いた副操縦士のいずれもこの時点では声を上げていない。一方の副操縦士は大型ジェット機の飛行時間が数千時間にもなるベテランで、進入速度が速すぎるうえに高度が低すぎるため、うまく着陸できないと気づいていたのにである。もう1人の副操縦士が「ゴーアラウンド」(着陸を中止し、飛行機を旋回させて再試行せよという意味)と叫んだのは衝突のわずか4秒前だった。もはや手遅れである。なぜもっと早く声を上げる者がいなかったのだろうか?

□上下関係の力学

3000マイルの彼方、同様によく晴れた同じ日の午後、私はアメリカ最大級のとある超名門病院の奥まった場所で麻酔専門のベテラン医師にインタビューをしていた。そのテーマがまさに214便の事故を引き起こした原因そのものだったのはまったくの偶然なのだが、とにかくあの事故のことを忘れられずにまた思い出した。インタビューの相手である産婦人科臨床診療のスペシャリスト、メイ・ピアン＝スミスは、通常の手術室で上下関係にあるスタッフ同士が仕事をする場合につきもののリスクについて研究していた。そして、自身が初めて手がけたその一連の研究結果のひとつを発表し終えたばかりだった。一方の私は、手術を初めて見学した直後だった。手術室には外科医や麻酔専門医や看護師が何人もいて、手術室に備え付けられた複数のコンピュータやロボット装置を操作する技師も何人かいた。私は手術の間じゅう、彼らが複雑に動き回る様子を椅子に座って畏敬の念を持って見守ったのであった。

手術台に乗っている20代とおぼしき男性トムは、運び込まれてきたときには意識があり、饒舌だった。トムが誇らしげにタトゥーを見せると、看護師たちはみな感嘆の声を上げた。トムの口数が少なくなったのは、彼がここにいる理由を看護師のひとりが口にしたときだった。オートバイで高速道路を走行していたトムは、トラクタートレーラーを追い抜こうとして事故を起こし、50フィート（約15メートル）も跳ね飛ばされて鎖骨を骨折したのであった。麻酔をかけられたトムの最後の言葉は、「ありがとう、先生がた。次はもっと気をつけるよ……」だった。

　実を言うと、私は序列を観察するほうに関心があり、テストステロン（男性ホルモン）の過剰分泌が乱暴運転を誘発したのだろうか、などと事故原因についてゆっくり考えてはいなかった。なにしろ、手術室に入った瞬間、スタッフ間の上下関係がはっきりとわかったからだ。最高権力者は外科指導医。一度もメスを手にしなかったとしてもそれは変わらない。執刀していたのは研修医《レジデント》で、手術室看護師《オペナース》や麻酔看護師《CRNA》（訳注：アメリカでは麻酔専門医だけでなく、資格を持った看護師も麻酔をかけることができる）や麻酔指導医に大きな声で指示を出していた。外科指導医は傷口を縫合する研修医の手元を見とがめ、「もう少し丁寧に縫うように」とたしなめた。縫い目が少し雑になっているように（少なくとも彼には）見えたようだ。研修医がつくった手術痕は、その指導医のお墨付きが与えられたものとして永遠に残る。精緻な縫合で有名な外科医が指導しているのだから、変な傷跡でも残されては困るのだろう。

　その後、この上下関係の力学に議論が及んだとき、私はメイに次のような疑問をぶつけた。メイは、手術室で新人医師の研修を指導する麻酔専門医でもあったのである。「スタッフの誰かと指導医の意見が食い違っていたらどうなりますか？　スタッフも声を上げますか？」普通の外科医は反論されるのを快く思わない、とはよく言われる。おそらく全般的にそうだろうし、手術中なら間違いなく嫌がるだろう。私もそれはよくわかっていた。するとメイは、手術や医師のミスを最小限に抑えるうえでの課題について自身が実施した調査の結果を教えてくれた。実態は深刻なものだった。手術ミスによる死亡事例を何百件も調査してわかったのは、チームの誰かが声を上げさえすれば回避できたのに、執刀医の権力が絶大であるがゆえにそれができず、痛ましいミスにつながった事例が頻発していたという事実だった。

それでも朗報はある。メイによれば、病院におけるチーム力学は全米、および全世界で進化しつつあった。2001年から新しい研修課程やプロトコール（訳注：診断や治療の手順、治験の手続きや実施計画など、あらかじめ定められている規定や手順、計画）の運用が開始され、チームでの働き方を若手医師たちに教えるためのシミュレーション・プログラムがカリキュラムに導入されたのである。伝統と序列を尊重しながら、患者の立場での観察、行動、発言も等しく尊重するチームワークのあり方を体で覚えてもらうためだ。何か問題があり、序列の下の者がそれに気づいた場合は、声を上げることが奨励、いや、義務づけられる。群れのリーダーたるアルファドッグに面と向かって声を上げようとする者がひとりもいなかった時代は終わりつつある。

文化的価値観は変えられるか

もちろん、伝統はそう簡単には変わらない。チームワークの重要性が再認識されたとはいえ、下位の、または経験の浅い臨床医にとって、権力者に真実を話すのは当然ながら今でも難しい。手術室で複雑に動き回るスタッフを目の当たりにしてその実態がよく理解できた。威圧的な指導医を目の前にしたら、私だってそう簡単には声を上げられないだろう。主導権を握っていたのは明らかにあの指導医であり、それ以外のスタッフは彼の命令に粛々と従う存在だった。ほとんどの場合はこれでまったく問題ないのだろう。だが、そうでなくなるときは来る。

マルコム・グラッドウェルはベストセラー『天才！ 成功する人々の法則』（講談社）の執筆にあたり、パイロットのミスが決定的要因となった複数の死亡事故を調査した。そして、コックピット内の人間力学の中心に文化という問題が居座っていることに気づいた。序列や経験に基づく知恵を重んじる文化は多く、そのような文化があまりにも深く根付いている場合は、どれほど訓練したとしても下位の職員は上位の職員に従うのである。明らかな異変があったとしてもそれは変わらない。「誰」が正しいかではなく「何」が正しいのかに着目するよう訓練するだけでなく、そのような文化にパイロットを馴染ませておいたなら、こうした墜落事故の多くは起こらなかっただろう、とグラッドウェルは分析している。

文化的価値観がどれほど深く根付き得るのかについて、グラッドウェルは鋭い意見を述べている。状況にもよるが、厳しい状況に対処し、迅速に決断を下して窮地を救える決然としたリーダーが、これからもずっと必要とされるはずだ、と。だが、リーダーに楯突くことに消極的なのは、単なる文化の名残ではないと私は考える。それはいたって人間らしい態度であり、何千年にもわたって家父長的規範に従ってきた結果だと思うのだ。幸い、世界は変わりつつある。これはメイの研究に示されていたし、私の経験によっても裏づけられている。新興企業から〈フォーチュン100〉に名を連ねるような企業まで、何十もの病院、非営利団体、企業組織を見てきたが、世界は確かに変わり始めている。依然としてアルファ型（目標志向のトップダウン型）が主導権を握っているケースは多いが、彼らのような種族も姿を消しつつある。サークルやネットワークで構成された組織モデルが、旧態依然としたピラミッドに急速に取って代わっているからだ。

「ミレニアル世代の価値観」

ミレニアル世代（通常、1981年から1996年の間に生まれた世代と定義される）の価値観に関する研究を見ると、どうやら彼らは他の世代と同様に複雑であるらしい。一般的にミレニアル世代は、職階がきちんとしているよりも、有意義で平等意識の強い、協力関係重視型の文化や職場環境を望んでいる。とはいえ、約70%はリーダーに道案内を求め、経験豊富な専門家のビジョンに従いたいとも答えている。専門知識を持った人からの助言や指導《メンタリング》を欲しているのである。要するに、上司を求めてはいるが、それはアルファではなくベータというわけだ。ただし、「ベータ」と言っても、受動的な人や従属的な人を指す画一的な呼称ではない。リーダーシップの役割においては、命令的でなく威圧的でもないスタイルの人にも同じように価値があり、影響力があるという認識が広まってきている。ベストセラーとなった『内向型人間のすごい力　静かな人が世界を変える』（講談社）の中で著者のスーザン・ケインが示しているのだが、たとえ外向的な文化の中で生きているとしても、内向型の人が驚くほど有能なリーダーになるケースもある。ベータとは、目標志向のトップダウン型から成長志向のプロセス重視型へのマインドセットの転換だ。ベータで生きているとき、私たちは流動的であり、常に進歩の途上にあり、現状を打破する必要性をいつも認識している。

　アルファ型のリーダーは頂点まで登り詰めようとし、結果を出すことを重視する。だが、素晴らしいものが生まれてもすぐに時代遅れとみなされかねず、組織のどこからでも優れたアイデアが湧き出てくるような世界にあっては、このような完成品重視の姿勢からイノベーションが生まれることはない。真の起業家は誰であれ、自分の出した結果に決して満足しない。どれほど成功しようが、その点は同じだ。あくまでも上を目指す情熱、創造力を活用して生産性を向上させようとする熱いこだわりこそが、起業家気質なのである。アルファは勝利を希求し、ベータは成長を希求する。アルファは支配したがり、ベータは何度でも協力し、分かち合い、関与しようとする。

アルファ型リーダーとベータ型リーダー

これからもずっとアルファドッグは存在するだろう。だが、ベータ型リーダーの出現は、絶え間なく変化する世界、すなわち「出世の階段を登り詰める」といった従来の成功の象徴が奇妙で時代遅れに感じられる世界で、より効果的に舵取りをしようとする方向へのマインドセットの変化にほかならない。ベータとは、常に成長している状態を心地よく感じ、出世欲や支配欲はさほどないものの、いつでもどこからでもリーダーシップを発揮したいと思っている状態を指す。

グーグルがＧｍａｉｌを発表したとき、「ベータリリース」という言葉の意味が一挙に変わった。通常、ソフトウェア開発者は「準備が整った」とみなされる段階に達するまで新製品を一般に公開しなかった。準備が完了するまでは、規定の限定フォーマットで何度も工程を繰り返したのである。この場合のベータとは、手直しやバグ修正がまだ行われている最中の状態を意味し、製品は未完成とみなされるのが普通だった。だから企業はベータ版を一般公開しようとは決して考えなかった。

グーグルはこの概念をすべて変えたのである。だが、革命の始まりは静かなものだった（これから見ていくが、これはベータ型リーダーの典型的なやり方だ）。グーグルは限られた数のユーザーにベータ版を公開する一方で、何が機能して何が機能しなかったか、どんな機能が欲しいか、何が気に入って何が気に入らなかったかを教えてくれないかと、ユーザーに意見や感想を求めた。また、これら早期利用者《アーリーアダプター》に対し、この製品を友人に薦めてほしいと依頼した。2004年当時はこのどれもが危険な賭けだった。一般の人々はソフトウェアの欠陥を見つけ、製品を使わなくなるだろうと、多くの評論家や経営幹部（同社の幹部さえ）も懸念していた。だがグーグルは、Gmailがベータ版であり、ユーザーのフィードバックが必要であることを正直に伝えていたため、製品が完成していないという理由でダメージを受けることがなかっただけでなく、次の2つの面で評判が高まった。1．グーグルは公正な仲介人《オネストブローカー》とみなされ、ユーザーは失望するどころか、自分たちが敬意を払われていると感じた。2．実質的にグーグルのチームに加わって製品機能の強化や改良に取り組むよう奨励されているという意味で、ユーザーは特別扱いされていると感じた。

イノベーションを世に送り出す方法はこれでがらりと変わった。グーグルは完璧、つまり「アルファの状態」への到達を目指すのをやめ、改良し続ける方針に転換したのである。製品を宣伝するとき、それが完全なものであるとか欠陥が1つもないなどとは言わない。Ｇｍａｉｌはずっとベータなのだ。今日のリーダーシップのあり方を表す比喩としてこれ以上のものはない。ベータ型リーダーシップの中核にあるのは助け合いの精神で、共有経済《シェアリングエコノミー》への文化的シフトと相通じる。もはや多くの人のキャリアは1つだけではなくなっているし、5つですらない。それと同じで、リーダーシップもはや出世の階段を登り詰めて頂点に達すれば成功というものではなくなった。

私たちはみなミレニアル世代

私は数年前、ミレニアル世代のリーダーの価値観と考え方の変化に関する記事の企画書を『ハーバード・ビジネス・レビュー』誌に送った。戻ってきた返事は次のようなものだった。

「ジェフ、仕事とリーダーシップを取り巻く素晴らしい新世界を描くにしてはよい企画だと思うが、この頃は弊誌としてもミレニアル世代にはさほど注目していない。世代で分ける意味が特にあるとは思えなくなってきているからだ。それに、いわゆるミレニアル世代がX世代やベビーブーマー世代などとどう違うかについては、すでに大量の資料が出回っている」。実を言うと、私も同感なのだ。年齢に関係なく、私のクライアントは相違点より類似点のほうが多い。確かに、若い人たちはスマートフォンやソーシャルメディアとともに育ったが、私たちのほとんどはそういったものを使うのに慣れきっている。私たちはみな同じ経験をしているのだ。ニュースは次から次へと入ってくるし、中毒にでもなったかのように絶えず画面をチェックし、必要に応じていつでも対応できなければいけない。世界との距離や文化的な距離はますます縮まり、誰もが仕事と生活のバランスに苦労している。

結局のところ、私たちは互いに似ていく一方なのだ。たくさんあった区分が次々に消滅していく横並びの時代を私たちは生きている。20世紀にはあったかもしれない雇用の安定は、とっくの昔になくなっている。ミレニアル世代とそれに続く新たなZ世代（1990年代後半から2014年に生まれた世代）が仕事で重視するものは金銭的な利益よりも意味や目的だ、とする調査結果もある。社会意識が高く、健康志向で、変化を起こすことに関心があるという。だがこうした価値観は、ベビーブーマー世代の夢の再来にすぎないのではないだろうか。私のところへ来る年配のクライアントのほとんどは、生計を立てるために利他寄りの価値観を無視してきたが、有意義でやりがいのある仕事を見つけたいという情熱を今でも心の奥底に抱いている。給料だけを目的に働いているわけではない。今の時代は誰もがミレニアル世代なのだ。

「ギアチェンジのためのコーチング

コーチングという仕事は90年代半ばには「カウンセリング」と呼ばれていた。求めに応じて初めて私が社会人のコーチングを始めたのは、情報技術や情報戦略を専門とするコンサルティング会社、ブーズ・アレン・ハミルトンの人事部にいたときだった。共同経営者《パートナー》になるにはどうすればよいだろうかと、大勢のシニアアソシエイトやプリンシパルが不安と欲望を携えて相談にやってきたものである。パートナーはコンサルティング界の至高の目標だった。マッキンゼー、BCG、ベイン、ブーズといったコンサルティング会社は、MBAの学生たちが希望する就職先のトップに挙がっていた。誰もがコンサルティング会社で働きたいと望んでいたのである。運よくアソシエイトとして採用されれば、その後の進路ははっきりしていた。クライアントとの仕事で大きな成果を上げ、上司にかわいがられ、後輩のメンターを務め、世界各地で週に90時間も仕事をすれば、2年で一気に出世街道を駆け上がる。そして4年後にはプリンシパルになっているだろう。この気高い肩書きを手に入れれば、プロジェクトの運営に携わり、雑務を減らして「営業モード」にどっぷり浸かれる。最終的にパートナーになれるかどうかは、ギアチェンジができるかどうかにかかっていた。つまり、プロジェクトの実作業からプロジェクトの運営へ、そしてプロジェクトの受注へと仕事の内容を変えられるかどうかが重要だったのである。リーダーシップスキルが大いに役に立つことはない一方で、クライアントマネージャーとして優秀でなければならなかった。自分の発する一言一句にすがりつき、自分のことを頼りになるコンサルタントだと思ってくれるクライアントのネットワークの育成が重要だったのである。

変わりゆくリーダー像

マーケティングとビジネスを学ぶ修士課程の学生を相手に、現在ニューヨーク大学で教鞭を執っている私は、さまざまな職業や地位の社会人に出会う。彼らは成功を目指しているが、登れる階段がどんどん少なくなっているのを知っている。ゼネラル・エレクトリックやゼネラルモーターズ、ディズニーなど、とりわけ長い歴史のある企業でさえ、幹部クラスへの出世コースを変えざるを得なくなっている。それどころか、成功の定義そのものが変わってきている。

最も注目すべきは、リーダーシップのあり方が変わったことだ。だだっ広い役員室（いまでも存在するが、急速に時代遅れになりつつある）で、数人の経営幹部が会社の進む方向を決定する時代はすでに終わっている。キャリアの浅い者がリーダーシップを発揮するようになっているし、リーダーシップの重要性は増している。あらゆるレベルでのリーダーシップが必要で、下層部が上層部を、上層部が下層部を、中間層が他の階層を導く能力が求められている。そして、私たちが思い浮かべる典型的なリーダー像——権威、カリスマ性、専門知識——そのものが、もはや唯一の選択肢ではなくなっているのである。

「必要なのは「FLEX能力」」

今日、リーダーシップは一部の人だけではなく、多くの人に期待されるものになっている。しかも、多くの人がリーダーシップを発揮できる状況にあるため、チャンスも混乱も生まれている。動きが速く気まぐれに変化する今日の社会で成功するリーダーのタイプは、完全なるアルファでも完全なるベータでもない。必要なのは、強さと敏捷性《アジリティ》を兼ね備えたリーダーシップ筋を鍛え、アルファで行くかベータで行くかを、そのときどきの状況に応じてタイミングよく切り替えられるようにすることだ。要するに、優れたリーダーはこのリーダーシップ筋を自在に使い分ける「FLEX能力」を身につけているのだ。私が教えている大学院生たちは感心なもので、30歳になる前にかなえたいこととして、自分で会社を経営する、スタートアップ企業の幹部になる、チームのマネジメントをする、事業部をつくるなどと豪語している。適応力と俊敏性を備えているべき組織が、若い社会人にリーダーシップを発揮する機会を与え、「無為な時間」を過ごさずに済むようにしているのは、組織のあり方がよい方向に進化している証拠だ。だが、レベルはどうあれ、リーダーとして苦境に立たされた経験のある人なら誰でも知っているように、リーダーとして歩んでいればいくつもの困難に遭遇するものだ。そんなとき役に立つのが、「FLEX能力」なのである。

私のクライアントの多くも、この激動の世界でリーダーシップの課題に直面している。次に紹介する事例の中には、読者のみなさんにも自分のことのように思えるものがあるのではないだろうか。

■遺伝学の博士号を持つ優秀な科学者であるマリーザは、世界的な製薬会社の研究開発担当シニアディレクターに昇進した。だが、いざ蓋を開けてみると、自分はフィラデルフィアの静かな郊外に席があるのに、直属の部下たちの拠点はノルウェー、フランス、アイルランド、インド、スリランカ、オーストラリアとばらばらだった。地元チームはすでに解散しているし、少なくとも1年間は出張の予算がおりない。マリーザの心に最初の疑問が浮かんだ。「顔を合わせる機会が一度もないメンバーを、どうやって率いていけというのだろうか」

■eコマースを手がける創業2年目のスタートアップ企業に初の製品管理担当ディレクターとして採用されたジェイソンは、自分より若い3人の執行役員が直属の上司だった。彼は特定の誰かを直接管理するのではなく、「必要に応じて他のチームから人を引っ張ってくる」ことを期待されていた。ジェイソンが知りたいと思ったのは、「そうしたいと思ったときだけ自分のために働いてくれる人たちを引っ張ってくる方法」だった。

■ラケルはアイビーリーグの大学病院に新しく設置された救命救急部門の初代ディレクターに抜擢されて大喜びしたのも束の間、あることに気がついた。ICUでは非常勤も含めて少なくとも100人を超える医師が働いていたにもかかわらず、ラケルを上司だと認識している人が1人もいなかったのである。なぜなら彼らはみな、循環器内科、一般外科、ペインクリニックなどといった他の診療科にも所属しており、そこでの指揮命令系統がすでに確立されていたからだ。ラケルは嘆いた。「私以外の直属の上司がすでにいる人たちをどうやって率いていけばよいのだろうか」

■急成長中の小売企業にパフォーマンスマーケティング担当シニアディレクターとして採用されたジュリーは、入社して半年も経たないうちに人事部から「360度フィードバック（訳注：同僚、上司、部下など、複数の視点からフィードバックをもらう評価手法）」を受けるよう指示された。すると、彼女には「好感度指数」を上げる必要があるらしい、という噂が広まった。苛立ったジュリーは私にこう尋ねた。「従業員意識調査という名の下で絶えず細かくチェックされているというのに、どうやって成果を上げろというのでしょうか」

新しいリーダーシップの世界へようこそ。ところで、よいニュースがある。いま紹介した4つのエピソードはすべてハッピーエンドを迎えた。組織構造が確立されていない環境では、これまでになかった新しい課題が出現するが、重要な6つの資質「柔軟性」「意志力」「感情的知性」「真正性（自分らしさ）」「協調性」「積極的関与」についての知識をしっかりと身につけ、それらを実践していけば、リーダーになりたいという意欲と新しいアプローチにチャレンジする積極性のある人なら誰でも、夢にも思わなかったような成功を収められる。こう断言できるのは、私のモデルが2つのものをベースにしているからだ。1つは、何よりもまず、信頼できる科学だ。そしてもう1つは、もっと役に立つもの、つまり私がこの目で観察して得た知見である。マリーザ、ジェイソン、ラケル、ジュリーのようなリーダーたちをこの後のページで紹介する。彼らはみな、今日の職場の力学を効果的に操る方法を身につけたリーダーだ。

FIERCEモデルの誕生

マークと初めて顔を合わせたときのことで思い出すのはにおいだ。リーダーシップはその後に来る。30代半ばの整形外科医であるマークと私が出会ったのは、アイビーリーグの大病院の外科、麻酔科、ペインクリニックに所属する有望なチームリーダーを対象とした人材開発プログラムを開催したときだった。研修がコーチングの段階に入ったとき、マークは私に、是非とも2~3日つきっきりで自分の仕事ぶりを観察してほしいと言った。マークはフィードバックに抵抗を示さないどころか、むしろ望んでいた。このようなタイプの人間は珍しい。2013年に手術を見学した時のあの外科医と違って、マークは根っからのベータ型だった。

私たちの1日は午前5時30分から始まった。まずはスターバックスにさっと寄り、それよりもなお短い時間で手術着の着方と手洗いの方法を教わる。手術室に入るとすでに看護師、技師、麻酔専門医、数人の研修医が詰めていて、当然ながら患者もいた。「じっくり見学するといいですよ」とマークが声をかけてくれたので、私は彼と彼のチームが手術をする様子を仔細に見学できた。私はこのハイテク医療の空間にどっぷりと浸かり、患者が麻酔をかけられるのをゾクゾクしながら目を丸くして見守った。

「ベータ型がアルファモードに」

しばらくすると、血液が大量に噴き出してきた。

他の人たちはみな冷静に対処していたが、流血が止まりそうもないと見るや、私はめまいに襲われ、頭がくらくらしてきた。失神するのではないかと思った矢先、さらに嫌なことが起きた。強烈な悪臭が鼻孔をついたのである。マークは血の滴るメスを手にしたまま私のほうを振り向き、小声でこう言った。「とにかく呼吸してください、ジェフ。何回か深呼吸して、座りましょう。すぐによくなりますよ」。看護師が冷たい水の入ったコップを渡してくれた。だんだんと手脚に再び血液が循環していくのが感じられた。そしてまさにそのとき、「脱英雄型リーダーシップ」とでも呼ぶべきものが実践されている現場を目の当たりにしたのである。あの光景は、ある種、オーケストラの演奏のようなもので、マークが指揮棒を振ると、各パートが最高の演奏で応えるのであった。興奮と恐怖の入り交じった体験ではあったが、医学界の世界的名音楽家たちがそれぞれの持ち場でベストを尽くす姿を見られて光栄だった。くだんの外科医と同様、マークは明らかにアルファだった。だが口調は異なり、序列には頓着せずチームワークや助け合いを重んじ、手術室にいる全員の才能や専門技能に敬意を払う姿勢が感じられた。マークが指揮者ではあったが、看護師、麻酔専門医、技師がそれぞれに重要な役割を果たしていた。

それから3時間後、さらに2つの手術を終えたマークについていくと、彼は産科病棟を早足で通って会議室に向かった。なぜ寄り道をするのかと尋ねると、マークは大きな声で答えた。

「いつもこの窓の前を通って中を覗くんですよ。そしてほんのひととき、新しい命が誕生した奇跡に思いを馳せるのです。そうすると、手術室の緊張感から解放されてゆったりとした気分になれます。そうなれば、次の仕事が何であってもユーモアと感謝の気持ちを持って臨めますからね」

マークは文字どおりの意味でも比喩的な意味でも手術着を脱ぎ、ネクタイを締めて会議に臨んだ。マークはスプレッドシートを確認しながら予算について議論していたが、同僚の意見に耳を傾けるのにも自分の意見を伝えるのにも積極的だった。手術のときの上下関係とはうって変わって、連帯感が広がっていた。意見の食い違いがあってもマークの態度は変わらず、熟考し、集中し、他の人の意見を熱心に聞いていた。マークは手術室から会議室に移動する時間をうまく利用して、手術を指揮するために必要なアルファモードから合意形成に努める本来のベータスタイルへと、私の目の前で見事に行動様式を切り替えたのだった。

状況に応じてスタイルを調整するリーダーの能力

その後、私たちは再び休憩を取った。今度は、中庭でサンドイッチをつまみながらの悩み相談だった。相談者は研修期間を終了したばかりの指導医で、重圧に押しつぶされそうになっていたうえ、自分は力不足だと感じていたらしい。私は無言で2人を観察していた。マークはカウンセラーになり、コーチになり、最終的にはこのストレスで疲れ切った新米医師を上手に説得して笑顔で仕事に戻らせた。マークの能力にはまったく恐れ入る。彼は若い同僚の気持ちに寄り添い、励ましてくれていると相手にはっきりわかるやり方でコミュニケーションを取る能力を持っていた。このときのマークは尊大でもなければ戦略的でもなく、現実的で感受性が豊かだった。その日はさらにいくつかの会議と何人かの患者や患者の家族との面会や回診があり、権威ある医師からチームメイト、コーチ、ファミリーセラピストへと素早く変身しながら、過剰なまでに多くの役割を謙虚さとユーモアをもってこなした。次から次へと相手に合わせて難なく対応を変えられるマークを見ていてハッと気づいた。状況に応じてスタイルを調整できるからこそ、彼はリーダーとして有能ぶりを発揮できていたのである。マークはたった1日の間にアルファとベータの両方の資質を体現してみせた。この驚くべき発見から始まった旅の集大成が、本書を支えるＦＩＥＲＣＥモデルである（詳細は後述するが、ＦＩＥＲＣＥは今日のリーダーに不可欠な6つの資質を表す言葉の頭文字から成る頭字語だ。英単語としては、「激しい」、「すさまじい」といった意味のほか、「素晴らしい」、「非常によい」といった意味も持つ）。だが、アルファとベータを自在に使い分ける「ＦＬＥＸ能力」を習得するうえで、マークほど才能に溢れた人が、はたして手本になり得るだろうか。マークをロールモデルに据える前に、やらなければならないことがあった。

まず取りかかったのは、この数年間に手がけた何百件ものコーチング案件を一から見直す作業だった。マークのような医師のほかに、大手銀行、ソフトウェア会社、製薬会社、新興ｅコマース企業、非営利団体の幹部たちをコーチングしてきた私の手元には、ベテランから期待の新人まで、数多くのリーダーに関するデータの宝庫があった。データを調べていると、たくさんのテーマが繰り返し浮かび上がってきた。それは、クライアントの全員とは言わないまでも、その多くがフィードバックを受け、変えてほしいと明示的または暗示的に要望された特徴だ。

大まかに分類すると次のようになる。

■偉そうにしていて、あまり意見を聞いてくれない。
■データに頼りすぎで、情熱や励ましが足りない。
■控えめすぎて、共感や本心や本音を十分に表現していない。
■専門知識を当てにして何でもひとりでやってしまい、チームワークや協調性に欠ける。
■監督過剰、いわゆる「マイクロマネジメント」で、十分な権限を与えてくれない。
■組織が細かすぎる／大雑把すぎるために組織体制と目的の整合性が取れていない。
■結果を出すためにはエネルギーを注ぐのに、新しいものを生み出す挑戦には非協力的。

私が携わったほぼすべてのコーチング案件に、意思決定スタイル、コミュニケーション、感情的知能、信頼性、協調性、関与姿勢への言及があった。

「英雄型リーダーが去った後」

次にやるべきは、同僚へのアンケート調査だった。私が20年間に担当したクライアントの方々が特異な例ではないのを確かめたかったのである。他のエグゼクティブコーチたちは何に焦点を当てていたのだろうか。定期的に出現したのはどのようなテーマだったのだろうか。それから、コーチングとリーダーシップの効果に関する研究をつぶさに調べ、それがこの数十年間でどう進化してきたのか確認した。そこからわかったのは、私が実践の中で気づいた大前提〝英雄型リーダーは死に絶えた〟に科学的裏づけがあることだった。これについて、あるクライアントはこう述べた。「ジェフ、白馬に乗った騎士がやってきて窮地を救ってくれるという神話は、もう私のまわりでは聞かなくなりました。そのようなタイプは徐々にポストを外され始めているのではないでしょうか」

　英雄型リーダーが去ったこの脱英雄型の時代に成功するための鍵は敏捷性《アジリティ》だ。つまり、必要に応じてスタイルを状況に合ったものに変化させ、他の人たちに影響を与え、意欲をかき立て、元気づけられるようでなくてはならない。それも、肩書きや地位やオフィスの大きさに関係なくできなければいけない。何百もの研究によってわかったのは、一般にオーセンティックリーダーシップ（訳注：「自分らしさ」を大切にしたリーダーシップスタイル）とかトランスフォーメーショナルリーダーシップ（訳注：変容をもたらすリーダーシップスタイル）と呼ばれるもの、すなわち私が「脱英雄型」あるいは「ベータ型」と呼ぶスタイルの基盤には、敏捷性《アジリティ》のあるリーダーに不可欠な6つの資質があることだ。この6つの資質（FIERCE）は、誰でも身につけられる次の3つの能力カテゴリに分類できる。

「FIERCEの6つの資質」

思考態度面（マインドセットの力）

- **柔軟性**（Flexibility）：焦点とスタイルを自在に調整する能力
- **意志力**（Intentionality）：集中力を持ってコミュニケーションを取る能力

感情面（感じる力）

- **感情的知性**（Emotional Intelligence）：感情をコントロールして効果的に使う能力
- **真正性**（自分らしさ）（Realness）：沈着冷静でありながらも謙虚さや弱さを見せられる能力

身体面（肉体の力）

- **協調性**（Collaboration）：実証済みの手法を用いてコーチング、メンタリング、

エンパワーメントを行う能力

- **積極的関与**（Engagement）：職場のエネルギーをうまく調整してチームワーク、創造性、パフォーマンスを最大限に引き出す能力

ハーバード大学医学大学院には、マクリーン病院の関連施設としてコーチング研究所（Institute of Coaching）が設置されている。この研究所のリーダーシップチームの一員として私が目標としているのは、コーチングやリーダーシップの動向に関して有益な研究を行い、それらに関する科学的根拠に基づいた研究論文をできるだけ多く読むことだ。私はブルーエプロン（Blue Apron）（訳注：シェフ考案のレシピに沿った、高品質な食材が届くミールキットを配達するサービスを提供する会社）のような急成長中の企業から、モルガン・スタンレーをはじめとする大手企業までさまざまな企業でコーチングしているため、容易に理解できてすぐに実践できる研究に注目してきた。そしてそれらを、クライアントにとっての実用性を考慮して利用しやすい形にまとめた。それを今度は、読者であるあなたに活用していただこうとしている。こんなことを言っては商売にならなくなりそうだが、嘘ではない。あなたはあなた自身のリーダーシップコーチになれる。

コーチングのやり方

コーチングの目標は、クライアントが変わっていくための力となり、成長をサポートすることだ。通常、私がエグゼクティブからコーチングの依頼を受けるのは、その人がフィードバックを受け、本人が認識している自己イメージと他の人の認識にズレがあると気づいた後だ。盲点は誰にでもあるため、問題が目に入らないこともある。しかも皮肉なことに、問題が表面化するのは失敗ではなく成功した後である場合が極めて多い。自分が得意とし、頻繁にやっていることと、習慣が昇進や高評価のきっかけとなるケースはよくある。

何にでも詳しくて、上司からの求めに応じていつでも即座に答えられる人なら、すぐに職場のエキスパートになれるだろう。だが、それが通用するのもその同じ上司がこんな言葉を口にするまでの話だ。「君は10分かかろうがひとりでどんな質問にも答えてくれるので大いに助かっているが、上層部相手でもやたら細かいところまで説明しがちなところは、必ずしも好意的に受け止められていないから気をつけたほうがいい。要領よく説明できるようにならないと、上層部は君を昇格させるのはまだ早いと思うかもしれないからね」。ほうら、問題点のお出ましだ。

このような状況にあるクライアントは、私の前に現れると深々とため息をつきながらこんなふうに切り出す。「自分としてはよくやっていると思っています。少なくとも、これまではみんなそう言ってくれました。これまでずっと、〝詳しいことはあいつに聞け〟と頼りにされる人間だったのに、今は話が回りくどいと言われます。でも、自分ではどうにもできない気がして……」。そう、いいところに気がついたね。必要なのは、リーダーシップを育み、それを中心にコーチングを受けることなのだ。盲点のせいで見落としている問題点があることを認識し、強みを明確にし、伸ばすべきポイントを見極めるためのサポートを受けるのである。そのために、コーチングではこう問いかける。何を断ち切るべきか？　何を伸ばすべきか？　部下も上司もすべての人を喜ばせるというどう見ても難しい問題を解決するにはどうすればよいのだろうか？　それも、ご機嫌取りにならずに。

コーチングとは一種の支援機構であり、鏡や共鳴板と同じであるため、ありのままの自分自身に真正面から向き合うことができる。優れたコーチはみな習慣を変えるために科学的な手法を用い、クライアントが自己認識を高め、目標を見つけ、実践方法を選択してそれを実行に移し、進歩の具合を確認できるよう手助けをする。そして目標達成を祝福するのである。何を学習するにしても、その曲がりくねった道を進んで行くには、途中途中で励ましてもらう必要がある。成功した暁には、自分自身を称えてやらねばならない。

□セルフコーチングの6つのステップ

さて、ともにこの旅を始めるにあたり、セルフコーチングをするための基本的なステップを紹介しておこう。

1. 変えたい癖や行動を明確にする。少し威圧的になりがちだというフィードバックを受け、もっと聞き上手になりたい、もっと民主的になりたい、つまり命令してばかりいるのではなく、合意形成のやり方を身につけたいと思っているのなら、これを機に、そのパターンがいつ、どこで、どのような理由で、どうやって生まれたのかを探ってみるとよい。その際には自己弁護気味になり、「命令しがちなのはそのほうが早いからだ。即決することが多いが、それは検討しすぎると仕事がはかどらないからだ」などと思うかもしれない。だが、こうした声には気をつけよう。欠点をなくそうとしているのではなく、対応方法のレパートリーを増やそうとしているのだから。

2. 原因を特定する。何であれ常習的な行動には必ずそれを誘発する原因がある。たとえば、コストを削減しろなどと上司から方向転換を求められた、といった大きな出来事の場合もあるが、ちょっとしたことがきっかけになる場合がほとんどだ。典型的な例を挙げよう。メアリーがジョーのオフィスにやってきて、スタッフのひとりがチームメイトともめていると告げる。ジョーは気のいい上司だが非常に多忙で、鳴り止まない電話への応対に追われ、書類が山積みになったデスクからほとんど顔を上げない。ジョーはとっさに、「うまく解決しろ、とか何とか言ってやれ」と返事をする。メアリーは突き放されたように感じ、意気消沈して出ていく。ジョーはこの状況に直面する必要性から一時的に解放された気分になる。だが、問題解決には少しも近づいていない。私たちを窮地に追い込む頑固な習慣は、まさにこういうところに存在する。ここで自分をよく理解し、柔軟性を身につけ、ポジティブな習慣を構築すれば、すべてを変えられる。

3. 変革の目標とその裏にある動機を明確にする。周知のとおり、聞き上手になりたい、共感力を高めたい、睡眠時間を増やしたい、と思っているだけでは願いは叶わない。このような願いは往々にして一過性のものであり、見えなくなれば忘れ去られてしまう。研究でははっきりと示されているように、動機、つまり内面から湧き起こるなぜ？という疑問がなければ行動には結びつかない。だから、変化を起こすと決める前に、その根底にある理由を探る必要がある。これを変えるとどのようなメリットがもたらされるだろうか？　上司や同僚や配偶者だけでなく、自分自身にとってのメリットも明確にしよう。本当の動機――早起きをしたい、食生活を改善したい、歩く距離を伸ばしたい、聞き上手になりたいと思ったきっかけ――は内側から生まれるものであり、本当にやる気になるためには、変わるとどのようなメリットがあるのかをはっきりと思い描く必要がある。私のクライアントであるジョーは、コミュニケーションの仕方を変えろと言われて腹を立てたが、苛立ちが収まったとたんに気がついた。ジョーは上司を喜ばせたいと思っていた（外発的な動機）だけでなく、部下のメンターや手本になりたいとも思っていた（内発的な動機）。ジョーはメアリーやメアリーの同僚との接し方について改めて考えた。違う対応の仕方があったのではないだろうか？　どうすれば瞬間的にギアを切り替え、親身な対応をしてよい結果を生むためのお膳立てができただろうか？

4．自分に合ったやり方で小さく始める。こつこつと少しずつ改善していくのが成功の鍵だと、多くの研究が示している。本当に変わるには時間がかかる。小さなことから始めて、億劫がらずにできる行動を習慣化する必要がある。実を言うと、「ためになる」けれども基本的には時間の無駄だと思っていると、新しい習慣を続ける意欲はすぐになくなり、慣れ親しんだ昔のパターンに逆戻りしてしまう。これを機に、自分がやりたいと思うと同時に素晴らしい気分や進歩を感じられる習慣を見つけよう。

5．成果を祝う。私たちは犬と同じで、ご褒美が効く。会議の進め方を変える、コミュニケーションスタイルに新たな工夫を加えるなど、外見的な何かを変えても、誰も気づいてくれないように思えるものだ。そのような状況でこそ、コーチをつけることに極めて大きな価値がある。なぜなら、どれほど進歩を遂げたかを思い出させ、小さな成功の一つひとつを祝福するのもコーチの仕事だからだ。だが、自分で自分を応援する習慣ができれば、進歩を祝ってもらうためにわざわざコーチをつける必要はない。祝うと言っても、プレゼンテーションの成功や1年ぶりのヨガに乾杯する程度の簡単なものでよい。「やった！　すごいじゃないか！」と自分を称えるのである。お祝いをすれば、きっと続けられるはずだ。

以降の章では、あなたと同じようなリーダーたちが実際に歩んだ道のり、経験した苦悩、手にした大勝利を内側から探っていく。私の目標は、リーダーシップのあり方に静かな革命を起こし、下層部から上層部へ、また中間層から各方面へと働きかけているリーダーたちの実例を紹介することだが、例として取り上げるのは有名企業の最高経営責任者（CEO）だけではない。あらゆる種類のあらゆる年齢層のリーダーたちも紹介する。また、コーチングのやり方と併せて最新の科学でわかってきたことも紹介するので、自分の強みを見つけて伸ばす方法や、見過ごしていた問題点に対処する方法、ここぞという場面で成功する方法を身につけられるようになるはずだ。私が考案したFIERCEモデルはリーダーの資質を効果的に伸ばすための加速装置、すなわち「FLEX能力」を身につけるための装置だ。さあ、プロフェッショナルとしての旅路に踏み出そう。今こそ、スキルを伸ばし、影響力を強め、人生の満足度を高めるときだ。このモデルがリーダーとして成功するための手助けをしてくれる。あなたが今どこにいようとも、それは変わらない。

第1章 準備作業

自分を知る旅

「たった1日職場を離れていただけなのに、私の全世界が崩壊しかかっているような気分です」。涙をこらえながらこう口にしたバーバラは、「窮地に陥ったリーダー」とでも呼ぶべきものの由緒ある系譜に自分が連なってしまったとは気づいていなかった。自らの問題点を見過ごしていたせいで、一時的な不在を衝かれる形で部下に軽い謀反を起こされてしまったのである。製薬研究調査会社の若きプロジェクトマネージャーであるバーバラは、8人のプロジェクトコーディネーターから成るチームのリーダーだ。それぞれ異なる臨床試験の進捗を管理しているこのコーディネーターたちが、バーバラの上司である研究所長にバーバラの日頃の行動について苦情を述べたのである。せっかちで、批判的で、ときに辛辣なフィードバックで士気を低下させる。辛辣すぎて、チームメンバーの多くが意気消沈してやる気をなくすほどだ、とバーバラは非難された。

誰かが解雇されるとしても、訴えを起こすような人は選ばれないだろうとの自覚がバーバラにはあった。ストレスにさらされたとき、部下の未熟に思えるところや根気がないと感じられる点を厳しく非難したことがたまにはあった、とバーバラは認めた。廊下で部下を怒鳴りつけるのはよくないとわかってはいても、自制が効かないことが時折あったのである。

必要なのは自己認識力

フィードバックという勇敢な新世界へようこそ。バーバラのようなケースは決して珍しくない。リーダーシップとは旅であり、この旅は「自己認識力」という資質がなければ正しい方向には進んで行かない。しかも、その資質を身につけるには誰でも一生かかるのだ。

私はニューヨーク大学で大学院生を対象にしたリーダーシップ論のクラスを担当している。最初の講義で私はこう問いかける。「自己認識ができていると思っている人は何人くらいいるかな?」。初日から教員に好印象を与えようとして、4分の3の学生が手を挙げる。そこで私は、『EQ　こころの知能指数』(講談社)の中でダニエル・ゴールマンが提唱しているフレームワークを引用して、EQの概念を紹介する。そのフレームワークによると、EQは「自己認識」、「自己管理」、「社会的認識」、「人間関係の管理」の4つのスキルで構成されている。この概念を紹介した後、フィードバックを受けて傷ついた（あるいは元気づけられた）ときのことを学生たちに尋ねる。自分の才能や関心事や傾向はどうしたらわかるだろうか？　自分が他者からどう見られているかを知っているだろうか？

この対話を通じて教室のエネルギーに興味深い変化が生まれる。ほとんどの場合、学生たちは弱気になって考え込む。よくあるのは、自信過剰だった学生が一転して引っ込み思案になるケースだ。講義の最後に、「自己認識ができていると今でも思っている人は？」と尋ねると、今度はほとんど手が上がらない。この時点ですでに学生たちは厳しい現実に気がついている。自己認識とは、自分自身を知る行為であると同時に、他者からどのように見られているかを知る行為だということに。そして、この絡み合った2つの道を一生かけてたどる旅路だということにも。

結局のところ、どんなに有能なリーダーも、内的フィードバックと外的フィードバックの両方を習慣化し、自分が思っている自分と周囲が思っている自分を一致させようと努力している。自分がどのように思われているかを把握し、困難やチャンスに出くわしたときの自分の典型的な反応を理解していれば、落ち着いて冷静で活力がみなぎっている感覚を持ちやすくなる。そして、この盤石な基盤を手に入れれば、敏捷性のある《アジャイルな》リーダーになれる。

リーダーシップアジリティ自己評価

「リーダーシップアジリティ自己評価」は成長するための出発点を見つけるための参考資料だ。まずは、少し時間を取って以下の設問に目を通してほしい。設問はこの後に示す6つの領域に分かれている。読み終わったら再び先頭に戻り、各設問について自分はアルファ（α）型とベータ（β）型（英雄型と脱英雄型）のどちら寄りかを考え、該当すると思う位置にチェックを付けよう。正しいとか間違っているとかいうものではないので、あまり考えすぎずにやってほしい。

＊10ページに評価シートをダウンロードできるURLを掲載しています。

柔軟性

1 何かを決めるときの傾向

α型：最初に自分の立場を表明する場合が多い。権威的

β型：いくつかの選択肢を同僚と一緒に検討して投票で決めることが多い。合意形成主義

2 活動するときの傾向

α型：一度に複数の活動をこなすのがうまい。マルチタスクが得意

β型：一度にひとつの活動に集中するほうが好きだ。一点集中型

3 グループで何かをするときの傾向

α型：自分のビジョンや考えを主張する傾向がある。宣言的

β型：他の人たちからアイデアや情報を引き出すのを好む。探求的

α型		β型
権威的	□□□□□□□□	合意形成主義
マルチタスクが得意	□□□□□□□□	一点集中型
宣言的	□□□□□□□□	探求的

意志力

1 ビジョンを語るときの傾向

α型：事実やデータに基づいて将来のビジョンを語る。事実重視

β型：実現性をストーリー仕立てにして、「今がこうだから将来はこれが可能だ」と伝える。物語重視

2 他者をやる気にさせるときの傾向

α型：科学的根拠や分析結果を示してやる気を引き出そうとする。分析的

β型：向上心を引き出すコミュニケーションで感情に訴えかける。情緒的

3 自分の意向を表明するときの傾向

α型：目標や目的を説明する。戦略的［何を］

β型：なぜそれを目指すのか、その根拠となる意味や目的や価値観を説明する。意味［なぜ］

α型		β型
事実重視	□□□□□□□□	物語重視
分析的	□□□□□□□□	情緒的
戦略的［何を］	□□□□□□□□	意味［なぜ］

感情

1 仕事をしているときの感情の扱い方

α型：できるだけ感情を差し挟まず、データや事実や科学的根拠に目を向ける。データ主導

β型：自分の気持ちを大切にし、感性や直感に基づいて行動する。直観的

2 何かを決めるときの傾向

α型：感情は重視せず、合理性に焦点を当てる。合理的

β型：自分自身の気持ちを知り、他者がどう感じているのかに配慮する。共感的

3 仕事をしているとき感情の表し方

α型：仕事をしているときは感情を抑制するほうだ。抑制的

β型：仕事中でもためらいなく感情を表現する。表現豊か

α型		β型
データ主導	□□□□□□□□	直感的
合理的	□□□□□□□□	共感的
抑制的	□□□□□□□□	表現豊か

真正性（自分らしさ）

1 性格について

α型：自信に満ちて堂々としている。自信がある

β型：控え目で謙虚だ。謙虚

2 オープンかどうか

α型：個人的な感情（私情）は胸にしまっておくほうだ。内に秘める

β型：自分の価値観、信念、特質について好んで人に話す。開放的

3 リーダーシップスタイルについて

α型：パワーや自信をみなぎらせて、強い立場から指導するタイプだ。強い

β型：人間らしい部分や弱さを平気で見せられる。弱い

α型 ― β型

自信がある	□	□	□	□	□	□	□	□	謙虚
内に秘める	□	□	□	□	□	□	□	□	開放的
強い	□	□	□	□	□	□	□	□	弱い

協 調 性

1 独立志向か協力重視か

α型：組織内での独立志向が強いほうだ。 独立志向

β型：何かを決めるときやプロジェクトを進めるときは協力を重視する。 助け合い志向

2 権限の使い方

α型：人に指示を出し、目標設定をする。 デリゲーション

β型：同僚や部下がキャリアアップの方法を自分で考えられるように力づける。 エンパワーメント

3 部下を導く方法

α型：パフォーマンスの改善方法について、自分の経験をもとに助言するのが好きだ。 助言

β型：自分なりの方法を見つけられるように、コーチングを通じてサポートするのが好きだ。 コーチング

α型		β型
独立志向	□□□□□□□□	助け合い志向
デリゲーション	□□□□□□□□	エンパワーメント
助言	□□□□□□□□	コーチング

「積極的関与」

1 やる気の原動力

α型：結果を求められたほうがやる気になる。生産性重視

β型：新しいアイデアや創造性を育む流動性の高いアプローチを好む。創造性重視

2 職場環境について

α型：組織とルールをきちんと定めるタイプだ。構造的

β型：「流れに身を任せる」傾向があり、曖昧な状態や柔軟性の高い職場環境を好む。流動的

3 仕事のスタイル

α型：自分自身や他者を追い込んで高いパフォーマンスを発揮するタイプだ。高エネルギー

β型：休息や熟考する時間があるリラックスした職場環境を好む。バランスの取れたエネルギー

α型		β型
生産性重視	□□□□□□□□	創造性重視
構造的	□□□□□□□□	流動的
高エネルギー	□□□□□□□□	バランスの取れたエネルギー

さて、ここからは少し勇気が必要になる。この評価シートを何人かの同僚に配り、各設問をじっくり読んでもらおう。そして、各領域に対してあなたがどんなアプローチを取っていると思うかを考えて、該当すると思うボックスにチェックを入れてもらうのである。このとき同僚には、いずれかのカテゴリーに自分を当てはめようとしているわけではないと言っておこう。また、回答によい悪いがあるわけではない、とも伝えよう。同僚に評価してもらったら、それを自分の最初の評価と比較してほしい。自分に対する他者の認識と自分自身の認識が近いものと異なるものはどれだろうか？　一致しているところとズレているところを探すのである。そこにこそ、探求と成長のチャンスは潜んでいる。

「気づきを行動に変える」

設問を読んだだけでも、自分自身についての発見があったのではないだろうか。自分と回答が近かった同僚は何人いただろうか。何百人ものリーダーにこの評価シートを使ってきて、いちばんよくある反応は、「自分がどのようにチームを率いているかなど、めったに考えません。

とにかく、リーダーの役割を果たしているだけです」というものだ。これがいたって正常な反応なのは言うまでもない。だが、自らを振り返り、他者からフィードバックをもらうと、そのメリットは魔力となってたちどころに効き始める。自分が普段どのように行動しているのか、その基本的なところがわかれば、新たな可能性が見えてくるのである。

威圧的リーダーもベータ型要素が必要

分析的、革新的、情熱的でバイタリティーあふれるアンドリューは、eコマースを手がけるスタートアップ企業の共同創業者である。創業当初の混乱期をうまく切り抜け、経営の指揮を執りながら新規株式公開《IPO》の準備も進めた。会社が存続する保証などまったくなかった初期の頃、アンドリューはいつもうんざりするほど自信満々で、声高に指示を出し、イライラし、次々に行動を起こし、切迫感をあおっていた。そのおかげで会社が成功したとも言えるが、2年後に私がアンドリューと面談したとき、従業員は燃え尽きる寸前だった。それまで成果を上げてきたこの威圧的なスタイルが、突如としてあだになったのである。アンドリューはリーダーシップスタイルを変える必要があった。平等主義になったり、協力的になったり、他者の気持ちに敏感な人になるとは思えなかったが、それでもアンドリューはそうしたベータ型の資質を取り入れる必要があった。さもなければ、忠実で、協力的で、仕事熱心な何人かの卓越した社員を失いかねなかったのである。

当初、アンドリューは私の評価シートを部下にだけ使おうとしていたが、公平を期すために自分も評価を受けることに同意した。そして、直属の部下に加えて数人の同僚と妻にまで自分の評価を依頼した。結果を見ると、ほとんどの領域のチェックマークが、極めてアルファ寄りの位置につけられていた。私が結果について一通り説明したとき、アンドリューは不満も漏らさず驚きもしなかった。とはいえ、こうはっきりとデータを示されたら、アンドリューも認めざるを得ない。多くの人がアンドリューを極端に命令的だと感じ、とりたてて好奇心が強いわけではないと思っていた。もともとは好奇心旺盛なアンドリューだったが、結果を急ぐあまり、積極的に人の話を聞く習慣を失っていたのが明らかになった。

データを尊重する姿勢から、アンドリューは頭脳派で論理的思考の持ち主だとわかった。そこで、最先端の研究を紹介しながら、新しい習慣を2つ3つ取り入れてみてはどうかと提案した。最初に見せたのは、経営幹部が最も高く評価する資質についての調査だ(ハーバード大学、デューク大学フクア・スクール・オブ・ビジネス、リーダーシップコンサルティング会社数社による)。調査の結果は慰めでもあり警鐘でもあった。リストの上位に挙がっていたのは、「大局的なビジョン」(アンドリューは十分に持っていた)、「意欲をかき立てるコミュニケーション」(いざとなればできた)、「結束力のあるチームづくり」(多少の怪しさはあるものの、このスキルは十分にあると思われた)。そして、いよいよ出てきたのが、「人の話をよく聞く」と「包摂的《インクルーシブ》かつ創造的な文化を醸成する」だった。「まあ、5つのうち3つはそれほど悪くありませんね」とアンドリューは冗談めかして言ったが、「人の話をよく聞き文化に気を配る経営者が、結果としてトップに立つ」というポイントは理解していた。どうすればアンドリューはもっとうまくスタッフと接することができるようになるだろうか? 私は次のような提案をした。

「トップリーダーになるための提案

1. 自由に回答できるオープンエンドクエスチョンを心がけ、一呼吸おくだけでもいいので、相手が話し始めるまで待つようにする。「はい」か「いいえ」で答えられる質問だと、会話がそこで終わりやすくなるためだ。

2. 使用する代名詞に気をつける。何かを表明するときは「私は」や「私の」で始めず、「私たちは」や「私たちの」を使用する。「私は」や「私の」を使うと、偉い人がしゃべっているような印象を与えるため、チームとの間に距離が生まれやすくなるのだ。

3．チェックイン（訳注：仕事の進捗状況や課題、個人的な近況などを報告し合うミーティング）の時間になったら、自分のオフィスから出て中立的な空間でスタッフと顔を合わせる。5〜10分ほど時間を設けて話を聞く——なんとなくではなく、じっくりと耳を傾けることが重要だ。スタッフは時間と空間を必要としている。ビジネスの状況を知りたければ、時間にも空間にも余裕を持たせなければならない。オフィスに呼んで現状報告を求めた場合もスタッフは応じるようになり、聞きたいと思っているポイントそのものを5分以内で報告できるようになるはずだ。

効果的な変化

多くのリーダーがそうであるように、アンドリューもほとんど無意識に「私」を使う傾向があり、それはそれで統率力や適性を示すのに最適だった。代名詞に気をつける程度の簡単なことが役に立つと知ってアンドリューは驚いた。是非はともかく、これには効果があった。私がアンドリューに勧めたのは、最も信頼できる人を選び、グループで話し合っているときに「私」と「私たち」を使った回数を定期的にフィードバックしてもらう方法だ。

アンドリューが2つの簡単な習慣——オープンエンドクエスチョンを投げかけてじっくりと答えに耳を傾ける、グループに対して「私たち」を使って話す——を身につけると、オフィス全体の雰囲気が変わり始めた。アンドリューの評判も変化し、以前より包摂的《インクルーシブ》になってチームを重視するようになったと言われるようになった。ある日などは、この会社の共同創業者がわざわざ私を呼び止めてこうささやいた。「ジェフ、アンドリューに何を教えているんですか？以前よりはるかにリラックスしているように見えます。昨日は、私たちのミーティングに1時間ずっと同席していましたが、怒鳴りもしなければ携帯電話も見ないし、イライラした様子もうんざりした表情も見せませんでした」。それはそうでしょう、と私は言った。「アンドリューはもともと優れたリーダーの資質を持っています。レパートリーを広げさえすればいいのです。ほとんどの人にも言えることですけれどね」

知的・感情的・身体的リーダー

リーダーの働きかけが部下にどう影響するかを調査する研究がコペンハーゲン大学で行われ

た。それによると、肯定的であれ否定的であれ、非言語によるやり取りは会話そのものと同じかそれ以上の影響力があることがわかった。研究では、職場を模した環境でリーダーが部下にフィードバックを与える様子を観察した。リーダーには生体模倣型センサーを装着してもらい、フィードバックを受けている部下の反応がリーダーの姿勢や仕草の違い（身を乗り出す、腕を組む、目をそらす、目を合わせるなど）によってどう変化するかを記録できるようにした。調査の結果、フィードバックを与えるときの非言語の要素がどうであったかによって、フィードバックが受け入れられるレベルが大きく変化することがわかった。目を見て話す、笑顔で語りかける、そうするのがふさわしい場面では軽く触れたりもするなど、ボディランゲージがオープンで、リラックスしていて、つながりを感じさせるリーダーのほうが、はるかによい結果を出していた。部下たちは、自分と同じように体を動かすリーダーのほうがフィードバックを与えるのがうまかったとまで報告している。

「言葉以外でもつながりを感じさせるリーダー」

話しかけるときの態度が相手の抱く連帯感や信頼感、話を聞こうとする意欲に影響を与えるのは当然のように思えるかもしれないが、常にこの点を心に留めておくのは容易ではない。誰かの注意を引きたいときは、言葉以外でもつながっておくと安心感を与えやすくなる。仕草、アイコンタクト、顔の表情は重要だ。ストレスにさらされているとき、うつむいて腕組みをしながら静かに座って熟考する人もいれば、アクションモードに入るのを好み、文字どおり立ち上がって歩き回りながら対処法を考える人もいる。リーダーシップを発揮するときのこうした身体的要素によって状況が一変する可能性があるのは、科学的に証明されている。言葉や気持ちにどれほど善意があっても、仕草や態度次第で、耳を傾けてもらえる可能性が高まる場合もあれば、逆に心を完全に閉ざされてしまう場合もあるのだ。

「沈滞ムード」を打破できるか？

ファッション商品のオンライン販売で急成長しているスタートアップ企業のCEOから依頼があった。共同創業者2人と2時間のブレインストーミングセッションを行うので、その進行役をしてほしいという。同社の業績は全体的には好調だったが、収益は横ばいだった。この沈滞ムードが会社全体の士気に悪影響を及ぼしかねないと懸念したCEOは、何か対策を打って悪いうわさを打ち消し、長期的な見通しが明るいことを裏づける必要があると考えていた。蓋を開けてみれば、セッションは苛烈で緊迫したものとなり、思考型、感情型、行動型と三者三様のリーダーシップスタイルがくっきりと浮かび上がった。

見事なまでの思考型であるCEOは、タウンホールミーティング（訳注：経営陣と従業員との対話集会）を開いてプレゼンテーションをしたいと言った。あらゆるデータをパワーポイントにまとめ、大局的に見れば、現在の業績の落ち込みは成功の手前で発生する一時的な現象に過ぎないと説明する考えだ。感情型の最高執行責任者（COO）はタウンホールミーティングに賛成したが、データ中心にするのではなく、オープンな対話の場にしたいと主張し、「社員にガス抜きの機会を与え、会社のみんなに気晴らしをしてもらうため」と説明した。そして最後に、体を動かすのが好きな最高技術責任者（CTO）が意見を述べ、全社員を大自然の中に連れていってラフティングやキャンプをするのはどうかと提案した。みんな数字の話にはうんざりしているのだから、そんなものを今さらもったいぶって説明しても仕方がない。「決起集会」なんか開くより、オフィスの外に出てみんなで楽しい活動をしたほうが、不安の解消にもなるだろうし、士気が上がるはずだ、という主張だった。

結局3人はそれぞれのアイデアを採用することに決め、まずはタウンホールミーティングを開いてプレゼンテーションを行い、経営状況がすぐに改善する見込みであることを数字で示した。その後、対話集会を開催し、最後は金曜日を丸一日使ってバーベキューと野球観戦を楽しんだ。これは極端な例かもしれないが、リーダーの生まれつきの傾向が、大きな影響を与える行動につながるのがわかっただろう。どのアプローチを取ったとしても、フォロワー（従業員、部下、チームメンバーなど）によっては効果が得られるケースも悲惨な結果につながるケースもあり得る、というのもわかっただろうか？　この3人はそれぞれの案を実行したが、複数のテクニックを試す時間や余裕がいつもあるとは限らない。そのような場合のためにも、リーダーは自分のデフォルトのスタイルを知っておくべきだ。また、部下や同僚の要望に応えるとき、自然に出てくるスタイルを変えたり調整したり、ときには封じたりする必要があるかもしれない。この点を心に留めておくことも重要だ。

コミュニケーションスタイルとリーダーシップ

前述した外向的でエネルギッシュなCTOのブラッドは、「リーダーシップエネルギー自己評価」（66ページ）を受け、自分が身体派のリーダーだと知って驚いた。少々おたく気味のエンジニアだとずっと自分では思っていたものの、ストレスにさらされると絶えず動き回る癖があるとは認識していなかった。また、頭脳派の同僚にイライラするのは自分が短気だからに過ぎないと思っており、激しい運動を好んでするからこそ自分自身もチームのメンバーも次々に新しいアイデアを生み出せるのだとは気づいていなかった。みんなで集まって何か活動したいと思うのは、部下である優秀なエンジニアたちがアイデアを出し続けるためのきっかけにしてもらいたかったからだった。

ブラッドにとって重要なことは他にもあった。ときにはペースを落とし、意思決定の仕方やコミュニケーションスタイルを振り返り、熟考する必要性を認識しなければならなかった。どちらも、心を集中させなければできない。優れたモチベーターは、一歩下がってオーディエンスの心を読む方法を身につけている。みんながみんな、外に飛び出してバレーボールをしたいわけではないし、激しく口論しながら重要な意思決定をしたいわけでもない。決然としたマネジメントスタイルがいいと言う人もいれば、意思決定に参加したいと考える人もいる。また、データや綿密に練られたシナリオを沈着冷静に伝えられたほうがやる気になる人もいる。グループダイナミクスにぴったりと合うギアに切り替える方法を知るには、明確で意志力のあるコミュニケーションとともに柔軟性が必要だ。しかもこれらは、この後の2つの章で見ていくように、頭脳派のリーダーが生まれつき得意とする領域だ。ブラッドは最終的にこれらのアプローチもマスターしたが、まずは自分の癖と、その長所と短所を自覚し、自発的に調整する必要があった。

あなたはエネルギーがどこに集中しやすいタイプだろうか？　次に示す自己評価を使って判定してみよう。

「リーダーシップエネルギー自己評価」

以下の各項目に目を通し、自分が普段どのように考え、感じ、行動しているかを振り返ってみよう。自分に当てはまると思った項目は「はい」に、あまり当てはまらないと思った項目は「いいえ」にチェックマークをつける。どちらが正しいとか間違っているというものではない。全項目にチェックマークをつけたら、「はい」にチェックを入れた項目の数を合計する。それを30で割って100を掛けると、自分がそのタイプに該当するパーセンテージが出てくる。

頭脳タイプ：思考型

1. 何かについて分析したり詳しく調べたりするのが好きだ　□はい　□いいえ
2. レトリックを使った会話を好む　□はい　□いいえ
3. 仮説やフレームワークやモデルを使って考える　□はい　□いいえ
4. 論理や分析に基づいて結論を出す　□はい　□いいえ
5. 合理的な議論を尊重する傾向がある　□はい　□いいえ

6. 気持ちを考えとして表現する □はい □いいえ
7. 事実やデータを好む □はい □いいえ
8. 調査や研究を好む □はい □いいえ
9. ノンフィクションを読むのが好きだ □はい □いいえ
10. 知的な厳密さや知的な議論を尊重する □はい □いいえ
11. 思いやりを論理的に表現する □はい □いいえ
12. 頭中心の日々を送っている □はい □いいえ
13. 具体的なビジョンやイメージを味わう □はい □いいえ
14. ブレインストーミングをするのが好きだ □はい □いいえ
15. 問題を解決するのが好きだ □はい □いいえ
16. アイデアを詳しく調べるのが好きだ □はい □いいえ
17. いつも情報が不足していると感じる □はい □いいえ
18. テクノロジー、コンピュータ、ガジェットを楽しむ傾向がある □はい □いいえ
19. よく考えて内容を整理してから文章を書く □はい □いいえ
20. 政治について議論するのを好む □はい □いいえ
21. あれこれ反芻したり哲学的に考えたりする傾向がある □はい □いいえ

22. いつまでも計画を練り続け、実行しない場合がある　□はい □いいえ

23. 不安があると憂鬱になったり倦怠感を覚えたりする　□はい □いいえ

24. 考えてから行動する　□はい □いいえ

25. モットーは「考えさせてくれ」だ　□はい □いいえ

26. データに圧倒されることがある　□はい □いいえ

27. 恐怖を感じたときは一瞬すくむが、すぐに戦うか逃げるかする　□はい □いいえ

28. 睡眠時より日中に夢を見る傾向がある　□はい □いいえ

29. 洞察や直観が言葉、思考、アイデアに表れる　□はい □いいえ

30. 瞑想していてもあれこれと考えてしまう　□はい □いいえ

「はい」にチェックした項目の合計：□個

「はい」の割合（総数を30で割って100を掛けたもの）：□%

共感タイプ：感情型

1. 感情をそのまま表現する　□はい　□いいえ
2. 心で判断する　□はい　□いいえ
3. 言葉より映像や画像に惹かれる　□はい　□いいえ
4. 科学的事実より主観的現実を重視する　□はい　□いいえ
5. 思いやりや共感をこめた感情表現をする　□はい　□いいえ
6. アイデアよりも人間関係を重視する　□はい　□いいえ
7. モノではなく人に情熱や関わりを感じたい　□はい　□いいえ
8. 気が変わりやすく、表現が大げさになりがちだ　□はい　□いいえ
9. 理屈より情熱で議論をする　□はい　□いいえ
10. 他者の痛みに注意を向ける　□はい　□いいえ
11. 罪悪感や自己不信感を覚えることがある　□はい　□いいえ
12. 個人の境界線をなかなか維持できない　□はい　□いいえ
13. 睡眠時に色彩豊かで鮮明な夢をよく見る　□はい　□いいえ
14. 小説や詩を読むのが好きだ　□はい　□いいえ
15. 静寂よりも音楽のほうが好きだ　□はい　□いいえ

16. 感情に押しつぶされることがある　□はい □いいえ
17. 先送りしているうちに大事になる場合がよくある　□はい □いいえ
18. スポーツよりも芸術を好む傾向がある　□はい □いいえ
19. 比喩《メタファー》や類推《アナロジー》を使って文章を書く　□はい □いいえ
20. 物語や語りが大好きだ　□はい □いいえ
21. 理論を軽視することがある　□はい □いいえ
22. 心を重視して日々を送っている　□はい □いいえ
23. 恐怖は怒りや悲しみとなって表れる　□はい □いいえ
24. 圧倒される感じがすることがたまにある　□はい □いいえ
25. 何もせず自然の中にいるのが大好きだ　□はい □いいえ
26. 恐怖を感じた場合は戦わずに逃げる　□はい □いいえ
27. 休息や睡眠をたくさん必要とする　□はい □いいえ
28. 気づきが画像や映像になって表れる　□はい □いいえ
29. 優柔不断や弱気に見える場合がある　□はい □いいえ
30. 瞑想中の課題は、感情に押し流されないことだ　□はい □いいえ

「はい」にチェックした項目の合計：□個

「はい」の割合（総数を30で割って100を掛けたもの）：□%

身体タイプ：行動型

1. 理論より実践を好む □はい □いいえ
2. 体を動かしながら会話をするのが好きだ □はい □いいえ
3. できれば読んだり書いたりしたくない □はい □いいえ
4. 結果を重視するため、ぐずぐずしている人にイライラすることがある □はい □いいえ
5. 実利的で現実的だ □はい □いいえ
6. 具体的な目標を必要とする □はい □いいえ
7. マルチタスクが得意だ □はい □いいえ
8. 思索より運動を好む □はい □いいえ
9. モノを作ったり分解したりするのが好きだ □はい □いいえ
10. 活動に圧倒されることがある □はい □いいえ

11．体を動かすのが好きで、アスレチックやスポーツを楽しんでいる　□はい　□いいえ
12．ひとりよりも大勢でいることが多い　□はい　□いいえ
13．ハイキングや運動や探検などをして自然を楽しんでいる　□はい　□いいえ
14．身体能力が高い人や体が強い人を尊敬する　□はい　□いいえ
15．短時間で集中的にコミュニケーションを図る　□はい　□いいえ
16．実行の段取りや、やることリストに集中しがちだ　□はい　□いいえ
17．音楽は聞くよりつくるほうが好きだ　□はい　□いいえ
18．さまざまなスポーツや競技大会を観戦するのが好きだ　□はい　□いいえ
19．料理、陶芸、編み物など、能動的でクリエイティブな趣味を好む　□はい　□いいえ
20．競争するのが大好きだ　□はい　□いいえ
21．恐怖を感じたときは逃げずに戦う　□はい　□いいえ
22．身体の不調を無視したり軽視したりする傾向がある　□はい　□いいえ
23．手仕事を好む　□はい　□いいえ
24．反発的、攻撃的になることがある　□はい　□いいえ
25．絶えず体を動かしている傾向がある　□はい　□いいえ
26．恐怖を感じると不安になり、過剰に仕事を抱え込む　□はい　□いいえ

27．気分の落ち込みを軽視しがちだ　□はい　□いいえ

28．睡眠時間が不足しているかもしれない　□はい　□いいえ

29．本能的な反応を尊重する　□はい　□いいえ

30．じっと座って瞑想するのは難しい　□はい　□いいえ

「はい」にチェックした項目の合計：□個

「はい」の割合（総数を30で割って100を掛けたもの）：□%

「自分はどのタイプか知っておく

私たちのすべての行動は知的、感情的、身体的な要素で構成されているため、リーダーシップエネルギーの使い方によい／悪いはない。「はい」と答えた項目の数を合計して30で割り100倍すると、普段の自分が3つのタイプのどれに近いかがわかる。「はい」の割合が3つともほぼ同じという人もいるかもしれないが、ほとんどの人はいずれか1つのタイプの割合が突出しているものだ。自分がどのタイプに近いのかを知っておくと、困難にぶつかったときに自

分がどのような反応を示しやすいのか、特にストレスにさらされたときの反応を自覚しやすくなる。そうすると、枠にとらわれずに選択肢を検討できるようになり、他の人が自分と異なる行動を取る仕組みが理解でき、居心地のよい場所《コンフォートゾーン》から抜け出せるだろう。

第1部

思考態度から見るリーダーシップ

第2章 熟達したリーダーになるためのマインドセット

最初の面談のとき、ユリは高層ビル内の暗いオフィスにひとりで座っていた。そのビルの専用オフィススペースはどれも奥まった場所に配置されており、パーティションで仕切られた作業スペース《キュービクル》がその外周を取り囲んでいた。オフィスには窓がないが、代わりに床から天井まで壁が全面ガラス張りになっているため、ユリのチームが働く作業スペース《キュービクル》を見渡すことができた。普段ならどうということはなかったのだろうが、同僚たちが定期的に通りかかり、さげすんだような眼差しでオフィスのほうをチラチラと見るものだから、ユリは決まり悪そうに身をすくませていた。オフィスに入った瞬間、うっとうしい暑さが襲ってきた。私は数分遅刻したため、ユリがどのくらい前からひとりじっと座って辛抱強く待っていたのかわからないが、ユリは大量の汗をかき、しかめた顔の額のシワには汗のしずくが溜まっていた。

コーチがつくと考えただけで不機嫌になって内にこもり、明らかに落ち込んでいたユリは、外見こそ汗びっしょりだったが、内面はカラカラに乾ききっていたのではないだろうか。これはうまくいきっこないと、私は危惧した。おまけに、部下たちからのフィードバックは気持ちのいいものではなく、不満を持っている部下の多くはガラス張りの壁を隔ててほんの数メートルのところに座っていたのである。だが、ユリの上司はこう言った。「ユリを応援しているし、きっと変わってくれると信じています」

野心的で率直なリーダー

30代前半のユリは、イスラエルからドイツを経てアメリカにやって来たソフトウェアエンジニアだった。2年前、幼い子どもを含めた家族全員でニューヨークに移り住むと、瞬く間に頭角を現し、技術的な仕事におけるさまざまな面で才能を発揮していた。だが、アサーティブ（訳注：自分の意見や考えをはっきりと主張する態度）で、野心的で、がむしゃらで率直なユリのスタイルは同僚たちから煙たがられ、3人がユリの解任を要求したほどだった。同僚たちはユリを、強引、せっかち、支配的、独裁的と表現した。だが、ユリのようなタイプの人でも、適切なマインドセットを備えさえすれば、フィードバックを受け入れてもっと気配りのできるリーダーシップスタイルを身につけられるのを私は知っていた。

だが、3回のセッションを終えてみて、私は、必要以上に熱を帯びる夕方のミーティングが怖くなってきた。ユリは、チームの士気が低いのは自分のせいではないと言って責任を認めようとしなかった。そして、どれほどチームメンバーが怠け者で、無能で、未熟で、泣き言ばかり並べるかをまくしたて、自分が部長でありさえすれば、「しかるべき」人材を雇って落伍者を排除できるのにと、延々わめき散らすのだった。また、上司のフィードバックを真摯に聞き入れようとせず、批判めいたことを言われたとしても、それは裏に政治的な動機があるからだと、すぐに弁解するのが常だった。

「他者の言葉が心に届く瞬間

ユリが自分のチームを信頼していないのであれば、チームメンバーでのフィードバック演習は時間の無駄であり、大失敗に終わるだろうと予想はついた。そこで、ユリが個人的に自分のスタイルを振り返れるようにしようと、それだけを目的にして「リーダーシップアジリティ自己評価」(第1章を参照)をやってみないかと提案した。これにはユリも納得してくれた。私としては、これでようやくわずかに扉が開いたという思いだった。

1週間後、セッションの冒頭でユリにコーチングについての感想を尋ねた。すると突然、この自信満々でアサーティブで生意気ですらあった元陸軍軍曹の目に涙が浮かんだ。ユリの弱さを目の当たりにした瞬間、私は驚きのあまり総毛立ち、思わず口走った。「どうかしたのですか？　動揺しているようですが」

ユリは前日の晩の出来事をとつとつと語り始めた。夕食の席で妻に何気なく自己評価の話をしたのだという。しばらくすると、10歳になる息子が何を読んでいるのかと妻に尋ねる声が聞こえてきた。妻は、パパが会社でやっている研修の手伝いをしているのだと答えた。すると息子はこう言った。「それをやったらパパは優しくなる？」

妻は答える。「さあ、どうかしらね。でも、この研修でパパがもっといい上司になれるといいと思っているわ。昇進したいらしいから」

息子は小さな声で言った。「パパには研修が必要だね。だって、あんまり優しくないもの。いつも威張っていて、ぼくを苦しめるばっかりでちっとも励ましてくれないんだよ。何をやっても満足してくれないし。会社の助けが必要なのも当然だね」

ユリは愕然とした。子どもたちとの接し方と仕事のやり方との間に相関関係があるとは思ってもみなかったのである。どう思ったのか後で妻に尋ねると、次のような答えが返ってきた。

「そうね、あなたは子どもたちに厳しいわ。我慢できなくなると怒鳴るから、チビちゃんが泣きながら私のほうに駆け寄ってきたことが何度もあった。お前たちにはがっかりだって、必ず言うし。あの子たち、あなたが怖くてしかたないときもあるのよ」

聞く気になって初めてフィードバックが生きる

ユリの心の奥底で何かが変化したのがわかった。数週間にわたって何度となく繰り返されたフィードバックが、ようやく本来の役目を果たし始めていた。実の父親を恐れる10歳の少年の発した警報が、とうとうユリの耳に届いたのである。沈痛な面持ちはやがて消え去り、それまで見せたことのない快活な表情が彼の顔に浮かんだ。私はユリが別人になったと悟った。フィードバックの威力は、聞く気になったときに初めて発揮されるのである。

それから数カ月間、ユリへのコーチングは急ピッチで進んだ。毅然とした態度、的確な判断力、分析力、勤勉、妥協しない姿勢。これらはすべて立派な資質だが、他者の意見に耳を傾け、他者を思いやり、他者の気持ちに寄り添うこともできなければならない。その点をユリはすぐに理解していった。自分自身（と私）への信頼がさらに一段階深まり、また別の弱さを見せられるところまで達すると、ユリは仲間の兵士たちをずっと「愛していた」と言った。ユリはとても感受性が豊かで思いやりのある人間だったが、優しさや思いやりは弱さと同じだといつしか決めつけてしまっていた。もちろん、これはまったくの誤解だ。自らの冷淡な態度が、ユリの成長を妨げていた要因のひとつだった。

ユリはその後、自身の会社でシニアバイスプレジデントになったが、今も定期的に私のもとを訪れている。「マインドセットを点検するため」なのだとか。コーチングの仕事がますます好きになるのはこのような経験ができるからだが、それよりも、どんな人でもいつかは目を覚まし、ものの見方を変え、フィードバックという贈り物を喜んで受け入れられるようになると信じているからだ。

人を導く3つの理論

今日のように社会が大混乱に陥っている中で効果的に人々を導いていくにはどうすればよいのだろうか。その方法を探るにあたり、頼りになる基礎知識として、科学的根拠に基づく3つの理論を紹介しよう。この3つを押さえておけば、心が折れたり、我慢したり、変化の海で溺れそうになっている自分に気づいても、なんとか切り抜けられるはずだ。その3つとは、(1)フィードバックを捉え直した「フィードフォワード」、(2)ポジティブ心理学の「PERMAモデル」、(3)硬直した思考を解きほぐす「しなやかマインドセット」である。

1 フィードバックではなくフィードフォワードを

通常、フィードバックといえば、何か気づいたことはなかったかと、過去の行動について同僚に尋ねるようなものを指す。だが、世界的に著名なコーチであるマーシャル・ゴールドスミスは、むしろ未来に向けた提案を行うべきではないかという考えを示し、この概念を「フィードフォワード」と名付けた。この考えでいくと、責任の所在は他者から自分に移る。つまり、誰かに自分の弱点を評価してもらうのではなく、自分の変えるべき点や改善すべき点を自分自身でじっくり考える必要が出てくるのだ。フィードバックをもらわないうちから、自分の得意とするものをどうやって伸ばせばよいだろうかと考えているとすれば、あなたはすでに順調に進んでいると考えられる。

「フィードフォワードの進め方

まず、これからもっと得意になりたいこと、あるいは他の人がとりわけ上手にやっているのを見てぜひ真似したいと思ったものをひとつ思い浮かべよう。次に、「この分野に強くなるにはどうすればよいか？」と信頼できる人に尋ねよう。つまり、過去にやってみてうまくいったりいかなかったりしたものを問う行為よりも、これから何かを変える活動にエネルギーを注ぐのである。たとえば、会議でのプレゼンの仕方を改善したい場合について、ゴールドスミスはこう提案している。あなたのプレゼンを見たことのある同僚に話しかけ、「何か改善できそうな点をひとつ教えてくれないか？」と尋ねる。そして、サポートしてもらいたいので、できれば実際にプレゼンしているところを観察し、アドバイスをもらえないだろうかと依頼する。あるいは、ロールモデルにふさわしい、プレゼンテーションが上手な人を探し、アドバイスを求める。そして、私が「祝福作戦」と呼んでいるものをいつでも開催できるようにしておこう。これは、達人に少しでも近づいたときにそれを大いに喜ぶ時間を忘れずに確保するためだ。継続的なフィードフォワードを誰かに依頼するときは、どんなに小さくてもかまわないので、効果が出ているものがあればそれを指摘してもらい、いろいろな方法で進歩を祝おう。

フィードバックを受けるのがひどく億劫に感じられる理由のひとつとして、脳の仕組みが関係していることが脳科学で証明されている。私たちの脳は、自意識を傷つける情報を警戒するように配線されているのだ。生命を脅かす捕食者がいたるところに潜む未開の世界で何千年もかけて発達してきた脳は、安心感や安全意識を脅かすものに鋭敏に反応するようになっている。

そして昨今では（サバンナより役員室で起こりやすいのだが）、これが闘争・逃走反応（訳注：危機的な状況に直面したときに逃げるか戦うかを迫る神経反応）を引き起こすきっかけになるケースもある。[*1]

2 ポジティブ心理学のPERMAモデル

2つ目に紹介するのは、物事をネガティブに捉えがちで悩んでいるクライアントに対して使っている理論である。これは、ペンシルベニア大学のマーティン・セリグマンとその共同研究者らが、「人を幸福にする要因」をさまざまな角度から掘り下げる研究を通じて体系化したものだ。研究の結果わかったのは、欠けているものではなくうまくいっているものにエネルギーを注いだほうが、変化や成長に対して前向きになりやすいということだった。この一連の研究から導き出されたのが、日頃の行動のなかで人が心理的幸福を感じるために不可欠な要素は5つあるとする理論だ。5つの要素の頭文字を取って「ＰＥＲＭＡモデル」と呼ばれる。各要素をマインドセットに取り入れれば、個人として、またリーダーとして、楽観的で幸福感にあふれる有意義な生き方ができる可能性が格段に高くなる。

■ポジティブ感情（Positive Emotion）：畏敬、喜び、感謝、愛といったポジティブな感情と幸福は直結している。ネガティブな面にとらわれず、ポジティブな面に目を向けると、過去、現在、未来をより広い視野で楽観的に捉えられるようになる。また、創造性が高まり、好奇心が旺盛になり、新しいことに挑戦する意欲も湧いてくる。たとえ、病気や事故や不景気といったネガティブな出来事が人生に起こったとしても、ポジティブなものに注意を向けるようにすると、抑うつにつながる恐れのある下降スパイラルからより早く抜け出せる。[*2]

■熱中（エンゲージメント）（Engagement）：研究によると、楽器の演奏であれ、運動であれ、プロジェクトに没頭することであれ、何かに熱中していると時間の流れが止まったり遅くなったりしたように感じられ、科学者ミハイ・チクセントミハイが「フロー（没我）」と呼ぶ至福の感覚――集中力が極度に高まっている状態――が訪れることがよくある。この至福の状態は従来、天才か神の思し召しの証拠（と考えられてきた）だと考えられてきた。今日、私たちはこれがその両方であり、それだけではないことを知っている。つまり、ごく普通の人間であっても（必ず少しぐらいは天才の素質を秘めているものであり）、やるのが大好きなことをじっくりと時間をかけて見つけ出し、それを得意になりさえすれば、誰でもフローの状態に到達できるのである。自分の生来の好奇心を尊重し、最も興味のあることに集中すれば、仕事は遊びとなり、喜びや楽しみや目的意識を持って取り組めるようになる。フローの状態になれる場所を人生に見出せれば、自覚と自信が確立され、知性やスキル、感情面の能力も伸びていく。

■**人間関係**（Relationship）：社会的動物である私たちは、感情面と身体面で他者と強く連係し合えているときに幸福を感じる。[*3] したがって、親、きょうだい、仲間、友人と良好な関係を築くことが重要だ。また、私たちは人生の大部分を職場で過ごすのだから、職場の人間関係についても同じことが言える。同僚との不和や対立がどれほど活力を失わせるものであるかは誰でも知っている。それどころか、いきいきと生きるためには、家庭生活よりも職場の人間関係のほうが重要かもしれないとする研究結果もある。経済的安定に直接影響するのは職場の人間関係だからだ。私がコーチングをしているリーダーたちは、仕事上の人間関係はしょせん取引だという考えにとらわれ、友情や相互信頼の価値を無視したり否定したりする人が多いが、これは危険な考えだ。

■**意義**（Meaning）：人生に目的や意義を見出している人ほど健康で幸福であることが研究で明らかになっている。富と快楽が幸福の源泉だと喧伝されがちな世の中にいても、多くの人々は、物質的な成功が与えてくれるのは一時的な安心感にすぎず、真の充足感はもっと深いところから生まれてくるのを知っている。

だからこそ、リーダーになりたい理由をじっくりと考えている人は、リーダーとして成功する可能性が最も高い。誰でも有能なリーダーになれると私は思っているが、競争に勝つことや昇給についてではなく、リーダーを務めることが自分にとって何を意味するのかを感情レベルで探求している人のほうが、リーダーとしてうまくいきやすいのである。自分の願望を自分より大きな大義と結びつけている人、つまり、陳腐に聞こえるかもしれないが、変化を起こしたいと考えている人は、自分自身をコーチングしたり、他者からのコーチングを進んで受けたり、どんな困難にも打ち勝つ不屈の精神と回復力《レジリエンス》を育んでいたりするケースが多い。

■**達成感**（Accomplishment）：新しい仕事を始めようとしているのか、リスクのあるプロジェクトに挑戦しようとしているのか、新しいビジネスを立ち上げようとしているのかに関係なく、初めての経験を目の前にして不安になっているクライアントに特によく見られるのが、いとも簡単に過去の実績を無視したり、否定したり、忘れたかのようになったりするという問題だ。大きな成功を収めた人たちを対象にした研究によると、モチベーションを維持し続ける鍵は、自分の実績に気づく力と感謝する気持ちを育むことだという。困難な状況に陥ったときに自分の成功を振り返ることができれば、これもいい経験になるとやる気を奮い立たせる効果が期待でき、行く手に待ち受ける障害を乗り越える力になる。[*4]

「アルファ型とベータ型の共存

内発的動機づけ（訳注：好奇心や関心などをもとに自発的な行動を誘発すること）は厄介なメカニズムで、逆説的でさえある。というのも、私たちの脳には、身の安全と快適さを保持する目的で平衡状態を求め変化に抵抗するように配線されている部分がある一方で、目新しいものを求める機能や競争を楽しむ機能、リスクを取って努力して成長せよと鼓舞する機能もあるからだ。破綻しているものやうまくいっていないものにばかり目を向けるようでは、何かを変えることは困難だ。それよりも、自分の強みを明確にしたほうがいい。このような理由もあって、先にやっていただいたリーダーシップアジリティ自己評価では、アルファ型とベータ型の特徴の善し悪しを判定していない。なぜなら、どちらが効果的かは状況によって変わるからだ。先に述べたとおり、組織の形態はベータスタイルのリーダーシップを発揮できる場が増える方向に進化しているかもしれない。しかし、だからといってアルファ型の才能の重要性が否定されるわけではない。単に組織の形態が多様化し、両者が共存しているというだけだ。

3 しなやかマインドセットを身につける

初めて会ったときのグザビエは、大手企業のエグゼクティブサーチ・コンサルタントとしてクライアントから高い評価を得ていた。まだ30代前半のグザビエは、ビジネスの上級学位を取得してフランスの一流大学を卒業した後、目指していたものの大半を成し遂げていた。だが、不幸だった。芸術家になりたいと常々思っていたからだ。

「本当にやりたいことが別にある」

抽象画、デッサン、多次元アートに情熱を燃やすグザビエは、夢を持ち続けて延々と空き時間の大半を自主制作に費やしていた。グザビエのアパートメントには絵画や彫刻、未完成の巨大なキャンバスが所狭しと置かれていた。グザビエは私をコーチとして雇い、表面的にはパートナー昇格を目指して取り組んでいたものの、心が別のところにあるのが私には最初からわかった。私が通された部屋は芸術作品で溢れかえっていたからだ。それなのに、彼の心は完全に硬直し、「自分は芸術家ではない」という思い込みに囚われていた。

グザビエにこう尋ねたことがある。「仕事以外の時間のほとんどを作品作りに費やしているのに、自分のことを芸術家だと思えないのはどうしてですか？」

グザビエは答えた。「自分に芸術的な資質があるのはわかっているし、芸術を愛してもいます。でも、芸術家とは呼べません。芸術で生計を立てられたためしがないのですから。いつまでたっても道楽半分です」

「硬直マインドセットとしなやかマインドセット

ネガティブな自己イメージや枠にはまった自己概念に囚われているクライアントに私が使う最後の理論は、スタンフォード大学の心理学者で研究者のキャロル・ドゥエックの著作に着想を得たものである。大ベストセラーとなったドゥエックの著書『マインドセット「やればできる！」の研究』（草思社）は、人の能力は「固定的」で変化しないという考え方（硬直マインドセット）と、人の資質は努力次第で「伸ばせる」という考え方（しなやかマインドセット）との違いに関する調査を基に書かれている。ドゥエックは子どもを対象に長年にわたって教室の環境や指導法を研究し、成功する可能性が最も高いのは「しなやかマインドセット」を備えている子ども——失敗から学び、困難に直面してもやる気を持ち続け、モチベーションを一定レベルに保ち続ける能力を持っている子ども——だと結論づけた。一方、「硬直マインドセット」を持つ子どもは、IQや適性検査が示すとおりにたくさんの潜在能力があっても、ミスや小さな挫折をきっかけに行き詰まったり、勢いを失ったり、やる気をなくしたりしやすいとされている。

ただし、褒めたり、才能があると言ったりするだけではしなやかマインドセットを強化するには不十分で、むしろ逆効果になる場合もある。「賢い」と言われた子どもは勉強なんて簡単だと思うようになりがちで、勉強が難しくなると学習に身が入らなくなる。他方、「今現在がどうか」ではなく、どのように成長し学習しているのか、その「努力の過程」に焦点を当てたフィードバックを与えられた子どもは、自分には能力があるという見方ができるようにはなっても自信過剰にはなりにくいことがわかっている。[*5]

グザビエの硬直マインドセット

「私から見ればあなたはすでに芸術家だ」とグザビエに言っても、何の変化も起きなかった。グザビエのマインドセットは硬直しているどころかコチコチに凝り固まっていた。「本物」の芸術家なら画廊に作品を展示しているし、作品を売って生計を立てているはずだとかたくなに信じていたからだ。私の仕事は、そのような考え方をしないように説得するというより、むしろグザビエの信念に疑問を投げかけ、芸術家かそうでないかという二者択一を迫る自己対話をやめて「両方あり」という考え方ができるよう手助けをすることだった。

私は彼を諭した。「自分が芸術家かそうでないかはあまり気にしないように。ただ、趣味にかける時間を増やすだけでいい。自主制作のために確保する時間を増やし、芸術や作品作りにわくわくする気持ちを同僚に伝え、オフィスに絵を何点か持ち込んでみたらどうだろうか」。グザビエのマインドセットはなかなか変わっていかなかった。作品を見に来ないかと同僚に声をかけても、「趣味にすぎないけれど」と声高に宣言するのをやめなかった。私はグザビエの自尊心を高めようとしたり、あなたには才能があると言い聞かせたりはしなかった。むしろ、グザビエが楽しんでいるもの、意味や目的を与えてくれるもの、すなわち作品作りにエネルギーを向けさせることに注力した。

「グザビエの変化

間もなくグザビエは達成感に満ちた表情でセッションに現れた。同僚が彼の絵を買ってくれただけでなく、オフィスビルのロビーで展覧会を開いてくれることになったのである！「困ったな、そろそろ芸術家〝デビュー〟しなくちゃいけないかもしれません」。グザビエは興奮で顔を少し上気させて言った。ほどなくしてグザビエは人脈作りと作品の公表を開始した。すると作品は大勢の人々の目に触れるようになり、ついには多額の報酬を得られるようになった。その間もずっと、自分が正直かどうかを心の中で自問自答し続けていたが、やがてグザビエは仕事もしながら心のおもむくままに活動を続けられるようになった。

あれから5年、グザビエは180度変わった。今では、片手間に人材採用の仕事をする芸術家と自ら名乗っている。グザビエはずっと、芸術家として（またビジネスパーソンとして）成功する運命にあった。なぜなら、その両方になるために必要な職業倫理とエネルギーと責任感を備えていたからだ。私はただ鏡となり、グザビエがいかに自分を抑えているかに気づかせ、思考の枠組みを構築し直して豊かな能力を解き放つ手助けをするだけでよかった。あなたも同じことができるだろうか？

成長する準備はできているか？

科学に裏づけられたこれらの理論は、何が間違っているかではなく何ができるかを基準にしてリーダーとしての成長を把握できるように考案されている。次章以降、自分の意思決定やコミュニケーションのスタイルを引き続き探っていく中で、自分がどのようなマインドセットを持っているのか振り返ってみてほしい。「そんなこと気にする必要はない」、「こんなものは自分に当てはまらない」と心を閉ざしている自分に気づいたら、いったん立ち止まり、「自分は何に抵抗しているのだろう？」と自問してみよう。後の章で述べるように、ほんの些細なきっかけ、例えば苛立ちや不満でさえ、自分のマインドセットを振り返るタイミングが来ていることを、そして「自分はオープンだろうか、柔軟性があるだろうか、成長しているだろうか」と問いかける好機が訪れていることをたいていは知らせてくれているのだ。

第3章

柔軟性を身につける

アルファとベータを自在に切り替える

私はボストンにある大きな大学病院の狭いオフィスでソファに座り、初めて面談するマグダの到着を辛抱強く待っていた。マグダは20分ほど遅れて姿を現したが、これがごく普通だというのは後から知った。「頑固」で「石頭」だから気をつけたほうがいい、という警告は受けていたのだが。私のリーダーシップ開発プログラムに参加するといい、とマグダに勧めたシニアリーダーたちはみな、彼女の知性や仕事と患者に対する情熱を高く評価していた。ところが、マグダのスタイルには批判的だった。上司の弁はこうである。「マグダは当院で特に優秀な医師のひとりだが、まだキャリアが浅いのだからペースを落とすべきだ。それに、指示を仰ぐ姿勢をもっと見せるべきだし、スタッフへの厳しい接し方を見直す必要がある。私たちはマグダを愛しているが、うちのように古くからある学術機関で何かを大きく変えるには時間がかかる。マグダの意志の力だけで物事が決まるわけではないのに、そこのところを理解できていないようだ。成長してここのトップリーダーになりたいのであれば、一歩引いて上手にチームプレイができるようになる必要があるだろう」

文字どおり飛び込んできて私に挨拶するマグダを見たときは、気さくで物腰の柔らかい女性だったので面食らった。遅刻を詫びるような様子で自分のデスクから椅子を引いてきて私と向かい合わせに座ったマグダは、かつて出会った誰よりも感じがよく、熱心で、オープンだった。コーチングを受けるのが「楽しみだ」と言うマグダは、自分の強引なやり方に上司が不満を持っているのを知っていた。多くの同僚より自分のほうが勤勉で仕事が速く、情熱があるのも知っていた。だが、少しもうぬぼれたところはなく、むしろ逆に、自分の性分が自分を窮地に陥らせている現状を深く自覚していた。マグダには、改善を強く求めてさまざまな物事を自ら変えようとする傾向があり、しかも、機嫌を損ねる人がいようがおかまいなしであるため、上層部の一部から問題視されていたのである。

「自分の強みにマイナス面はないか?」

すでに指導教員の地位を得ていたマグダは、リーダーとして成長することに関心を持っていた。つまり、大変身を遂げるために欠かせない大切な資質〝熟達を目指すマインドセット〟を備えていた。マグダはフィードバックを素直に受け入れ、自分がときどき人の神経を逆なでしているという事実を自覚し、成長したいと願っていた。そこで、直すべきところがあるという前提で始める代わりに、強みだと自覚しているところを5つ挙げてもらった。マグダは自分を創造的で勤勉で粘り強く、情熱的で論理的な思考ができる人間だと思うと答えた。次のステップは、これらの強みのどれかにマイナス面がないか調べることだった。例として、私は彼女にこう尋ねた。「粘り強く情熱的なことが成功の妨げになるような状況として、思いあたるものはありませんか？」

事前のインタビューを通じて、すでに上司のティムの不満を知っていた。マグダの忍耐力のなさと、「指揮命令系統」に沿った仕事への姿勢の欠如だった。このフィードバックを単に私から伝えることもできたが、そうすると、上司がまた自分の邪魔をしようとして別の欠点を指摘してきたくらいの認識で片付けられてしまうかもしれない。ここは自分自身で結論を出してもらったほうがマグダのためになる。マグダは次のように答えた。「そうですね。先走って、ティムに断りもなく他の部門長との会議の場を設けたこともあります。でもそれはティムを避けたいからではなく、仕事を成し遂げようと全力を注いでいるからです」。思惑は当たった。向上心に燃えてばかりいては院内政治に足をすくわれかねない。他に特別なことをしなくても、マグダはそのことを理解してくれた。

状況が変われば強みも役に立たなくなる

いろいろな意味でマグダは典型的なアルファ型リーダーだ。マグダが自覚している強みは長い年月をかけて培われたものだった。幼いころはインドのバラナシでトップクラスの生徒だった。大学の医学部でも優秀な成績を収め、その後アメリカへ渡って大学院に進んでクリニカル・フェローとなり、最終的にハーバードで職を得てスピード出世を果たした。アサーティブで威圧的にさえなったのは、外国人女性であるがために列の後ろに押しやられかねない環境の中で目立つためだった。

さらに上の成功を目指したときに、それまで強みだと思っていたもの、つまり、ときとして最も称賛されている才能そのものが、突如として障害になることはよくある。私たちは何かがうまくいくと、それをやり続ける傾向がある。世間が喜んでくれるのが癖になるのだ。だが状況が変わり、責任や責務も変わると、その同じ能力がもはや役に立たなくなるのである。

自己認識も更新が必要

同様に、自己認識も進化と拡大を続けていかなければならないため、手放すプロセスが必要になる。「私は自立しているからひとりでできる」といった成功の妨げになる信念は捨てなければならない。マグダは自分の情熱や労働意欲を抑える必要はなかったが、サポートを求めたり他者を巻き込んだりせずに結果に向かって突き進む弊害を理解しなければならなかった。さもなければ、官僚機構並みに凝り固まった組織を動かすのが難しくなる恐れがあったし、マグダの取り組む課題と同僚の課題との連携が取れなくなる可能性もあった。

マグダが直面していた難題のひとつは、上司もアルファ型で、似たようなスタイルの持ち主だった点だ。そのため2人が対立するのも当然だった。ティムはマグダの業務遂行能力を尊重する一方、大組織につきものの政治的かけひきに耐えろという指示に従うのを(彼から見ると)渋るところにしばしば不満を感じていた。

「リーダーシップの柔軟性を高める方法

私がしょっちゅう出くわすのは、マインドセットが硬直してしまい、いつも自分だけに目を向け、成功を阻む2つの障害にまったく気づいていないリーダーだ。つまり、デフォルトのスタイルがいつも通用するわけではないことに気づかず、他者の目に映る「自分像」を作っているのは自分のデフォルトのスタイルであるため、新しいマインドセットを取り入れたとしても多くの人は簡単に信じない、ということにも気づいていない。

リーダーシップスタイルの柔軟性を高めるためにマグダがやるべきなのは、強みのレパートリーを広げ、次の3つの重要な特性を自分のものにすることであった。

1. 忍耐強く耳を傾ける。
2. ペースを落として集中する。
3. 持ち前の好奇心を活かして他者の長所を引き出す。

マグダはどれもうまくやれるだけの能力を備えていたが、実践にはあまり時間とエネルギーを費やしてこなかった。「リーダーシップアジリティ自己評価」でアルファ寄りのタイプに分類された人も、これらの特性がアキレス腱である可能性が非常に高い。

聞き上手になる

具体的な実践方法について説明する前に、「聞く」行為に関する俗説には間違いもある、という説明をしておこう。話の聞き方には能動的なものと受動的なものの2種類がある。この二項対立が支持されるに至った経緯は定かではない。本当に人の話を聞こうと思えば必ず能動的になるからだ。「受動的に聞いている」としたら、おそらく上の空になっているか、同時に他のことをしようとしているか、単に集中していないだけだ。要するに、聞いていないのである。

また、聞くレベルに違いがあると言うコーチもいて、レベルを階層に見立てて説明することがよくある。レベル1は、相手の発する言葉を聞いてはいるが、自分自身の思考や反応のほうにより多くの意識が向けられている状態。レベル2は、相手の言葉、口調、言語以外の表現に意識が集中していて、自分自身には意識が向けられていない状態。レベル3は「グローバルリスニング」とでも呼ぶべき状態で、言葉と非言語的表現だけでなく、周囲の状況にも気を配り、相手の感情にまで思いを巡らせ、自分と相手を包むエネルギーを感じている状態だという。

このような区別は便利だが、いい加減なところがあるし、複雑すぎる。繰り返すが、聞くという行為はすべて能動的なものであり、内から外に耳を傾けている状態と、外から内に耳を傾けている状態の2つで成立している。「内から外」（この状態をレベル1と考える人もいる）とは、他の人の話を聞くと同時に、自分の内側で起こっていることにも注意を向けている状態を指す。「外から内」とは、相手の言葉、口調、速度、ボディランゲージ、エネルギーに注意を向ける一方で、周囲の状況にも気を配っている状態をいう。聞く行為が効果的に行われるためには、双方が互いに影響し合う必要があるのだ。*1

アジャイルなリーダーの聞き方

ここで大きな疑問が湧いてくる。敏捷性を備えた《アジャイルな》リーダーはどうしているのだろうか。相手を深く理解すると同時に自分のことも理解してもらいたい場合、話す量と聞く量の比率をどのくらいにするべきなのだろうか。20対80だと言う専門家もいるだろうが、これは質問自体に問題がある。2者間あるいはグループ内に連帯感や相互理解が生まれることと、話された単語数や話す量と聞く量の比率は無関係だ。これはナノ秒単位で起こる神経学的な共鳴プロセスから生まれるものであり、基本的にはさまざまな感覚信号に対する感情的な反応であって、言葉だけに対する反応ではない。笑顔や身振り手振りのほうが効果的なことすらある。とはいえ、話している時間の割合が高い人は、おそらく人の話を本当には聞いていないだろう。マグダのような典型的なアルファ型リーダーの場合、話すのを控えたほうが効果は上がる。だが、魔法の比率などというものは存在しない。その代わりに、クライアントに試してもらったところ特に効果が見られたものがある。それは、私が「3つのP」と呼んでいる「プレゼンス（Presence：聞くときの態度）」「パースペクティブ（Perspective：聞くときの視点）」「ペルソナ（Persona：聞くときに着ける仮面）」にフォーカスするということだ。

1 プレゼンス（聞くときの態度）を磨く

こんな質問から始めよう。重要な話し合いをするとき、あなたはこれから言おうとする内容を考えるのにどのくらいの時間を費やし、実際の話し合いの場にはどのくらいの時間いるだろうか。20対80という比率は、インタビュー形式の対話の目安としては悪くないかもしれないが、「場合による」というのが正解だ。私たちは常に聞いているし、常に話もしている。というのも、私たちは耳だけでなく全身を使って話したり聞いたりしているからだ。脳は一度にひとつのアイデアや概念や記憶しか処理できないが、体にはマルチタスクの才能がある。つまり、相手の身体的な表情、口調、話す速さ、体の動きから発せられるシグナルを同時に受け取り、処理している。聞いている側も同様に、顔、目、仕草、姿勢、さらには話をする口調や速さ、声の高さでコミュニケーションを取っている。聞き上手になるには、自分の身体的な表情に注意を向けるだけでなく、自分が送っている非言語的な合図に気づくことが大切になる。

マグダが気づいた最大の課題

マグダは数週間、こうした質問を反芻し、重要な会話のあとにはメモを取った。そして、最大の課題は、とにかく「すぐに本題に入りたい」とはやる強い欲求だと気づいた。世間話に付き合う辛抱強さをマグダはほとんど持ち合わせていなかったのだ。他にも、人間関係を築くことの重要性に気づき、いわゆる世間話でも、個人の話題(よく言えば対人関係)を中心にしたものは、信頼や親密さや絆を築くのに役立つと考えるようになった。

これを念頭に置いて、マグダは自分なりに宿題を課した。毎週、少なくとも1人、大切な同僚をコーヒーに誘い、一緒に充実した時間を過ごそうと誓ったのである。最初は簡単ではなかったが効果はあった。同僚たちのマグダに対する認識は、仕事人間(「気をつけろ、マグダが来たから仕事が増えるぞ」）から同僚（「あ、マグダがいる。ちょっと挨拶してこようかな」）へと変わった。一緒に仕事をする人たちについて把握しておくと、片づけたい仕事があるときに大いに助かるのだとマグダはすぐに気がついた。当たり前のように思えるかもしれないが、聞くときの態度の癖を直す——マグダの場合は、仕事ではなく人に関心を向ける——だけで状況はがらりと変わる。

2　パースペクティブ（聞くときの視点）を意識する

最後に同僚や上司や部下と何の議題もなしに会話をしたのはいつだっただろうか。あなたがたいていの人と同じなら、普段から何か目標を持って人と会って話をしているはずだ。マグダがそうだった。これまでより打ち解けて充実した時間を過ごすために同僚を誘い出すようになったときでさえ、マグダには依然として目標があった。同僚のことを知り、より深いつながりを感じ、今後、仕事を中心とした対話をするときのために、より強固な基盤を築こうとしていたのである。

私たちはみな、「聞くときの視点」と呼ばれるものを持っている。私たちは特定のレンズを通して世界を見ており、目の前にあるどのようなものにも自分の意見や価値観を持ち込んでいる。それと同じことを聞くときにもやっているのである。自覚しているかどうかにかかわらず、私たちは聞きたいテーマを持っているだけでなく、どんなことも、必ず自分の興味や信念というフィルターを通して聞いている。私たちはほとんどの場合、そうしたアイデンティティの根幹が聞く意欲に与える影響を考えずに他者と関わっている。そして、「話を聞く」と呼ばれるものは、むしろ程度の軽い共謀のようなものである場合がほとんどだ。会話をしながらも、たいていは、「この人やこの人たちは私の味方なのだろうか？　私に賛成なのだろうか、反対なのだろうか？」と判断しようとしているのである。

あなたは自分の判断が話の聞き方にどう影響しているか気づいているだろうか。人の話を聞くのは、他人の考え方を聞くためなのだろうか、それとも自分の意見を認めてもらうためなのだろうか。

アジャイルな聞き手になるために

敏捷性を《アジャイルな》備えた聞き手になるためにマグダが気づかなければならなかったのは、自分が医師として受けてきた訓練や、自分の持つ文化的背景、信念や意見が、他者との関わり方にどう影響しているかだった。マグダはコーチングを通じて、自分が人と接するときにはほぼ必ず2つの基本的な観点を持ち込んでいるのに気がついた。1つ目は医師になるための訓練そのものから生まれたもので、どこが「悪い」のか、何を「治す」必要があるのかを聞き取り、質問する傾向だった。問題を診断し、即座に解決策を確定するよう訓練された医師がこのようなマインドセットを持っているのは完全に納得できる。2つ目は、痛みを和らげる目的で症状を聞こうとするところだった。これも、病気を治療する人間にあって当然の傾向だ。

患者に対する能力と同僚や部下に対する能力

だが、リーダーとして他者に働きかけなければならない場合は、この2つの視点「診断して治す」と「症状を緩和する」が大きな落とし穴になる危険がある。いずれも業務的なやり取りになるため、深く追求したり、他の選択肢を検討したり、問題の箇所だけでなく、より広範で体系的な問題についても聞き出したりする余地がほとんどないのである。マグダは親身になって穏やかに患者に接することで知られていたが、同僚や部下に対しては必ずしも忍耐強くなかった。新たな発見としてマグダが気づいたのは、有能なリーダーになるには全体に目を向け、対話の場を設ける必要があるということだった。また、もっと深いレベルの共感力と好奇心を持って話を聞く必要もあった。そして、成功を祝福して謝意を示すなど、うまくいっているものにたっぷりと時間をかけ、患者に対する以上に力を入れる必要があった。患者は入れ替わるが同僚は何年もそばにいるからだ。後天的な信念や目に見えない信念を自覚するのはさほど難しくはないが、気づくためには自分自身を振り返る必要がある。

「広い視点、対話、共感力

誤解のないように言っておくが、どんな状況でも生まれ持った聞く視点を変えろと主張しているわけではない。気心の知れた友人たちと食卓を囲んでいるとき、みんなの視点が自分の視点と一致していれば、すぐに互いを理解し合える。みんなに理解してもらえたら、どんなに満足できるだろう。少しくらい独りよがりなところがあってもかまわないのだ。だが、価値観や意見や評価が異なったり対立していたりする人々がいる状況に置かれると、たちまち障害にぶつかることがある（私たちが毎日テレビで目にするあれ――「ニュース」と呼ばれるものを巡る評論家たちの意見のぶつけ合い――だ。残念ながら、これは人の話を聞くやり方としては最悪の例なのである）。

結論を言えば、聞くときの視点は「誰もが持っている」。私たちはみな、受けてきた教育、文化的背景、価値観をあらゆる会話に持ち込んでいる。どれも、それ自体が成功の妨げになるものではない。柔軟なリーダーの目標は、潜望鏡を上げ、レンズを広角にし、人々が語る話の本質を見抜く方法を注意深く探すことだ。[*2]

3 ペルソナ（聞くときに着ける仮面）を選ぶ

コーチであり心理学者でもあるタチアナ・バキロバの研究に、「自己の多様性」と称されるものがある。それによると、私たちはみな小さい自分自身をいくつも持っている。考えてみれば、同僚と友人と家族とではそれぞれ接し方が違うのではないだろうか。有能なコーチなら、状況に応じて演じる役割を変える必要があるのを誰でも知っていて、どの役割が窮屈に感じられ、どの役割だと解放されたようにのびのびできるかをクライアントが探る手助けもできる。[*3]

「誰もが相手に応じてさまざまな顔を使い分けている

コーチ養成プログラムの中には、コーチは賢いパートナーの役割を果たすべきだと力説しているものもある。そのようなプログラムでは、さまざまなオープンエンドクエスチョン（自由回答形式の質問）を投げかけ、クライアントが自分なりの解決策を見つけられるようにサポートすべきだとし、助言を与え、メンターの役割を果たすことをよしとしない傾向がある。だが、臨床心理学の経験や財務の心得があるなど、特定の専門性を持ったコーチの場合は、落ち込んでいるクライアントに対してはセラピストの役割を、深刻な経済的問題を抱えているクライアントに対してはコンサルタントの役割を、知らず知らずのうちに演じているのではないだろうか。ほとんどのコーチ養成プログラムでは、そうした役割を推奨していないが、コーチとクライアントの関係は、どんな人間関係とも違《たが》わず流動的なものなのだから、いろいろな帽子をかぶり分ける能力は、まさにクライアントが必要としているものかもしれない。

クライアントが抱える悩みで特によく遭遇するもののひとつに、仲間――友情を育んできた同僚や親友だと思っている同僚――が昇格してリーダーの役割を担うようになったというものがある。直属の上司になる場合もあれば、プロジェクトマネージャーやマトリックス組織（訳注：異なる2つの組織構造をタテ軸とヨコ軸にして掛け合わせ、両方の機能やメリットを同時に実現しようとする組織構造）のマネージャーになる場合もある（こちらは、今日のフラットな組織に多い）。そして、昇格する側の人たちはこう尋ねる。「友達づきあいを諦めなければならないのでしょうか。つい先日まで自分のことを仲間だと思っていた人からリーダーとして尊敬されるにはどうしたらいいでしょうか」

私は彼らにこう言うことにしている。「友達というのはひとつの役割で、リーダーもそうです。人間関係を発展させて新しい役割をひとつ加えてはどうですか」。重要なのは、影響を受けるすべての人と、自分が就く地位の範囲について忌憚《きたん》のない意見交換をし、人間関係が変わるのを確認し、わかりやすい境界線を慎重に引くことだ。

「2人の共同創業者との関係

かつて私のクライアントだったCEOピーターの例を見てみよう。彼は2人の友人と会社を立ち上げ、従業員が2000人を超えるまでに成長させたが、共同創業者の1人チャールズを解雇せざるを得なくなった。その一方で、もう1人は信頼できる従業員としてだけでなく、自分の直属の部下となるCOO（最高執行責任者）として残した。残された共同創業者は人間関係の三重苦に悩まされる。共同創業者として対等でありながら、CEOの直属の部下であり、依然として親しい友人でもあるからだ。コーチをつけるというアイデアには2人とも早い段階から賛成だったため、2〜3年コーチングを受けてみたところよい結果が得られ、役割をもうひとつ加えることに成功した。互いにコーチングをし合えるようになったのである。一方の共同創業者との人間関係は進化させられたのに、もう一方のチャールズとはうまくいかなかったのはなぜだろう。理由をCEOのピーターに尋ねたとしたら、陳腐だが正しい答えが返ってきただろう。「エゴが邪魔をした」と。

「エゴが人間関係の進化を阻む

チャールズにとって、友人についていくのは（ピーターに言わせると）「耐え難い」事態だった。軽んじられることにひどく敏感で、ほとんど自信を持っていなかったから、「共同創業者」という肩書きの威力にしがみつき、結局、肩書きを失うと同時に会社を去っていった。残念ながら、こうした状況はよく目にする。ピーターは友人の不安や従属的立場に置かれることへの劣等感を最後まで払拭できなかった。ピーターが取締役会でプレゼンテーションをしているとチャールズは苛立った。自分がやるべきだと思っていたからだ。数カ月が過ぎ、2人の対立が深まるにつれ、チャールズのエゴはますます硬化していった。一方のピーターは、権力の力学がいかに人間関係を損ない創造性を削ぐかをこの経験から学び、チャールズを失った事実を謙虚な気持ちで悲しんだ。

役割を切り替える

これ以上の不和に陥らないために、ピーターは会社に残ったもう1人の共同創業者兼COOと接しながら、役割を切り替える方法を身につけていった。2人はときどき飲みに出かけて家族や赤ん坊のこと、休暇やスポーツの話をしたが、仕事の話はしなかった。仕事の話は早朝のコーヒーデートにとっておいたのである。こうした区別をつけるためには規律が必要だった。最終的に双方が満足できる取り決めを彼らが作ろうとしているときには、仕事と家庭の境界線をどのように維持しているかを振り返ってもらった。チャールズがそうであったように、スタートアップの創業者である彼らが仕事一辺倒だったことで壊れた人間関係もいくつかあった。そして彼らは、敬意に満ちた結婚生活や個人的な人間関係にも同様の慎みが必要なのだと考えるようになった。恋人、友人、子どもを相手にどの役割を演じるべきかを知っておく必要があるのだ。すべての役割を同時に務めることなどできないのだから。

有能なリーダーは多様な選択肢を持つ

私たちはいつも何らかの役割を演じているため、コツさえつかめば必要に応じて役割を切り替えられる。ＦＩＥＲＣＥの手本となった外科医長のマークは、私がつきっきりで行動を観察した日に何度も役割を切り替えていたが、それに負けないぐらい頻繁に切り替えができるようになる。それなのに、直前の会議や会話のときにかぶっていた帽子のまま次の会議や会話に突入してしまうケースは多い。タチアナが指摘しているように、有能なリーダーは使える選択肢をすべて把握していて、状況に合わせてそのときどきに最も効果が得られそうなものを能動的に選んでいる。私生活でのこのプロセスには誰でも覚えがあるはずだ。子どもがつらい1日を過ごしたとき、あるいは友人から助言を求められたとき、私たちはたちまちカウンセラーやコーチや相談相手に変身する。それなのに、職場では自分たちがカメレオンであるのを忘れてしまうらしい。リーダーを務めるからには、習慣化された反応の仕方を定着させてはいけない。昇進の役に立ったものであればなおさらだ。絶えず反応の仕方を変えなければならない。新しい聞き方をいろいろと試し、それを同僚に知ってもらおう。決して秘密にしてはいけない。さもなければ、気づいてくれないかもしれないし、もっとひどくなると、かつてとは違う行動を目にしても見せかけに過ぎないと思われるかもしれないからだ。

「ペースを落とし、集中する」

このところ集中力が大きな話題になっているが、その理由は誰でも知っている。スマートフォンの普及によりADD文化（訳注：不注意と衝動性により社会生活において問題を起こしがちな人が増えている状況）が生まれたからだ。ネットを通じて絶えず、テキストメッセージや電子メール、ソーシャルメディアに新着通知が来て、集中する時間を持ちにくくなっているのである。こうしたものにかなりの中毒性があるのは脳の研究で明らかになっている。多くの企業が休む間もなくあらゆる画面に即席の最新情報を表示したがるのも不思議ではない。

マルチタスク、オーバータスクの弊害

事態をさらに悪くしているのは、マルチタスクを良しとする考えがいつの間にか根付いてしまったことだ。1日にたくさんの予定を詰め込める人ほど優れたリーダーになれるという考えがビジネスの文化になったのである。これがでたらめなのは誰でもある程度は知っている。だ

が、これは私たちが考えている以上に困った問題だ。ひたすら結果を求めるあまり、やること《ToDo》リストをこなそうと躍起になり、柔軟なリーダーシップに不可欠な要素が無視されてしまうのである。立ち止まり、呼吸を整え、よく考えれば、マルチタスクは「耳を傾ける」行為とは正反対のものだとすぐにわかるはずだ。マルチタスクが得意だ、運転しながらメールを送信できる、などと自慢してくる人には注意しよう。彼らは、集中できるのはほんの数秒だと教えてくれているのであり、あなたの言動より着信メールのほうが大切だと言っているようなものだ。あなたはこのようなリーダーになりたいだろうか？　そうではないはずだ。

　マグダには他のリーダーに見られるような集中力を欠いたマルチタスクの習慣はあまりなかったが、「木を見て森を見ず」症候群に陥り、他人に与える影響や、大局的な政治力学や人間関係、同僚とテーマが競合している状況に気づかないことがあった。これはすべて、自分の目標に極端に集中していたためだ。自分のプロジェクトの範囲内には気を配るが、それ以外には無頓着だった。マグダのやり方はマルチタスクというよりオーバータスクと表現したほうがいいくらいで、プロジェクトもやること《ToDo》リストもなんとかこなしてはいたものの、その日のうちにやるべきことがあまりにも多すぎるために視野を広げられなくなっていた。感情面でも、自分の成果をゆっくりかみしめたり、優秀なチームメンバーを称えたりする余裕がないことがときどきあった。決して礼を欠かさず、アシスタントやチームメンバーに謝意を示したが、慌ただしく済ませがちだったため、感謝の気持ちはあまり届いていなかった。

□マインドレスな状態とマインドフルな状態

マグダが自分のように思えたとしても絶望する必要はない。向上心の強いリーダーは目が回るほど忙しくなるものだ。解決策を見つけるには、集中（かつ覚醒）している状態と、忙しい（のに眠っている）状態の違いを詳しく知る必要がある。このところ瞑想や集中することやマインドフルネスがブームになっているのには理由がある。友人や家族や仕事への責任とデバイスとの板挟みになっているのだから、今この瞬間に意識が集中している状態がめったになくても不思議ではない。だが、どんなに忙しくなっても、雑音の中からときおり小さな声が聞こえるものだ。「人生は今この瞬間に起きている」と、誰もが知っている真実をささやく声が。

ともすると私たちは、ものの考え方や生活の仕方が機械的になり、そこから抜け出せなくなる。500ミリリットル入りのアイスクリームの容器を持ってテレビの前に座り、少しだけ食べて残りを冷凍庫に戻すつもりが、20分後にふと見ると容器が空になっていたことはないだろうか。これは頭を使っていないマインドレスな状態（自動操縦になっている状態）のよくある例だ。自動操縦とは夢を見ているような状態だと言う指導者もいる。その場に完全には存在していないという意味だ。そのような状態にあるときは、自分の体が伝えようとしていることに気づき損ねる。

マインドフルネスはその逆で、自動運転を解除し、注意力という名の運転席にもう一度座り直した状態を指す。マインドフルになるのは簡単だと言われるが、西洋人である私などのマインドセットからすると難しい。だが、続々と出てくる科学的証拠を見ると、マインドフルネスを実践している人は、たとえそれがわずかな時間であっても、実践する以前より大幅に効率的になり、健康的にもなっているのがわかる。*4

「マインドフルネスを実践する

朗報なのは、誰でも手軽に実践できることだ。心というものは、放っておくと、さまよう思考で溢れかえるのが普通だが、ほんの数秒でマインドフルになれる。自分の呼吸や心地よい音、あるいは物に意識を集中させてみよう。自分に意識を向けるための鍵がマインドフルネスなのである。たとえ短時間でも内なるおしゃべりをやめさせ、自分自身の思考の観察者になり、自己を振り返るための入り口に立てるからだ。ハーバード大学でマインドフルネス・プログラムを開発し、瞑想の持つ回復力や生成力を世界に広めたことで有名なジョン・カバット・ジンは、マインドフルネスを「意図を持って、今この瞬間に無批判に注意を向けている状態」と定義している。

マインドフルネスを実践すると決めたら、ゆったりと呼吸をしたり、自然の中を歩いたり、静かに座ったりするためのちょっとした休憩を予定に入れて、1日に2~3回確保しよう（そう、カレンダーに書き込むのである！）。マインドフルネスは生きている間ずっと追求し続けるものであるため、毎日欠かさず実践してほしい。次に、マインドフルネスを始める方法を3つ提案する。

1．頭脳派のリーダー。Calm や Headspace といった瞑想アプリを使い、1日2回、決まった時間に10分間、静かに座り、ゆっくりと呼吸をし、耳を澄ます。

2．感情派のリーダー。1と同じだが、不安を和らげ心を落ち着かせる瞑想音楽や癒しの音楽も流す。

3．身体派のリーダー。1、2と同じだが、小さな石や滑らかなビーチグラス（訳注：ガラス瓶などの破片が砂浜で風化して美しい形や色に造形されたもの）など、手のひらに包み込める物理的な試金石《タッチストーン》（訳注：判断や価値観や行動の基準を思い出させてくれるもの）を加える。

好奇心を持つ

「好奇心はネコをも殺す」ということわざがあるように、好奇心が強いネコはトラブルに巻き込まれやすいかもしれない。だが、人間の場合は正反対なのが明らかになりつつある。大きな成果を上げているリーダーの重要な特性は好奇心だと、最新の研究で確認されており、これは直感的に理解できる。好奇心が旺盛な友人や同僚を思い浮かべてみよう。彼らは、本人が興味深い人物であるだけでなく、幅広い話題に興味を持っている。新しいアイデアの探求をこよなく愛し、先入観なく可能性を受け入れる。好奇心が旺盛な人は変化にあまり抵抗せず、むしろ変化を促す場合さえある。彼らは社交性も持ち合わせ、さまざまな人や場所に関心を寄せる。また、物事がうまくいかなかったときの回復能力も高い[*5]。

「選り好みする罪

だが、どんなに好奇心が強い人でも、好奇心の対象を選り好みする罪を犯しているものだ。一見したところ、マグダは好奇心旺盛なタイプだった。コーチングを受けることに興味があっただけでなく、大半のクライアントとは異なり、コーチングについて何でも知りたがり、学ぼうとする意欲もあった。ところが、彼女のチームからのフィードバックによると、マグダは何でも受け入れるというよりは成果を上げるほうに注力していたし、物事の探求やブレインストーミングには根気が続かなかった。マグダが受け入れる新しいアイデアといえば、ワークフローの改善や財務強化のためにすぐに使えるものばかりで、知識を得るための意見交換や、失敗するかもしれないアイデアや時間の無駄のように感じられるものへの挑戦にはさして興味を示さなかった。

何かを学ぼうと好奇心満々で歩き始めたのに、途中でつまらなくなったり挫折したりした経験はないだろうか。内容が難しくなったり楽にこなせる範囲を超えたりすると、誰でもそうなりがちだ。好奇心はリーダーとして成功するために不可欠かもしれないが、確証バイアス（訳注：認知バイアスの一種。自分にとって都合のいい情報ばかりを無意識に集めてしまい、反証する情報を無視したり集めようとしなかったりする傾向を指す）に陥りやすい。ほとんどの人が（事実は逆だったとしても）自分は運転がうまいと思っているのと同じで、大半の人が自分は好奇心が強いとも思っている。だが、例外もある。

マグダもそうだが、私が何年もコーチングを行ってきた多くの内科医のリーダーたちも、議論の中心テーマが患者のときは必ず好奇心の遺伝子が全開になった。「どうすれば患者の治療プロセスを改善できるか？」、「患者の満足度を高水準に維持しながら、1日に診察できる患者の数を増やすにはどうすればよいか？」といった議題はマグダの好奇心をかきたてた。だが、チームの人間関係の問題をどうするかとか、院内の面倒な書類仕事をもっと効率的に片づけるにはどうすればよいかといった問題の場合、出てくるのはため息ばかりで、まるで好奇心をそそられなかった。そうした問題には心を閉ざしがちだったのである。

「選り好みせず、聞く視点を増やしたら

成長の鍵は単純なのに、すぐにはわからなかった。マグダは聞く視点を増やす必要があった。それができるようになってようやく、自分が退屈だと感じているものそれ自体が自分の主たる関心事、すなわち患者の治療に関連していると気がついた。自分のグループ（ペインクリニック）と他のグループ（小児科や外科）との部門間連携といったテーマは自分に無関係のもののように

思っていたが、患者の治療と密接にかかわっていたのである。

私が以前コーチングをした内科医に、忍耐力のなさを苦にしている人がもう1人いた、という話をマグダにした。その人（男性医師）は無愛想だとの評判にも悩んでいたが、ある出来事がきっかけでマグダのように問題に気づくことができた。彼の悩みの種はロジスティクスグループだった。ベッドやシーツといった病室の必需品を整備する業務を担当している部署である。不満とイライラを抱えていたその男性医師は、この部署の責任者をひどく敬遠していた。ある夜、ロジスティクス側のスタッフがよく考えもせずにブレーカーを落としたところ、病院の一部が真っ暗になってしまった。そのブレーカーが廊下のすべての照明を制御していたのである。看護師たちはパニック状態で男性医師に電話をかけた。「照明がつかないので患者のところに行くのもやっとです。早く来てください！」。男性医師は病院に駆けつけ、ブレーカーが落とされているのに気がついた。翌日、食ってかかると、ロジスティクスグループの責任者はしぶしぶ言った。「悪かったな」。だが、彼の言わんとするところははっきりしていた。病院運営に関わる側面に、蔑《ないがし》ろにしてもかまわないものはひとつもない、そんなことをすれば患者に迷惑がかかる、と伝えたかったのである。

好奇心こそ可能性

マグダはこの話を面白がり、少しはショックを受けていたが、要点は理解した。好奇心というのは可能性の小さな炎のようなもので、私たちの心の中でいつも揺らめいている。だが、1～2回深いため息をついたり、イライラしながらやること《TODO》リストを覗いたりするだけで、いとも簡単に消えてしまう。次回のセッションには、今抱えている最大のイライラの種、つまり仕事のさまざまな側面のうち、創造性の妨げや心を閉ざす原因になっていそうなものを一覧表にまとめて持って来てほしいとマグダに頼んだ。

「来週まで待つ必要はありません、ジェフ」マグダは即答した。「一番のイライラの種は上司です。なぜもっと協力してくれないのか理解できないのです。プロジェクトの邪魔ばかりするし、新しい取り組みを進めようとすると必ずつぶしにかかるのはどうしてなのでしょう」。私はマグダに上司のティムをプロジェクトと捉えてみてはどうかと提案した。上司が協力的でなかったとしても、2人の目標は同じだ。2人とも、患者に最良の治療を施し、財政的に持続可能な診療をし、革新的なサービスを提供することを目指している。では、どうしてこのようなぎすぎすした関係になっているのだろうか？

□ イライラの種に向き合う

マグダはティムの行動がよく理解できなくても、わざわざ説明を求めようとはしなかった。だが、ある程度、理由が気になっていたのも事実である。そのためマグダは自分からティムに歩み寄る必要があった。当初は気まずかったが、「どうすればうまく連携できるか、ちょっと話し合いませんか」と、マグダはティムをランチに誘った。2人の様子を覗き見できなかったのは残念だが、これがあまりにもうまくいったのである。そこで、マグダは自分自身のチェックインのためにもっと頻繁にやりたいというそぶりを見せ、メンタリングをしてほしいとティムに伝えた。もちろん、それこそティムが待ち望んでいた申し出だったが、ティムもマグダと同様に行動優先で、はっきりとものを言い、人間的な面や弱さをめったに見せないタイプだったため、手を差し伸べられずにいたのだった。

マグダにとって、これは氷山の一角に過ぎなかった。看護師たちとの連携、プロセスや患者対応の改善策の検討、外部からの視点の取り込み、普段の生活では接点のない人たちとの人脈作りや人間関係の構築など、持ち前の好奇心が十分に発揮されていない場所がほかにも見えるようになった。

革新できる組織に必要な要素

研究によると、革新的な組織には核となる特性がある。これは、アルファかベータかにかかわらず、すべてのリーダーが頭に入れておくべきものだ。

1. （適度に）リスクを取るようサポートし、失敗しても責めない。アイデアがうまくいかなかったり新しいことに挑戦して失敗したりすると責められる、と社員が恐れている場合は、「事を荒立てないようにしよう」というメッセージだとすぐに理解する。
2. 熟考する時間や創造的な時間を確保できる空間を提供し、協力を惜しまない。
3. 当事者意識と関係者に対する説明責任を持たせることで、部下に裁量権を与える。
4. 競合相手や異業種や異文化などが関わる活動に参加するなど、普段とは違うことをやってみるよう職場の仲間に働きかける。組織内から優れたアイデアを生み出すために外部の視点を取り入れることが必要になる場面はよくある。すべてのアイデアを内部の者だけで生み出せなくてもかまわない。

「ベータからアルファへの切り替え」

夕暮れの砂浜を散歩しているときにコーチとクライアントの関係が始まるというのは幸先がいいし、印象深い。レナルドが初めて私にコーチングの話を持ちかけてきたのが、まさに夕暮れの砂浜だった。レナルドや彼のマネージャーたちはいくつものワークショップに参加し、過酷とも言えるほどの長い1日を終えた後で、誰もが休息を必要としていた。オフサイトセッションが行われていたのは、ノースカロライナの東岸の外れにある美しいリゾート地だった。まだ春先ということもあり、風はやや強く、肌寒かった。だが、セッションが終わるとすぐに参加者たちはぞろぞろと砂浜に出ていった。普段と違ったのは、レナルドが私を引き止め、一緒に砂浜を歩こうと誘ってきたことだ。ゆっくりと沈む夕陽を背に、2人で大西洋の冷たい水に足首まで浸かってのんびり歩いていると、レナルドは、上司であるマーケティング部門の主任からコーチング・プログラムへの参加を勧められたと言った。それは、他のシニアリーダーたちを対象に私がその新興のネットショップで行っているプログラムだった。こんなにも自嘲的に、いかにも決まり悪そうな口調で相談に来る人はほとんど初めてだと思ったのを覚えている。

聞き上手なリーダーにコーチング？

「正直なところ、コーチングが僕にどう役立つのかよくわからないのです」とレナルドは言った。「ジョシュは私が優しすぎると思っているようです。部下に対してもっと厳しくしろ、責任を持たせるときはもっと強気になれと言います。これが、ジョシュのように高圧的になれという意味だとしたら、そうしたいかどうか自分でもよくわかりません。チームメンバーとの接し方に問題はないと思っています。メンバーの意見を尊重していますし、ブレインストーミングではメンバーから多くを学んでいます。でも、嫌なうわさ話を聞いたこともあります。私は終わりをほとんど気にしないからミーティングに時間がかかりすぎると思っている人もいるようです。そのような噂が伝わったのでしょう、ジョシュにはもっと威圧的になるべきだと言われています。うまく中間を取れないものでしょうか」

「そうでしたか」と私は答えた。「偏見を持たない聞き上手のリーダーになれなくて悩んでいる人もいるというのに、もっと〝偉そうに〟なるためのコーチングを受けたいと言われるとは、なんとも皮肉なものです。今日、あなたのグループの話し合いを見ていて気づきました。あなたの質問の大半は発言を促すものでした。とても上手に参加者一人ひとりから意見を引き出していました。同じようにうまくできるクライアントが増えてくれるといいのですが」

このようにして、典型的なリーダーの大半とは正反対のもう1人の若手リーダーへのコーチングが始まった。

ベータ型リーダーの課題

正真正銘のベータ型リーダーであり、ハイテク産業のデータサイエンスマネージャーであるレナルドは、部下を対等に扱っているのが大きな強みだ。グループのメンバー全員を巻き込みながら創造的なブレインストーミングを行うレナルドの能力には感銘を受けた。と同時に、以前に述べた文脈「どんな強みもあだになり得る」で言うと、結果を出そうとする意欲に欠けるところが課題だということにも気がついた。あの日のワークショップに参加していた他の小グループには、競争心が強く、答えを出そうと意識を集中させていたグループもあったが、レナルドのチームは話題があちこちさまよい、他のみんなが休憩に入ってからもずっと議論を続けていた。ベータ型のリーダーシップスタイルが、すでに成功を阻んでいるのがわかった。

ベータ型のリーダーが抱える根本的な疑問ははっきりしている。合意形成を重視する好奇心旺盛な性格のリーダーは、どうすれば結果を優先する決断力のあるリーダーになれるのだろうか？　レナルドは内向的な性格ではないし、もっと表情豊かになりたいとか、もっと自信を持ちたいと思っているわけではなかった。実際、レナルドはデータサイエンスチームというマーケティング分析が成功の鍵を握る重要な部門のマネージャーに昇進しており、それはこの分野の知識や経験が豊富だったからだ。レナルドは強気なリーダーにもなれただろう。だが生まれつき、ひとつの答えを追い求めるより、他に選択肢はないかと模索し続けるのを好む性分だった。

必要なときに自己主張《アサーティブ》する

これが露骨に現れたのは、レナルドが自分のチームの業績を説明するプレゼンを求められたときだった。15分で四半期ごとの成果を総括し、提言をするよう求められたレナルドは、40枚にも及ぶスライドと、より詳細な分析調査がビジネスに大いに役立つ根拠を示す長いリストを持って現れた。どれも素晴らしいものだったが、量も長さも詳しさも度を超えていた。部屋を見渡し、レナルドの同僚たちがあきれた顔をしているのを目にして、私は悲しくなった。

「やるべきことがあります」と私は説明を始めた。「偉そうにしたり独裁的になったりしなくてもかまいませんが、内なる闘志を奮い立たせる必要はあります。しかるべきときにアサーティブになれる力をつけなければいけません。とはいえ、これは二者択一ではありませんから、両方選択してかまわないのです」

レナルドが自分のようだと思えたとすれば、あなたは現在のビジネスパラダイムを先取りしているリーダーの1人かもしれない。あなたの下で働くミレニアル世代は、自ら進んで話を聞こうとする姿勢や、合意に基づいて意思決定をしようとするところや、探求しようとする態度に寛容で結果を出せとあまり急かさないところを、おそらく高く評価しているはずだ。問題は、上司や同僚がマグダのような「さっさと仕事を片づけろと急かすタイプ」だったときに、そうした強みが裏目に出かねないことだ。難しいかもしれないが、必要な場面でのアサーティブな態度の大切さを認識し、全力で習得に励み続けなければならない。このケースで習得すべきものは、「FLEX能力」だ。

速習トレーニング

「アルファからベータに切り替えるためのテクニック」

聞くときの態度（Listening Presence）

1．話す量を減らし、聞く量を増やす。話す量と聞く量を誰かに観察してもらおう。何パーセントを目指しているなどと言う必要はない。聞く力を伸ばそうとしている、とだけ伝えればよい。どのぐらいがいいとか悪い、といった比率はない。もともとがアルファ型なら、話す量を少し減らして聞く量を少し増やすのを目標にしよう。

2．沈黙に慣れる。グループで議論しているときや1対1で話し合っているときに、短い沈黙があっても大丈夫だということを思い出させてくれる試金石《タッチストーン》を選ぶ。クライアントが実践しているのは、何もしないでただ座っているだけ（エネルギーが変化し、集中力が上がるため）、メモ帳の表紙に「黙っていても大丈夫」と書いて他の人にも見えるところに置く、黙って耳を傾けるようにと脳に信号を送る石を実際に持つ（私は、砂浜で見つけた小さな、手のひらにしっくりと収まるハート型の石を使っている）、などだ。

3．オープンエンドクエスチョンを事前に考えておく。最初の質問として、「どのようにして」、

「何を」、「なぜ」など、互いが建設的になれる質問を見つけておこう。「詳しく教えてください」と重ねて尋ねる言葉をリストに加える（忘れないように、パソコンや携帯電話、メモ帳などに貼っておくのもいいだろう）。「興味があります」や「ぜひお聞きしたいのですが……」など、話を促すような最初の一言を練習しよう。

聞くときの視点（Listening Perspective）

4．いつでも取り下げられるように、自分の議題を把握しておく。それぞれの会議で結論を出せそうなトピックの他に、一緒に達成したいものや計画したいことをあらかじめ書き出しておこう。自分の目的を自覚できていればいるほど、諦めるべきときの迷いがなくなる。

5．聞く力を試す。自分の議題を取り下げて他の人が提案した目標を探求できるかどうか、できる限り試してみよう。到達すべき目的地があるのではなく、学ぶための探検をしているのだと考えるといい。

聞くときに着ける仮面（Listening Persona）

6．自分の役割を明確にする。他者と対話をするときにどの役割を演じれば自分の目標を最も効果的に達成できそうかをじっくり考える。コーチ、教師、パートナー、友人、調査官など、自分が果たしたい役割はどれなのかを考えてみよう。

7．帽子を取り替える。リーダーとしてさまざまな役割を果たしているロールモデルを探そう。調査員の帽子をかぶり、彼らがやっていることで効果を上げているものは何なのかを分析し、彼らを真似して新しい話し方や聞き方を試してみよう。

ペースを落として集中する

8．1分間マインドフルネス。タイマーを1分にセットし、脇に置く。邪魔されない静かな場所で背筋を伸ばして座る。深呼吸を3回し、呼吸に意識を集中させる。吸う息から吐く息に切り替わるときの感覚を観察する。目を閉じ、呼吸が体を循環している様子を感じ取る。思考に注意を向け、集中しているか雑念が漂っているかを観察する。雑念が漂っていたとしても大丈夫。そのまま意識をそっと鼻孔に戻し、鼻の穴を出入りする空気に注意を向けよう。

9．緩衝地帯。会議と会議の合間に5分間の休憩時間を確保しよう。歩いたり外出したりすると、精神状態を大きく変えられる。5分間デスクから離れるだけでも、普段おろそかにしがちな感情的、身体的、知的側面と向き合え、ほとんど奇跡のような結果が得られる。そのとき何を必要としているのかに応じて、気づきを得られるケースもあれば冷静になれるケースもあるが、より大きな自覚と平静さをもって次の活動に移行できる。

10.「自分」の時間。私はどのクライアントにも、毎週一定の時間を内省のために確保してもらっている。これは自己中心的のように感じられるかもしれないし、いつも忙しくしている人には不可能に思えるかもしれないが、世界のトップCEOでも必ず「自分」の時間を確保している。そして、誰にも邪魔されない時間を過ごす間に、知的・肉体的エネルギーを最適な状態に整えている。まずは週に1時間から始めよう。強い意志を持って規則正しくこれを実践していれば、人生がばかげたものに思えたときでも肩の力が抜け、より生産的かつ創造的になれるはずだ。

好奇心を持つ

11.初心者の気持ちになる。あなたにとって「遊ぶ」とは何を意味するだろうか。スポーツをする、楽器を演奏する、文章を書く、絵を描くなど、いろいろな答えがあるだろう。時間を作って新しいスキルを身につけよう。楽しいながらも、それなりに努力を要するものだと頭のストレッチになるのでお薦めだ。出張で世界各地を訪れるあるクライアントは、オリジナルな遊びの時間を日程に組み込み、短い時間でも、初めて訪れた場所の近隣を探索したり、ウィンドウショッピングをしたり、美術館を訪れたりするようにしている。

12.Monday Morning Mavericks。チームでアイデアを出し合うミーティングを定期的に開こう。あるクライアントは「月曜朝の奇策発表会《マンデーモーニングマーヴェリック》」と称する会議で1週間を始めることにしている。月曜の朝に開くこのミーティングでは、週末の行動から生まれたアイデアを持ち寄るよう、メンバー全員に働きかけている。

速習トレーニング

「ベータからアルファに切り替えるためのテクニック」

1. **負けず嫌いの気持ちを呼び起こす。** 勝利や目標達成のために競争しなければならなかったときのことを思い出そう。集中するために何をしただろうか。勝利の方程式はどのようなものだっただろうか。このエネルギーを再び呼び覚まし、勝利や目標達成のためにやったことの一覧表を作ろう。

2. **議題は3つ以内。** 会議のテーマは3つ以内に絞る。絞り込んで1項目だけにできればなおよい。特に、成り行き任せでセッションが長引くとの悪評がある人が「即断」スタイルに変えれば部下は喜ぶだろう。フィードバックや対話の時間は残してもかまわないが、消化すべき項目が少ないほど集中力が上がり、有意義な議論ができるようになる。

3．短いほどいい。電子メールやパワーポイントなど、文書によるコミュニケーションについては長さを意識しよう。コミュニケーションがうまいと思う同僚が書くものの長さ、質、文体を吟味し、「段落は2つ」、「箇条書きは3つ」など、彼らが実践していることをルールとして真似てみる。

4．宣言する。自分の強みについて日記をつけよう。特にベータ型のリーダーにとって重要なのは、自分が得意とするものをはっきりさせ、必要に応じてそれを活かすことだ。VIA強み診断（強みや長所を診断できる無料のツール。viacharacter.orgから利用可）を受け、自分が特に強みとするものを1つか2つ選び、「私は……である」と宣言する文章を書く。それを自分自身や親しい人、そしてもっと自信を持って日々の仕事ができるようコーチングしてくれるすべての人に、声に出して宣言する練習をしよう。

常に振り返ってリーダーシップスタイルを使い分ける

この章では「しなやかマインドセット」を活用したが、リーダーシップスタイルを柔軟に使い分けられるようになるためには何をする必要があるのか、もうはっきりとわかっただろうか。今、自分にどれほど柔軟性があると思っていても、成長していくためには、自分がどのように耳を傾けているか、どのように意識を集中させているか、どのように決断を下しているか、どのように新しいアイデアを取り入れているかを絶えず振り返る必要がある。あなたには好奇心があるだろうか？　必要に応じて命令や自己主張ができるだろうか？　理想は、完全なるアルファ型でも完全なるベータ型でもなく、状況に応じていずれか（あるいは両方！）になれるリーダーだ。

いわゆる「体育会系」の人なら、柔軟性を養うのは知能《メンタル》の敏捷性《アジリティ》を高めるトレーニングのようなものだと考えてみるとよいだろう。アルファ寄りかベータ寄りかにかかわらず、柔軟性という名の筋肉を鍛え、引き締めるのは可能だ。そのためには、自分がどのようなリーダーシップスタイルのリーダーになりたいかを自覚し、うまく機能しているものをさらに強化する必要がある。

第4章

目的意識を持つ

アインシュタインの宇宙からゴッホの空へ

あなたが手にしているこの本はコミュニケーション媒体だ。あなたが途中で投げ出さずにここまで読み進み、ページに書かれた言葉が依然としてあなたの注意を引きつけているとすれば、私たち、あなたと私は本能的に共感し合っていると言えるかもしれない。コミュニケーションが成立しているのだから。ソファにもたれて面白い小説を読んでいるといつの間にか夢中になり、時間を忘れて作品世界に引き込まれるときがある。このときの状況は、言ってみれば作家と「深い対話」を交わしているようなものだ。人の心をつかむ小説や役に立つ自己啓発書にはこの深い対話を持続させる力があるが、それは一体どういうものなのだろうか。リーダーにはいろいろな人がいて、チームに向かってビジョンや野心的な目標を語り、行動を起こそうと呼びかけるとき、熱心に耳を傾けさせられる人がいる一方、それがうまくできずに部下の関心を削いでしまったりする人もいる。それはなぜだろう。

とても優秀なリーダーなのに、自分のコミュニケーションの方法を顧みなかったばかりに、周囲の人々に影響を与えフォロワー（リーダーについていく人々）を増やす困難な旅路の途中でつまずく人を、私はコーチとして何人も見てきた。「目的意識を持ったコミュニケーション」――人々を隔てる物理的、感情的、知的ギャップを越えて通じ合うにはどうすればよいか――というテーマに移るにあたり、「この本は自分とどのようにつながっているのだろうか」と自問してほしい。自分の経験そのものを論じている事例に共感している人もいれば、効果がありそうな実践演習にざっと目を通したり、自分に役立ちそうな演習やこれならできると思った演習をメモしたりしている人もいるだろう。

「心惹かれるものは一人ひとり異なる

当然ながら著者としては、私が書いたすべての言葉をあなたが読んでくれて、喜びを感じてくれるだろうと思っている。いや、これは冗談だ。私だって自己啓発書をそんなふうには読まないのだから、あなたがそのような読み方をしていなくてもちっともかまわない。心を惹かれやすいものは一人ひとり違っているため、どんな情報に深い影響を受け、どんな情報をないがしろにしがちなのかは人それぞれ異なる。これについては、心理学者のローレンス・ルシャンと物理学者のヘンリー・マーゲナウが *Einstein's Space and Van Gogh's Sky*（アインシュタインの宇宙とゴッホの空）に次のように書いている。

芸術家［とリーダー］の目の前に広がる可能性は、彼らが生きる文化におけるものの見方によって制限されてもいる。無限の可能性へのアプローチの仕方は文化ごとに決まっているため、他のアプローチが取れなかったり、取れたとしても理解されなかったりするのである。数年前に発表された風刺漫画に、ルネサンス時代の画家のアトリエが描かれたものがあった。画家の座る横には当時の典型的な絵画があり、アトリエの一角には1921年に描かれたモンドリアンの有名な作品、《赤、黄、青のコンポジション》がある。画家はこの作品について、「ああ、これはちょっと試してみたがうまくいかなかったやつだよ」と友人に説明していた。芸術家［と科学者］は現実の社会でさまざまな試みをするが、うまく行って受け入れられる場合もあれば拒絶される場合もある。何が受け入れられ何が拒絶されるのか、その取捨選択はそれぞれの文化で異なる。文化というものは、そこで選択されたものによって形成されていくのである。

「エビデンスとエピソードのバランス

事実と虚構を目まぐるしく切り替える私たちの文化は、どこからどこまでが真実で意味をなしているのかが非常にわかりにくくなっている。リーダーとフォロワーとをつなぐ結合組織としてのコミュニケーションでは、エビデンスとエピソードをバランスよく混在させ、謙虚な姿勢で両方を伝える必要がある。正しいコミュニケーションの方法はひとつではない。私は、そのほうが伝わりそうだと思えば、エピソードと事実の両方を話す。だが、状況も人もそれぞれ異なる。目標は、コミュニケーターとしての才能に気づき、他者から学び、レベルアップを図るために現実を幅広く見渡し、アインシュタインの宇宙――科学、事実、見解を補強するエビデンス――について語ると同時に、ゴッホの空の美とそれにまつわる物語も伝えることだ。どちらも重要であり、どちらも私たちをひとつにしてくれる。

今日の私たちには、事実とは何かの判断さえ非常に難しくなっているようだ。見出しは「フェイクニュース」だらけで、少数ながらも影響力を持つ人々が真実だと考えている陰謀説も溢れかえっている。同様に、「エビデンスに基づく」という表現をあちこちで耳にした経験があるだろう。まるで、問題の多い経験主義をついに克服したかのように聞こえるし、エビデンスで理論を補強して、検証に耐えうる絶対的な判断基準にする方法が見つかったかのようだが、そのようなケースはまれだ。

私たちが取る行動の理由を「証明」する目的で、脳の研究が大衆メディアで盛んに取り上げられることがある。それを知って、真っ先に警戒するのは神経科学者だ。コーチの中には、脳の物理的変化を機能的磁気共鳴画像法（fMRI）で確認した研究を引用し、人をやる気にさせる一番の方法「最も効果的なコーチング法」がわかった、と公言している人もいる。当然ながら、本書でも神経科学の興味深い研究を紹介してはいるが、それは、人がデータを処理するときや、体からの信号を統合するとき、そして刺激に反応するときや、決断を下すときに起こる化学プロセスや神経プロセスを理解するのに役立つと思うからだ。だが、これまで謎とされていたもの――記憶、意識、感情、内的世界と外的世界のつながりなど――の本質がこれで理解できたとか、「ブレインベースド・コーチング」（訳注：米国にある研究所兼コンサルティングサービス会社、ニューロリーダーシップ研究所［NeuroLeadership Institute］が開発したコーチング手法）だけで人のパフォーマンスを向上させられる、と結論づけるのは行きすぎだろう。

科学と物語の力

先にも述べたが、科学者を最も疑っているのが科学者自身だというのは今でも変わらない。

脳は知れば知るほど未知の部分が増えていくからだ。逆説的だが、私たちは、脳というまだ完全に理解しきれていない道具そのものを使って、その働きを解明しようとしているのである。この点は重々肝に銘じておかなければならない。さもなければ、人間はコンピュータとさほど変わらないと思い込んでしまう危険がある。だから、「エビデンス」を利用するときは多少なりとも疑ってかかる必要がある。まともな科学は誤解を解いてくれるばかりか、最も効果を上げる方法を詳しく知るための手助けもしてくれるから重要だ。だが、先頭に立とうとリーダーを奮起させ、この人についていこうとそれ以外の人たちに思わせるものは、物語やビジョンや、想像力という神秘の力だ。科学はそういったものの代わりはしてくれない。*1

最後に始まりを振り返る

どれほど成功しようが、創業当時の苦労や夢、数人しかいないチームの献身的な仕事ぶりは決して忘れません。運がよかったと思うかとよく聞かれます。いいときにいいテクノロジー製品に巡り会えただけなのではないか、とね。これにはいつも失笑させられます。

成功する運命にあったとはとても言えない、というのが本当のところだからです。ソフトウェアの世界でもまだまだ未開拓の分野に挑戦していたわけですし、人里離れた［パリ郊外の］へんぴな場所に拠点を構えていました。私とベルナールだけで事業を始めた当初から、次の3人を採用し、やがて従業員が1000人を超えるまで、人々の意思決定の方法をテクノロジーで変えるという私の夢を語るつもりでいましたし、このチームは自分たちの仕事を愛しているといつも感じていました。そう、まさに愛という言葉がぴったりです。ですからある意味、常に成功するとは確信していました。新しく何かを始めては行き詰まり、浮き沈みを何度も経験しましたが、情熱を持ち続けさせるのが私の務めでしたから、私たちの心にある最初の火種を消さない努力はしました。誇らしく感じると同時に謙虚な気持ちにもさせられますが、これだけははっきり言えます。最終的に成功できるかどうかを決めるのは、最初に抱いていた思いにほかならない、とね。」

会社の成長を促進するために必要なもの

ボストンの安食堂でテーブルを挟んで向かい合わせに座っているデニ・ペールから発せられたこの深遠な言葉は、超がつくほどの成功を収めたこのリーダーらしさに満ちていた。核となるスタイル（堅実さ）と、人とのつながり（対面）を好む性格がにじんでいたのだから。デニが私の最初のクライアントのひとりになってから20年ほど経つが、デニと一緒にいるうちに、ドットコム時代の穏やかな日々に引き戻された。インターネットとインターネットツールの影響力がどれほどのものかを示す兆候が表れ始めた頃である。

デニの話を紹介しようと思ったのは、彼の会社、Business Objectsが素晴らしい業績を上げ、最終的に数百万ドルで売却されたからではない。彼らがこれほどまでに成功した理由がわかる、あまり知られていない物語を伝えたかったからだ。そして、会社の成長を促進するために必要なものを（私と同様に）そこから学び取る方法を知ってほしいと思ったからでもある。「スタートアップ」から「スケールアップ」を経て想像を超える成功を収めた企業の物語は大いに参考になる。素晴らしい製品とタイミングのよさが必要なのは言うまでもないが、必要なものは他にもある。優れたリーダーシップと、やる気を鼓舞する強力なコミュニケーション力だ。ベルナールとデニの会社、Business Objectsは、ここまでに述べたすべてと、さらにそれ以上のものを備えていた。

人を動かす物語の力

90年代はドットコム企業が次から次へと誕生する活気に満ちた時代だった。インターネットには勢いがあり、ソフトウェア起業家も同様だった。プログラミングの才能があってリスクをいとわない若いエンジニアには、未来が輝いて見えた。今とさして違わないが、今より少し面白い時代だった。さて、デニ・ペールとベルナール・リオトーの話をしよう。この聡明で生真面目な2人のフランス青年、マーケティングの天才と論理思考のエンジニアは、ビジネスの意思決定の世界をいつのまにか永遠に変えていた。現在、Business Objects はドイツの巨大複合企業、SAPのソフトウェア帝国の一角を占め、従業員は8万5000人を超える。

「コミュニケーションスタイルが異なる2人のリーダー」

創業当初、デニとベルナールはオフィスを共有していた。2人は素晴らしい友人同士であり、互いを補完し合う共同経営者だった。双方とも強いアルファ型のリーダーであり、タフで、論理思考で、押しが強い印象がある。だが、全従業員（当時は50人ほどで、そのほとんどがエンジニア。営業担当者は数えるほどだった）を集めた公会堂での会合を1度見ただけで、2人のコミュニケーションスタイルがこれ以上ないほど違うのがわかった。ベルナールは数字に強く、販売予測や予算のスライドに説得力を持たせるために、製品設計の詳細、すべてのロジック、データ、戦略を仔細に調査した。エンジニアで内向型のベルナールは、自信満々の決然とした態度を示すこともある一方で、感情を表に出さず、実務的だった。私がコーチングを担当した何年かの間に、ベルナールは話術のレパートリーを増やし、より情熱的にコミュニケーションができるようになったが、物静かなところはずっと変わらず、控えめで、ステージの上では少し落ち着かないように見えた。

「感情を揺さぶるコミュニケーション

デニはリーダーとしてはアルファだったが、オーディエンスの前では完全にベータだった。営業職としての訓練を受けたデニは、場の雰囲気を読み取る能力を大きく開花させた。大勢の人とつながるためには、データを示したりスライドの項目を読み上げたりするのではなく、対話の場を演出するのが効果的だと考えていた。そのため、あらかじめ用意されていた意見もその場で思いついたかのように感じられ（実際はそうではないのに）、とっさに口をついて出たようにすら思えた。デニが聞く者の感情を揺さぶったというのも、必ずスピーチの冒頭で、会社のために設定した自らの個人的な目標にまつわるエピソードを語り、最後は行動を促す言葉で締めくくったからだ。「友よ、今こそフランスに我が国独自のシリコンバレーを作ろうではないか。（中略）力を合わせればこの夢を実現できる」と社員を鼓舞した。10年後にBusiness Objectsの株式を売却して間もなく、デニが政治家になったのも何ら不思議ではない。

存在感と情熱を兼ね備えたデニは、スタッフの目指すべきビジョンを描いてみせた。そしてステージに上がるたびに、Business Objectsは単なるソフトウェア会社ではないのだとスタッフに思い出させ、Business Objectsはフランスの精鋭たちが名を連ねる特別なクラブであり、ここの会員にはシリコンバレーと互角に渡り合える力があるのだと訴えた。

「なぜコミュニケーションが重要なのか」

コミュニケーションの本質は感情レベルでのつながりにある、とデニは直感的に理解したが、これは誰でも学べるものだ。ツイートであれ、ショートメッセージであれ、電子メールであれ、人が動かされるのは感情だ。強力なコミュニケーションには人々を行動に駆り立てる力があり、ときとして意に沿わない行動を取らせることすらできる。近年、特定の言語パターンが扁桃体（感情を司る脳の部位）と前頭前皮質（理性的な判断を司る部位）の間のネットワーク接続に与える具体的な影響がわかってきた。

アリゾナ州立大学のラッセル・ゴナリングとジュリー・リーンが、特定の政治演説や広告、いわゆる「パフォーマンス・ポエトリー」に脳がどう反応するのかを調査したところ、印象的なフレーズ、高い声、単音節の語、歌のようなパターン（頭韻、押韻など）が脳の辺縁系に働きかけ、前頭前皮質に情報が伝達されるスピードが増すことが判明した。つまり、私たちは甘い言葉そのものに魅了されるだけでなく、効果的な話し方を極めた人の声の響きにも酔いしれるのである。この種の研究は、ほとんどのコーチがいつも気づかされる、リーダーの登場の仕方やコミュニケーションの取り方や態度、口調、抑揚の重要性を裏付けるエビデンスを提供してくれている。

コミュニケーションの神経科学

エピソードを多めにする手法を用いるとしても、事実報告や目標設定を完全にやめる必要はない。だが、目標設定によって今日の労働者のやる気を引き出すためには、新しい取り組みや新事業の背後にある目的に個人的なつながりを感じられるようにする必要がある。目的意識を持ったコミュニケーションは二者択一ではない。優れたコミュニケーターはこれまでと変わらず、売上、収益成長、顧客維持などの計画と、その実現可能性の予測について説明する。違うのは、そこに理由を付け加えている点だ。なぜそれが社員にとって重要なのか、なぜ他の人たちにとって重要であるべきなのかを、情熱やビジョンから全社的な文脈や意義、さらには目標や計画までを含めて伝え、根本的な存在理由《レゾンデートル》にあらためて触れるのである。個人的なエピソードを盛り込むアプローチは、戦略を主体とするコミュニケーションから野心をかき立てるコミュニケーションへの転換を図る第一歩だ。オーディエンスと感情レベルでつながるのはその後である。

神経科学はほんの数年で大きな進歩を遂げ、脳がどのように感情を処理しているかの理解がかなり進んだが、いまだに謎の部分は多い。たとえば、そもそもなぜ私たちには感情があるのか、生存本能の域を超えてさまざまな感情を認識するのはなぜなのか、その理由は依然として説明するのが困難だ。わかっているのは、情動の中枢である扁桃体が、前頭前皮質（理性的な思考を処理する場所）の後ろでなおかつ大脳基底核（爬虫類脳：人間の主要な本能を司る部位）の前にある、という位置関係である。脳のスキャン画像やホルモンレベル（特にコルチゾール、ドーパミン、オキシトシン）を調べた研究によると、ポジティブかネガティブかに関係なく、強い感情が起こったときに脳が活性化されるのがわかっている。また、強い感情が起こるのは大量の信号の影響だとされている。前の章で述べたように、感情の伝達プロセスは複雑で、話者の発する言葉、口調、距離の近さ、顔と体の表情、身体的な態度といった5つの感覚すべてが関わっている。

「言葉の前にミラーニューロンでつながる」

効果的なコミュニケーションについて考えると、どのようにして他者とつながればよいのか疑問を抱かずにはいられない。だが、忘れてはいけない。乳幼児だった頃の私たちは、話せるようになるずっと前から、自分の世話をしてくれる人とコミュニケーションが取れていた。扁桃体は、安心、帰属意識、愛といったポジティブな感情、あるいは不安、断絶、孤独といったネガティブな感情によって、ミラーニューロンと呼ばれるものを介してつながっているという感覚を発達させる。扁桃体の中にあるこの細胞ネットワーク（ミラーニューロン）によって、顔の表情、接触、口調などの刺激への反応が引き起こされる。言葉はその後だ。会議室に座っている大人でさえも、上司が最新の事業計画について説明しようと口を開く前から、この人とは合うだろうか合わないだろうかと、感情レベルで反応している。この人は信頼できるのだろうか、安心していいのだろうかといったフィードバックが、見えないところで常に作動していて、話者に対する感情を左右しているのである。

物語は帰属意識の接着剤

乳幼児の発達過程を考えれば、事実や数字よりストーリーテリング（訳注：思いやコンセプトを伝えるときに、体験談やエピソードなどを用いて聞き手に強く印象付ける手法）のほうが大きな共感を得られると知っても驚きはしないだろう。話している内容が脳の神経学的発達であれ、ヒトの起源の物語であれ、人類は何千年もの間、寄り集まって物語を共有してきた事実がある。企業組織とは結局のところ、オフィスビルにこもったり仮想ネットワークでつながったりする部族形態であり、その根底にあるのは共通の帰属意識だ。その接着剤の役割を果たしているのが物語なのである。

成功している会社の文化の中心には必ず創業の物語がある。たとえば、「2人でガレージから出発した」といったところから始まったとしても、時が経つにつれて伝説としての力を帯びていく。繰り返し語られるうちに色彩が増し、内容が詳細かつ明瞭になっていくからだ。デニはこの点を理解していたため、会社が成長していく過程で折に触れて創業当時の話を語って聞かせていた。やがて物語は独り歩きを始める。人がビジョンに沿った行動を取ろうとするのは、歴史や目標やムーブメントを共有しているからこそであり、そういったものが公然の事実なのか単なる思い込みなのかは問題ではない。これは私たちのDNAに組み込まれている仕組みなのだ。

アルファとベータを使い分けるコミュニケーション

自分がきちんとコミュニケーションを取れているかどうかを知るのは実に難しい。上司や同僚や部下からフィードバックをもらえるかもしれないし、それはそれで役に立つだろう。だが、重要なのはより深い探求だ。「ナンシーはコミュニケーション能力が高く、実にプロフェッショナルで明快だ」といった具体性に欠けるフィードバックをもらった場合はなおさらである。ここがスタートではあるものの、自分ならではの強みや成長機会の核心には少しも迫ることができていない。コミュニケーションがうまくなりたいなら、自分が話をするときの態度や口調や速度を、他の人がどう受け取っているかを知る必要がある。

「フィードフォワード」を活用する

ここで、役に立つのがフィードフォワードだ。従業員や上司にフィードバックを求めるのではなく、信頼できる同僚を探し、ビジネスシーンでのコミュニケーションで改善できる点をひとつ教えてもらうのである。相手があなたを「うまい」と思うか「下手」だと思うかを尋ねてはいけない。どうすればうまくなれるかだけに集中するのである。

また、個人的なエピソードを語り、オーディエンスとつながり、相手に行動を促すのが特にうまい人について考えてみるのもいい。その人が何をしているのか細部まで考察してみよう。どんな言葉を使っているだろうか。物語、ユーモア、冗談を交えているだろうか。ボディランゲージの細かい点、口調や話す速度はどうだろう。どのようなジェスチャーを使い、どのような顔の表情をしているかも考察しよう。

さらに細かいところまで考察するなら、姿勢はどうかも見てみよう。じっと立ったままだろうか、動いているだろうか。手を使って何かしているだろうか。視線についても考察しよう。いつ、どこで、どんなふうにオーディエンスを見るだろうか。どのくらい真剣な眼差しだろうか。その人に改善策をアドバイスするとしたら、何と言うだろうか。話の始め方と終わり方にも目を向けよう。その人が強い影響力を持っているのはなぜなのか、どうすればその人の真似ができるか考えてみよう。

コミュニケーションがうまい人の方法について深く考察するほど学びは増えていく。重要な最新情報をスタッフに伝える直前に、デニがリハーサルをしているのを見かけたことがある。実際にプレゼンテーションをしているとき、興奮するとデニは原稿から外れてクライアントや過去の大きな成果について面白おかしくしゃべったものだが、それがアドリブに見えるほどゆったりと落ち着いて話せたのは、メッセージの核心を何度も繰り返しリハーサルしていたからだった。

本書の初めのほうに掲載した「リーダーシップアジリティ自己評価」のフィードバックをすでにもらっていたとすれば、自分がアルファ（データ重視、客観思考、分析的）とベータ（物語重視、感情重視、目的重視）のどちらのスタイルに近いと思われているか、わかっているはずだ。アルファの傾向が強く出ていたとしても絶望する必要はない。コミュニケーターに求められる重要なスキルでもあるからだ。先にも述べたが、これはどちらがいいとか悪いとかという問題ではない。アルファとベータを切り替える能力がデニの才能だったではないか。デニは感情を揺さぶるような話ばかりしていたわけではなく、いつ、どのようにそのような語りを入れればいいかを心得ていた。分析的な傾向が強い人は、画像や映像や喩えを使って感情レベルでのつながりを強める方法はないか、検討を始めるとよい。

ここからは、ある2人のリーダーがそれぞれの弱点をどうやって克服していったのか、事例をとおして詳しく見ていく。1人目は、大きな成果を上げているアルファ型のリーダーで、ベータの資質を取り入れてコミュニケーションスタイルを改善した女性である。2人目は、1人目の女性の対極に位置する希少なタイプ、ベータ型の男性リーダーである。彼はコミュニケーション能力が極めて高いが、度が過ぎるところが難点だった。あなたはどちらの事例に該当するだろうか。2人が受けたコーチングの内容をよく考察し、コミュニケーション力を高めるために効果的だったものは何かを考えてみよう。これを心に留めておけば、セルフコーチングができる!

あがり症のアルファ型リーダー

スザンヌを壁の花だと思う人はいないだろう。身長約165センチメートル、自信に満ち、はっきりとものを言うスザンヌは、中西部にある名門大学病院の集中治療室に勤めるエネルギッシュなリーダーで、数十人のプライマリーケア医、麻酔専門医、集中治療専門医を束ねている。医療界で部長職にまで上り詰めるという偉業は、女性ではごくわずかしか成し遂げていない（病院の最高幹部に占める女性の割合はわずか14％）。研究と患者のケアで複数の受賞を果たしたスザンヌは、優れた科学者であると同時に著名な医師でもある。スザンヌのチームに所属するリーダーたちを対象にしたリーダーシップ研修とコーチング・プログラムを実施する話が持ち上がったとき、私はスザンヌと緊密に連絡を取り合った。リーダーたちはみなスザンヌを尊敬し、進んで彼女の指導を受けた。スザンヌの無愛想なスタイルは必ずしも評価されていなかったが、一個人としてはおおむね好かれていたと言える。

だから、スザンヌの仕事ぶりを観察し始めて半年ほど経った頃、教授会に出席したときに部屋の半分が空っぽだと気づいたときは少しショックだった。みんなはどこにいるのだろうか。

その部門には60人以上の医師の他に、それと同数以上の看護師や技師がいるというのに。それに月に一度のこの会合は、部門に所属する全員の生活に直接影響を及ぼす諸事項（報酬、福利厚生、勤務時間、新規採用者、部門の財務状況など）についての最新情報をスザンヌの口から聞くことができるめったにない機会でもある。この会合は軽視されていいものではなかった。しかも、夕食とワインまで用意されていたのである。それなのに、どうして出席しない人がいるのだろうか。

その原因は、スザンヌがプレゼンテーションを始めた途端にわかった。箇条書きの項目を読み上げる声にまったく抑揚がないのである。プレゼンテーションが終わり、質疑応答が始まったとき、座席は4分の3以上が空になっていた。快活な印象を与え、残された人たちから出された数少ない質問に答えたスザンヌは本当によくやったと思うが、ほとんど誰もいない会議室に向かって話をする彼女の不安は痛いほどわかった。

「プレゼンが大嫌い」

スザンヌ自身、自分の開く会合には魅力がないと痛感していた。私がフォローアップセッションでその話を持ち出すと、人前で話をするのが苦手だとスザンヌは認めた。プレゼンテーションが大嫌いだったのである。世界トップクラスの大学で教育を受けた経験から、魅力的なプレゼンテーションがどのようなものかは知っていたが、スザンヌはあがり症や不安に苦しめられていた。部下の前でさえあがってしまうありさまで、コーチング業界で言う「パワポ死（DPP：Death by PowerPoint）」の犠牲になっていたのである。プレゼンテーションとは神経をすり減らすものだと思っている多くの人たちと同様、スザンヌもとっくの昔にプレゼンテーションの腕を磨く意欲を失っていた。その代わり、自分が一番よくわかっているもの、つまりデータに焦点を当て、「情報を伝えるのが私の目標」と自分に言い聞かせた。その点で、スザンヌは成功していた。だが、成功とは相対的なものだ。部門の半数以上が欠席したり裏からこっそり抜け出したりしていた事実を考えると、とても成功とは言えない。私が優しく問いただすと、スザンヌはそのとおりだと答えた。「でも、どうすればいいのでしょう。プレゼンテーションはまったく得意ではないのです。私は科学者であって、役者ではありません。部下はありのままの私を受け入れてくれてもいいのではありませんか？」

「おっしゃるとおりです」と私は同意した。「でも、1対1のときはとても感じがいいのですから、大勢を相手にしたときも同じようにできないはずがないのでは？」

「人間らしさが伝わるエピソードを」

この瞬間から私たちは、何がどうスザンヌを突き動かしたのかをひもとく物語の探求にとりかかった。私はスザンヌに、集中治療専門医になろうと決めた経緯や理由がわかるエピソードを1つか2つ教えてほしいと頼んだ。初めて聞くスザンヌの体験談は涙を誘った。間もなく死を迎えようとしていた家族の中心だった老母が間もなく死を迎えようとしていたとき、その枕元に集まった家族のためにスザンヌは香を焚き、ろうそくに火をともし、音楽を流すなどして、家族全員がひとつになって最後の数時間を過ごし、心穏やかにお別れができるようにしたという。重病患者への対応は耐え難い重労働である一方、非常にやりがいのある仕事でもあると、医療研修の早い段階で気づいたとスザンヌは語った。

患者との深い心のつながりや、集中治療の手順や倫理――患者にとって最も辛い、そして最期になるであろう瞬間を、可能な限り耐えうるものにすべく考案されたものばかりだった――を学ぶ楽しさを語るスザンヌに耳を傾けていると、この並外れた人物の真の人間らしさが浮かび上がってきた。そこで私はこう言った。「会合のときはビジネス一辺倒の人という印象でしたが、まったくそうではなかったのですね。患者と関わる中での出来事を1つか2つ、チームのみなさんに話してみてはどうですか」

「ああ」とスザンヌはため息をついた。「医者にはひねくれたところがあるんですよ、ジェフ。こんな話はみんなもう聞き飽きていますし、似たような場に実際に立ち会った経験だってあるかもしれません。〝感動的な話〟なんて私から聞きたいとは思わないに決まっています」。スザンヌの主張にも一理ある。だが、私は納得できなかった。医師にとっては珍しくもなんともない話かもしれないが、上司がオフィスで数字の管理ばかりしているのではなく、患者が相手の大事な場面では泥くさい仕事もするのだと知れば、感化されるに違いないと私には思えたのだ。ある時、スザンヌは引き出しに手を入れ、何人かの人が患者のベッドの上で体を寄せ合っている写真を取り出し、こう言った。「この家族は本当に素敵でした。私がこの写真を撮った後ほんの少しして、この患者さんは静かに息を引き取られたのですが……」。最後は声を詰まらせた。

「オーディエンスを惹きつけるアクションステップ

スザンヌには、プレゼンテーションに次の2つの簡単な変更を加えてみるよう提案した。1．冒頭で、スザンヌが仕事に愛情を持ち続けている理由がわかるエピソードをひとつ語り、患者の写真など視覚に訴えるものを見せる。回復した患者のものでもいいし、困難な時期にスザンヌがその家族を支えたという患者のものでもいい。2．最後にもう一度、冒頭で見せた写真を示し、「私たちはなぜこの仕事をしているのか？」という疑問への答えとなるエピソードを、チームの誰かに話してもらう。要するに、エピソードで始め、エピソードで終わらせるのである。だが、どんな話でもいいわけではない。今の仕事とのつながりを示すエピソード、心から大切にしているものに関するエピソード、話すには勇気がいるようなエピソードでなければならない。つながりがもっと感じられれば、事実や数字も我慢して聞いてもらえるはずだとスザンヌには請け合った。あとは本人がステージの上で自分をもっと出し、理性も感情もある生身の人間であることを示しさえすればよかった。

もうこの物語の結末はおわかりだろう。取り組みは成功し、会合への出席率は急上昇した。しかも、皮肉なもので、基本的な情報伝達方法はさほど変わっていなかったのに、である（できるだけ、スライドではなくオーディエンスに注意を向けるようにしたほうがいいと言ったのだが）。

スザンヌのたどった旅路に共感できる部分があれば、次に示す簡単なアクションステップを参考にしてほしい。

1. 開口一番に、あなた（とオーディエンス）が今の仕事をしている理由を思い出せるようなエピソードを語る。スザンヌはいつも、グループの人たちにもそれぞれの話をしてもらい、自分の話だけにならないようにしている。

2. 物語が伝わりやすくなるよう、動画、写真、音楽といった小道具を使う。患者がスザンヌの部下について書いた感謝の手紙は、その一例だ。

3. 最後にもうひとつ、将来のビジョンのような、想像をかき立てられる話をして締めくくる。スザンヌは今よりも患者家族に寄り添った集中治療室にするのが夢だと語り、美観から支援設備から建築様式やデザインまで詳しく描写した。

「場をわきまえないベータ型リーダー」

いいものでも多すぎるのはちょっと……と思った経験はないだろうか。コミュニケーションが過剰な場合はどうだろう？　感動的なエピソードが多すぎたり、感情が表に出すぎたりしているとしたら？

たまにではあるが、リーダーシップ評価の結果があまりにもベータ寄りで、「話を盛る」とか「お調子者」と評判になっているリーダーのコーチングを依頼される場合がある。プロジェクトリーダーを務めるブレンダンのケースがまさにそうで、上司が言うには、もっと「生真面目さ」を身につけてほしいのだとか。最近は、上級幹部数人に対して行った製品発表のプレゼンテーションで失敗をしでかしたらしい。

世界的な製薬会社のシニアバイスプレジデントまであと一歩のところまで来ていたブレンダンは、定番の360度フィードバックを受けたところ、同僚や上司から素晴らしいマネージャーだ、コーチとしても優れているし、やる気を起こさせるコミュニケーターだと評価された。それでも、時々ふざけすぎるし、口から出任せにしゃべりすぎるきらいがあるため、状況が理解できていないのではないか、プレッシャーのかかる場面ではまったく当てにできそうもないと経営幹部たちを不安にさせた。フィードバックの内容はこんな感じだ。「ブレンダンはマネージャーとしては並外れて優秀で、担当する製品や部下について熟知しているが、〝脱線する〟場面が多すぎる傾向があり、同僚からの真面目な質問に対して面白い小話や長ったらしいたとえ話で応じる場面がよくある。たいへん愉快ではあるが、本題から外れた話ばかりなのだ。ブレンダンは、どのようなときに〝ネジを締め直して〟事実を忠実に語るべきなのかを知る必要がある」

「役立ってきた処世術が裏目に」

多くの点で一流のエグゼクティブであるブレンダンは、外向的で人なつっこく、気さくで開けっぴろげだ。ご想像のとおり、話をするのが実にうまい。スコットランドの田舎町の、労働者階級の人が多く住む地域で育ったブレンダンは、自分の面倒は自分で見なければならなかった。そして、持てるエネルギーをラグビーに注いだ。ブレンダンは、怒りや危険を、特に父親ににらまれたときに、愉快な話でそらすすべを早くから身につけた。今の地位に登り詰めるまでブレンダンを支えてくれたのはまさにこのスキルだったが、それが裏目に出始めていた。

ブレンダンは、持ち前のスタイルと人を楽しませようとする性分とが、ときにトラブルの原因になることを十分に自覚していた。ブレンダンの中にいるストーリーテラーこそが、彼の感情を奮い立たせ、さらには他の人たちに活力を与えていたのである。だが、ユーモアとアドリブには限界があり、数百万ドル規模の製品の発売がかかっているときはなおさらだとブレンダンは認識していた。自分は「その場のノリでしゃべってしまう癖がある」とブレンダンは言い、私がコーチングを始めてから終わるまでずっと、このパターンを脱却する方法の検討と実践に熱心に取り組んだ。

「皮肉なもので、私が無類のプレゼン好きなところが問題なのです」とブレンダンは言った。

「チームメンバーに、自分たちが何を成し遂げられるのかビジョンを語り、みんなを活気づけるのが好きなんです。日常業務はどちらかと言えば退屈に感じるので、チームメンバーを集めて自分たちのこれまでの成果をさまざまなエピソードに乗せて語り合ったり、力を合わせて課題を解決できたりすると、楽しくなってくるんです。もしかすると、製薬会社の社員ではなくてお笑い芸人になるべきだったのかもしれませんね！」

「自分らしいリーダーになる作戦

セルフコーチングに意欲を燃やしたブレンダンは、ある作戦を思いつき、経営陣を相手に行う次回のプレゼンテーションまでに次の3つを実行すると心に決めた。**1．メッセージをシンプルにする。**要点を2つか3つに絞り、必要な情報がきちんと伝わるようにする。個人的なエピソードを1つ入れるが、重要事項を理解する手助けになるときだけにする。**2．事実に忠実になる。**科学の分野に明るいがゆえにデータを尊重するようになった同僚たちを見習う。**3．ここぞというときだけユーモアを使う。**ブレンダンは、表情ひとつ変えずに原稿どおり説明するつもりはさらさらなかったが、信用を損なわないためにもジョークは控えめにするのが一番だと考えるようになった。

コーチングの契約期間が終わるころには、こんなことまで言うようになっていた。「何にでも気楽に取り組みたい性分なんです。科学者や金融マンのようなタイプの人は、ともすると真面目になりすぎます。でも、リーダーとして振る舞うときの私にとって、ユーモアは差し引くものではなく加えるべきものなんだと、今は理解しています。でもね、ジェフ、僕はあくまでも僕です。これからもずっと、人を笑わせようと思っていますよ」。これには2人とも笑ってしまったのは言うまでもない。

速習トレーニング

「アルファからベータに切り替えるためのテクニック」

1．自分事にする——あなたの目的は何だろうか？　そのプレゼンテーションがあなたのストーリーやビジョンや夢とどのように結びつくのか、時間をかけて解き明かそう。よくわからない場合はノートを引っ張り出し、5年単位に人生を振り返り、それぞれの期間で好調だった時期と低迷していた時期を書き出す。そして、「これらの重要な時期が今の自分にどのような影響を与えただろうか？」と自問するのだ。

2. オーディエンスを知る——オーディエンスの目的は何だろうか？ どのような人がオーディエンスなのか、あなたから一番学びたがっているものは何なのかをよく考えてみよう。何を目的にあなたのプレゼンテーションに参加するのか、なぜ彼らはあなたの仕事に関心を持つのか、どうすれば彼らを行動に駆り立てられるか、考えよう。

3. 絵を描く——視覚化する。 できる限り画像や映像を使う。絵、漫画、図など、物理的に目に見えるものでもいいし、寓話や詩や歌を発展させたストーリーでもかまわない。

速習トレーニング

「ベータからアルファに切り替えるためのテクニック」

1. ポイントを絞る——終わりを念頭に置いて開始する。 オーディエンスに必ず押さえてもらいたい重要事項は何だろうか？ 対話やストーリーテリングはオーディエンスとつながる素晴らしい方法だが、重要事項は5つまでとし、忘れがたいエピソードがどんなにたくさんあってもそこまでで留める。

2. ネジを締める――あくまで原稿に沿って話をする。話が脱線しがちな人、ブレインストーミングモードに陥りがちな人、考えごとをするときにぶつぶつ言いがちな人は、要点を書き出して暗記してしまおう。オーディエンスのひとりとして誰かに最前列に座ってもらい、予定どおりに進行できるよう、タイムキーパー役を頼んでもいいかもしれない。

3. メッセージは複数でもエピソードは1つ――最も効果的なエピソードを選ぶ。「過ぎたるは及ばざるがごとし」という格言がある。1つの重要事項とビジョン「目標」とを結びつけようと思ったら、個人的なエピソードを1つ語るのが最も効果的だ。

4. ユーモアを活用する――笑いのツボを押さえる。自分が普段どのようにユーモアを使っているかを把握しよう。ユーモラスなエピソードを披露しているだろうか、冗談を言っているだろうか、皮肉を言っているだろうか。これらはどれも、効果が得られる場合もあれば逆効果になる場合もある。フィードフォワードを応用し、目指す効果が最も得られそうなものはどれだと思うか、信頼できる人に意見を聞いてみよう。

第2部

感情面から見るリーダーシップ

第5章

主導権を握っているのは「部屋の中にいる象」

「レイチェルがもう少し感情を抑えられるようになってくれるだけで、私としては大助かりなんです。マイケルとの会議をご覧になってわかったと思いますが、レイチェルは感情が激しすぎるとしか言いようがありません。あんなに熱心に部下を擁護できるのは見事です。でも、物言いが露骨で大げさなので、みんな身構えてしまいます」。こう話すジョゼフは、エンジニアリングチームのシニアリーダーだ。部下である2人のプロジェクトマネージャーを「仲よく」させ、リソースをうまく分け合ってもらおうとしていた。似たような要望、たとえば「彼女（対象はほぼ決まって女性だ）が感情を抑えられるようになってくれさえすれば、万事うまくいくでしょう」といった話をこれまで何度、男性幹部から聞いただろう。

リーダーなら誰でも自分の感情を認識している必要があるし、いつどのように感情を表現すればよいかをわきまえていなければならない。そしてもちろん、自分の反応が他者に与える影響にも気を配る必要がある。だが、ここで問題が起きた。マイケルとレイチェルの間に協力関係を生み出してほしいとジョゼフに期待されて同席したまさにその会議で、私は気づいてしまったのである。感情的なのはマイケルだった。強引で自己主張が強く露骨なうえに、「部下」を守ろうとして自分のやり方をあからさまに押し通していた。さらには、最終案となるいわゆる妥協案が自分に都合のよいものになったとわかると、席を立ってオフィスを横切り、当惑しきっているレイチェルをきつく抱擁《ハグ》した。レイチェルは目をむいたが、私に気をつかったのか、何も言わなかった。私はあのときの出来事について何時間も考え続けた。会議中に同僚の女性を抱擁《ハグ》するのはハラスメントも同然だと指摘したら、マイケルもジョゼフも男同士でもやることだなどと言って守りに入ったかもしれない。だが、会議室に男しかいなかったら、抱擁《ハグ》などしなかったはずだ。

　ジョゼフは2人のリーダーを高く評価していたが、マイケルに甘いのは明らかで、彼の感情的な行為（抱擁《ハグ》）には気づいていないようだった。これに対し、情熱的だが冷静なレイチェルは、感情をあらわにしすぎるとみなされていた。悲しいかな、この偏見に満ちたドラマはアメリカ全土の会議室で繰り広げられている。男性なら「自己主張が強い」とみなされる状況であっても、女性だと「感情的」と言われてしまう。このダブルスタンダードと無意識の偏見は、今なお存在する。それどころか、女性が指導的役割を担う機会が増えるにつれて偏見はますます強くなっている。

私の言葉を鵜呑みにする必要はないが、最近の調査によると、女性は「女性的」(すなわち「感情的」)なスタイルをあらわにするため、「戦略立案」、「意思決定」、「権限委譲」などの能力においてはあまり役割を果たせていない、と思っている経営幹部が600人を超えていた。[*1] しかも、調査対象の半数は女性だ。女性に対して最も評価が厳しいのは、むしろ女性である場合が圧倒的に多い(ただし、回答者は女性だけをたしなめていたわけではなく、リーダーシップスタイルがどちらかと言えば「女性的」だとみなされた男性も同様の見方をされていた)。だが、よい傾向として、多様性について学ぶプログラムやリーダーシップ開発の取り組みでは、職場の性差別やハラスメントに対する意識の啓発に、よりいっそうの重点が置かれるようになっている。有名人や政治指導者が関係するセクシュアルハラスメント疑惑で、倫理に反する行為が(何世紀とは言わないまでも)何十年も続いてきた事実が浮き彫りになったためだろう。状況は変化しつつあるが、まだ時間はかかりそうだ。

リーダーに不可欠な感情的知性の理論

なぜこれが問題なのだろうか。簡単に言えば、私たちの誰もが感情の生き物だからだ。対立が起きるときはいつも、感情は「部屋の中にいる象」（訳注：明白なのに見て見ぬふりをする重要な事実）である。そうした対応の価値や影響をどう認識するかで、同僚に対する見方が変わってくる。脱英雄型リーダーシップの世界では、感情的知性が高く評価されるだけでなく、リーダーシップを発揮するために不可欠なものと考えられている。その脱英雄型リーダーシップへの進化が進行している今でさえ、多くの役員室では依然として感情は好ましからざる存在《ペルソナノングラータ》とされている。女性のクライアント（および、リーダーシップを発揮するときに感情重視になりがちな男性）には、今後直面するかもしれない偏見に敏感になり、他者の認識にうまく対処する方策を考えておくようにと勧めている。感情を隠すのではなく、状況に応じて感情の表現の仕方を意識的に変えられるようになっておいたほうがいい。感情という「象」に主導権を握られているときは、次の3つを実行してほしい。

1. 自分の感情を認める。
2. その感情を、言語と非言語の両方で、できるだけ上手に表現する。
3. 自分の感情が他者にどう受け取られるかに気を配る。

この3つ全部を実行する方法については、この後の2つの章で詳しく説明する。

だがその前に、感情的知性を高めようとしているクライアントをサポートするときに私が使っている理論をいくつか見ていこう（どの理論にも科学的な裏付けがある）。過去20年間にたくさんの研究が行われ、世の中を生きていく中で誰もが経験する思考プロセスと情動プロセスの相互作用の解明が試みられてきた。情動に関わる生理的反応や神経回路についての知識が増えるにつれてツールも進歩し、感情の把握とコントロールがより効果的にできるようになった。では、ときに地雷原のようにも感じられる感情を捉えるときに、私が根拠として用いる3つの理論を探っていこう。1つ目はゴールマンとバーロンそれぞれのEQモデル、2つ目は無意識の偏見の4大カテゴリー、3つ目は自己決定理論とSCARFモデルである。

「感情的知性（感情的知能）」という言葉が一般用語になったのは、これをテーマにしたダニエル・ゴールマンの著書『EQ――こころの知能指数』が1990年代半ばに出版されて以降である。だが、それよりかなり前の80年代初頭に、ルービン・バーロン、ジョン・メイヤー、ピーター・サロベイといった心理学者が、脳の感情処理力と感情コントロール力を評価する研究を行っていた。ゴールマンの研究によって文化にある程度まで感情が取り戻されたことにより、人間の感情面に不快感が持たれるようになっていた文化に変化が訪れ、「論理」の名の下にくだされた重大な決定であってもそのほとんどには強い感情的要素が含まれていると認識され始めた。

皮肉にも、20世紀の初め頃から1970年代および80年代にかけては、論理的思考ができる知的能力こそがリーダーシップの理想とされていた。カリスマ性や外向性などが望ましい特性と考えられていたが、感情面の資質には触れられていない。つまり、感情面の資質はあってもなくても関係なかったのである。幸いにも、官僚的な「マネージャー」はいなくなり、ビル・ゲイツやスティーブ・ジョブズなど、創造性やひらめきを重視する起業家が登場すると、心理学者たちの考え方も変わり、カリスマ的な行動や気持ちを通い合わせるコミュニケーション術は誰でも身につけられる資質だと認識されるようになった。

残念ながら、概して私たちはいまだに認知的知能と感情的知能は別物とする仮定のもとに行動している（「IQ（知能指数）」の価値自体への賛否が分かれているのに、である）。いつか私たちの理解が深まって、人間の意識は本質的に統合されていると認識される日が来るだろうし、神経回路網《ニューラルネットワーク》の研究はその後押しをしてくれている。ゴールマンやバーロンらの研究のおかげで感情の価値が再び注目されるようになったのは喜ばしい。時として、感情は何よりも重要な因子になるのだから。

自分の感情を改めて認識する

好奇心や聞く力、支配的行動と合意形成重視の行動のいずれを取るか、といった問題に対する認知的アプローチを本書の最初のほうで評価したとき、自己認識を起点にした。ダニエル・ゴールマンのモデルも同じで、まずは自分を知るところから始まる。違うのは、感情の状態、すなわち自分の反応とそれが他者に与える影響をどの程度認識しているか、に注目する点だ。腹を立てたりやる気になったりするたびに、その理由を的確に表現できるくらいまで自分自身を観察するという行為は、私たちの文化ではほとんど行われない（自撮りの時代に反する行為なのだ）。だが、自分に関心を持つのと自分を知るのとでは大違いだ。鏡をのぞき込み、自分自身の感情「いい」「悪い」「無関心」を把握し、自分ではどうにもできないと思いがちな感情領域をコントロールしようと努力するより、他人を批判するほうがいつだって簡単なのだ。

ゴールマンのモデルでは、感情的知能（ＥＱ）を内面重視と外部重視の2つのカテゴリーに分けている。1つは、自己を認識する能力と自分自身の感情をコントロールする能力で、もう1つは、社会を認識する能力と他者との関わり方をコントロールする能力である。つまり、リーダーとしての能力を発揮するためには、感情面の性質にラベルを貼って表現できると同時に、他者の感情を読み取って対応できる必要があるのだ。

では、４つの質問から始めよう。

1. **自己認識**：自分自身の感情や傾向を、その都度正確に把握できるか？

2. **社会的認識**：他者と接するときに、相手の感情や傾向を正確に把握できるか？

3. **自己管理**：ポジティブな結果を得られるように、自分自身の感情や行動をコントロールできるか？

4. **人間関係の管理**：ポジティブな結果が得られるように、いつでも他者と建設的な接し方ができるか？

思考と感情の再統合

イスラエルの心理学者ルービン・バーロンが開発したモデル（EQ-i 2.0）では、行動に直接影響を与える感情的能力と社会的能力が一体化したものがEQだとしている。[*2] バーロンのモデルがとりわけ洞察に富んでいるのは、認知と感情を隔てていた壁をほぼ崩壊させた点だ。つまり、知的プロセスと感情的プロセスを一体化させて、リーダーシップのダイナミクス（意思決定、コンフリクトマネジメント［訳注：組織内で意見の対立や口論が起きた場合に、放置せず積極的に問題解決を図ろうとする考え方や取り組み］、チームづくりなど）における2つのプロセスの価値を認識し、2つのプロセスがどれほど互いに依存し合っているかを認識しようとしている。バーロンは、ストレスに耐えられるか否か、現実と非現実を区別できるか否か、問題を解決できるか否かを左右するのは、感情にほかならないとしている。素晴らしいのは、IQとEQを別物だと思わせてきた、はるかプラトンまでさかのぼる偽の壁が、このモデルの登場で崩壊し始めたことだ。EQ-i 2.0アセスメントに含まれるどの要素も重要ではあるが、世界中の経営幹部20万人超を対象にした研究によると、有能なリーダーに多く見られた資質は次の5つだった。

1. **自尊心**：自分自身を正確に評価する能力。自分自身を受け入れ、自分を尊重する姿勢につながる。自分を尊重するとは、よい点から悪い点まですべてを含めたありのままの自分が好きだという意味である。

2. **感情の自己認識力**：自分の感情を認識して識別する能力。

3. **自己主張力**《アサーティブネス》／**感情の自己表現力**：他者との関係性を壊さないやり方で感情や信念を表現し、自分の権利を守る能力。

4. **共感力**：人がどう感じているのかを、その理由と併せて敏感に察知する能力。共感力があるとは、他者の感情を読み取れること、つまり感情をうかがわせるヒントに気がつけるという意味である。

5. **問題解決能力**：現実吟味能力（訳注：客観世界の事物の「知覚・認知」と内面世界の表象の「想像・空想・願望」とを区別する自我機能）、柔軟性と合わせて適応力（適者生存）の三要素とされる能力。障害を識別し、定義し、効果的な解決策を実施できるという意味である。

お気づきだろうが、この短いリストには、私たちが感情処理プロセスと考えるものだけが含まれていない。有能なリーダーは、感情についてどう考えるか、その考えについてどう感じるか、この2つを関連づける。EQ-i 2.0アセスメントを受けてみると、関心や情熱があれば障害をうまく切り抜けられるのだと理解できるし、完全に冷静な態度で問題に向き合える人はほとんどいないとわかる。好きなデータ分析を思う存分やるのはかまわないが、上司の信頼がなければ、せっかくの解決策も理屈ではなく感情に左右されてしまうだろう。

このアセスメントがとりわけ便利だと思われるのは、現実的な対策に重点が置かれているからだ。EQを向上させる必要があると知っただけではあまり助けにならない。むしろ、逆効果になる恐れがある。共感力が欠けているとか、もっと気を配る必要があるのがわかっても、その情報をどう活かせばよいかわからなかったり、自分が嫌になったりするかもしれないからだ。自分を知るのも重要だが、EQを向上させるための行動を起こさなければ意味がない。では、どうやって成長の機会に気づき、どうやってそれを克服すればよいのだろうか。いくつかの事例を見てみよう。

過剰に自己批判をするサリー

自分を批判する声が頭の中で聞こえてきて、思わず謙虚になったり現実的になったり、うぬぼれてはいけないと自分を律した経験は誰にでもあるだろう。この内なる声によって自制心が鍛えられ、基準を高く持とうと思えるなら、その声は精神にプラスに働いている。だが、厳しい批判ばかりが聞こえてくれば、みじめな気持ちになったり行き詰まりを感じたりするかもしれない。クライアントのサリーは、EQ-i 2.0アセスメントで「自尊心」のスコアが低めに出た。そこで私は、自分自身の評価とスコアが一致していると思うかと尋ねた。

eコマースを手がけるスタートアップ企業のマーケティングマネージャーであるサリーは、有能で、同僚から好かれ、尊敬されてもいたが、コーチングのセッションの最中に悩みを打ち明けてきた。頭の中で延々と流れ続けるテープ（サリーはこう呼んだ）に、「お前にその仕事が勤まるのか？」と問いかけられ、不安を感じてばかりいると言う。サリーは物心ついた頃から劣等感に苦しみ、自信のなさを隠すために自信のある人物を懸命に演じていた。問題は、そうした演技をし続けるのはひどく疲れることだった。

自尊心のスコアが低めの人によく見られるように、サリーも部下とはおおむねうまくやっていた。後輩とつながりを持ち、メンターを務める中で自信のなさを克服し、自分はできる人間だという感覚を強めた。同僚との関係も総じて良好だった。その一方で、上の人たちを相手にすると、例の批判的な声が聞こえてきて自信を失ってしまうのであった。上級幹部へのプレゼンテーションに苦労した他、上司のさまざまな反対意見にうまく対処できなかったし、自分の将来について議論しているときでもなかなか意見を述べられなかった。これがいかに足かせになり得るかをサリーは自覚していたものの、感情的知性の観点に立てば、この状況を成長過程の一部と捉えられるとは思いもよらなかった。また、この内なるおしゃべりの影響をなくしたり和らげたりする方法が（幼少期のトラウマを掘り下げていく心理療法以外に）何かないかと考えもしなかった。自信をつけるのに役立つ演習を私が紹介すると、サリーは挑戦する意欲を見せた。

1. 強みのリストを作成し、5人以上から意見を聞く。
2. 強みをひとつ選び、それを活かすための行動計画を立てる。
3. 自尊心が高まったときの様子を具体的に思い浮かべる。自己肯定感が強くなったら何が変わるか考える。

4. 感謝することを毎日の習慣にする。研究によると、人生の個別具体的な局面に能動的に感謝できる人のほうが、肯定的なものの見方をする傾向がある。

「自分の気持ちがわからないラリー」

EQ-i 2.0の結果についてラリーと話し合ったとき、この演習全体が彼にとっては挑戦になるだろうと思った。ソフトウェアエンジニアのラリーは内向的な性格で、肯定的な感情であれ否定的な感情であれ、大げさな表現はあまりしないほうだった。実際、いつも変わらぬこの態度が昇進理由のひとつだった。首尾一貫して冷静な人物と見られていたラリーは、信頼できる企業市民だと評判になった。また一方では、リーダーの役割を引き受けたいと考えていたため、感情をうまく表現できないといつか問題にぶつかるかもしれないと言われてもラリーは驚かなかった。ラリーは何を考えているのかわからないところがあったため、不可解な人だと思われやすく、退屈な人との印象さえ与えた。それより問題だと思われたのは、自分自身の気持ちがよくわからないところだった。自分がどのような感情を抱いているのか「考え」なければ、その感情が何なのか言えなかったのである。

EQ-i 2.0アセスメントで「感情の自己認識」と「感情の自己表現」が並んで書かれているのには理由がある。「感情の自己認識」が「感情の自己表現」に影響するからだ。想像できると思うが、自分自身の感情を明確に表現できなければ、他者に何が起きているのか認識できない。ラリーには、リーダーの役割を担う中で感じている課題がいくつかあった。その1つは、ラリーからすると「ちょっと大げさ」に見える一部のチームメンバーに対する不快感だった。私流に解釈すると、ラリーは自分自身の感情を不快に思っていたために、自分の感情を表に出す他のメンバーに不快感を覚えていたのである。サリーの場合と同様、まずはEQのこの要素が、ラリーの将来的な成功をどのような形で阻みそうなのかを知る必要があった。それができたら、感情の筋力の鍛錬に役立つと思われる対策に専念しよう。

「自分の感情認識力を強化する4つのステップ

その時々の自分の感情に気づけなくて困っている人は、ぜひとも語彙を増やしてほしい。ここでは、感情の自己認識力を強化してくれる熟考の手順を紹介する。

1. 気分の日記をつける。数分かけて感情の起伏を書き留める作業を毎日必ず行う。言葉にできる感情が増えれば増えるほど、自分の感情に対する自信が強くなる。

2. 類義語辞典を取り出し、感情を表す言葉をリストに書き加えていく。「嬉しい」、「悲しい」、「むかつく」だけでなく、微妙な意味合いを含む表現も加えよう。たとえば、「喜びにあふれる」、「憂うつ」、「不機嫌」、「苦悩」、「激怒」、「上機嫌」、「落胆」、「悲痛」、「悲嘆」、「高揚感」、「憤怒」など。

3. 自分が最も生産的なときの感情はどのような状態なのかメモしておく。何をきっかけにその状態になるのかも考えよう。そして、夢中で何かに集中できる状態にしてくれる行為を毎日1つ必ず実行する。

4. 他者に調子はどうかと聞くだけでなく、どんな気持ちなのかも尋ねるようにする。そして、「これが決まったとき反射的にどのように反応した？」とか「この状況に対してどんな気持ちになった？」など、さらに突っ込んだ質問をする。

「自己主張ができないフィル」

大規模な非営利団体の最高執行責任者を務めるフィルは、極めて有能との評判で、同僚から高く評価されていた。営業チーム、財務チーム、事業戦略チームの間の対立を上手に解決する場面もたびたびあった。「やむを得ず私が調停役を務めるのも珍しくはありません。どこかのチーム同士が対立するのはごく自然な成り行きです」とフィルは言っていた。実際、経理担当だったフィルが財務マネージャーになり、事業責任者へと短期間で出世したのは、交渉上手として知られているためだった。

フィルは多くの要素でＥＱのスコアが高く、共感力、感情認識力、自己表現力、対人関係のスキルに長けていたのだが、自己主張力《アサーティブネス》は低めだった。フィルの感想は、「まあ、そうでしょうね。自分の意見を主張できない場面が多いのが悩みの種のひとつですから。リーダーとして部下を動かすようでなければいけないと、長年、複数の上司から言われていますが、正直なところ、これまでのキャリア形成の方法とは正反対に感じます。威張り散らしているとか自己顕示しているように見えたら、同僚が気分を害するのではないかと不安です」

これは、感情的知性の高さを武器に活躍しているリーダーが、自分の得意とするもの自体にキャリアを阻まれる窮地に陥った例だ。フィルのような人には次の点について考えてもらいたい。交渉上手で平等主義との評判を維持しつつ、ふさわしい状況では普段よりアサーティブになるにはどうすればよいだろうか？　これらの能力は両立しないのだろうか？

フィルには、実験としてこれまでとは違う行動を意図的に取ってみるようアドバイスした。普段より強硬な態度を取り、遠慮なくものを言い、いつもは隠れているアルファの部分とつながるのである。ときにはリスキーにも感じられたが、フィルに失うものは何もなかった。それに、同僚が変化に気づいたとしても、「リーダーとして成長しようとしているのだ」と自分の取り組みを率直に伝えれば、いつでも場を和ませられた。

フィルが取った対策は次のようなものだ。

1．許容範囲を確認する。同意できなくても譲歩するのはどんなときか、他人の要求に屈してしまって後悔や失望を感じるのはどんなときか、許容すべきではないのに許容してしまうものは何かを考える。

2．交渉を断念するきっかけになるものをリストアップする。たとえば、次のようなものが考えられる。

- 議題に関する専門知識の欠如
- 地位が上の人の存在
- 自信の欠如
- あくの強い人が相手
- 他者を失望または不快にさせるかもしれない不安

3．アサーティブなボディランゲージを実践する。姿勢を意識する（背筋を伸ばして座る）、話すときに相手のほうに身を乗り出す、目をじっと見る、など。

4. アサーティブな行動を取ったときの様子を書き出す。うまくいった行動を一覧表にまとめ、さまざまな状況で同じ行動を取る決意をする。気詰まりに感じたり、うまくいかなかったりしたのはどんな行動だっただろうか？

EQ-i 2.0を使ってグループワークをするときは、事前に必ず簡単なテストをしてもらっている。181ページにリストアップした5つの各要素について、1〜5の5段階で自己評価をしてもらうのである（1を改善すべき領域とし、5を最大の強みとする）。信頼できる同僚や友人にリストを見せ、同様に5段階であなたのことを評価してもらうとなおよい。自己評価をした後に実際のEQ-i 2.0アセスメントの結果を受け取ったクライアントに尋ねてみると、大きなズレがない場合がほとんどだ。これを見ると、ほとんどの人がすでに自分の弱点に気づいているのがよくわかる。何から始めればよいかわからない場合は、自分の最大の強み（スコアが他より高かった領域）に目を向け、長所に磨きをかけるためにたびたびやっている行動を具体的に書き出してみよう。ＥＱを鍛えるには、長所を活用するのがポイントだ。そうすれば、課題のある領域を認める気にもなるし、改善する意欲も湧いてくる。

近道をすれば判断は短絡的なものになる

ノーベル賞を受賞した心理学者でプリンストン大学教授のダニエル・カーネマンは、ベストセラー『ファスト&スロー　あなたの意思はどのように決まるか?』(早川書房)の中で、私たちの意思決定プロセスには「自動モード」と「慎重モード」の2つがあると書いている。そして、私たちの認知プロセスがどのように設計されているかを、「システム1」、「システム2」という用語を使って説明している。それによると、脳が必要とするエネルギーを最大化するために、認知の過程で絶えず繰り返されるさまざまな判断は、私たちがそうとは気づきもしないレベルまでパターン化される。たとえば、車の運転(システム1。驚くほど複雑な判断を次々によどみなく下しているが、その事実にほとんど気づいていない状態)をしながら難しい判断を下している(システム2)状況を思い浮かべてみよう。この「スプリットブレインダイナミクス」は、私たちがいとも簡単に自動操縦に陥りかねない理由を説明してくれる。習慣化された活動や思考の場合に、とりわけそれが顕著なのも、エネルギーを節約するためだ。これまで受け入れられてきた「脳は左右で別々の働きをしている」とする概念は、カーネマンの理論に急速に取って代われつつある。脳は非常に複雑で、「右」は創造的で直感的、「左」は理性的と分けられるほど単純なものではないとの考えに、ほとんどの科学者が賛同している。[*3]

だが、カーネマンが指摘するように、効率や省エネを重視するシステム1には欠点がある。どんなによかれと思って選択された近道も、短絡的な判断や見落としや誤った推論につながる可能性があるのだ。システム2を主体としてなされるべき選択は、驚くべき速さでパターン化され、システム1が主導するようになる。そうなると、エネルギーの節約と危険回避をもくろむ私たちの脳は、運転手のいない車に私たちを乗せて神経の高速道路に放り出す。運転手のいない車の行き着く先は認知の袋小路、つまりステレオタイプ、大雑把な一般論、吟味されていない信念、誤った意思決定などが関の山で、「女性は男性より感情的」にせよ「彼は私と同じ学校に行ったから、彼を雇うべきだ」にせよ、お決まりのパターンが導き出されるのがオチなのである。

「無意識の性差別」

さて、クライアントのジョゼフとその直属の部下であるマイケルとレイチェルとのやりとりに話を戻そう。「2人の行動に対するあなたの評価には無意識の性差別が入り込んでいるような気がします」と私が言うと、ジョゼフは驚いた。そして、どういう行為を「感情的」だと考えているのかと尋ねると、「声の調子が高くなる、身振り手振りが激しくなったり大げさになったりする、顔を真っ赤にする、激しい言葉を使う」などを挙げた。「それは先ほどオフィスで目撃したミニドラマの男性主人公の行為そのものではありませんか？」と指摘すると、ジョゼフの態度はすぐに変わった。受け入れがたい事実だったはずだが、私もかつては世にはびこる性差別や白人男性優位主義に気づいていなかったのだと話すと、すんなりと納得してくれた。

　大学院に通っていた当時、私の取っていた授業は大半が24人前後のクラスで、男女は半々だった。ある日、同じクラスの女子学生がこう言ったのである。「男子学生が（彼女に言わせると）〝会話を支配〟する傾向があり、発言を中断されてばかりいる気がする」。最初、私たち男子学生はみなたじろいだが、「対話を独占したりはしない。好きなだけ発言したらいい！」と、いくぶん声を揃えて応じた。ところが数日後、論争がやや激しくなってきたとき、なかなか発言させてもらえない状況に業を煮やしたのか、その女子学生が立ち上がり、何週間も前から集めていたデータを披露した。それは、授業で議論をしたときの発言回数を男女別に記録したものだった。その差は（少なくとも、教室にいた男子学生にとって）驚くべきものだった。男子学生は70パーセント程度が議論に参加していたのに、女子学生はわずか30パーセントだったのである。

私は、最初のときにその女子学生を怒鳴りつけたことに罪悪感を覚え、文化に染み込んだお約束のパターンを無自覚に助長する行為に加担していた自分を恥じた。

確かに、男子学生の発言のほうがはるかに多かった。私たちは、自分たちの「マンスプレイニング」（訳注：男性が女性に対して偉そうに説明する行為）にはまったく悪気がないと思い込んでいた。しかし、そうではなかった。この経験で個人的にはみじめな思いをしたが、同じような状況に遭遇したときには権力者に真実を語れる勇気を持ちたいと励まされる出来事でもあった。黙ったままでいたら、誤った談話や固定観念を助長するだけだ。ジョゼフは見識が深く思いやりに満ちたリーダーであったため、悔恨の念に駆られ、自分の判断力を見直すと自ら決意したのはよかった。「気を抜かない」ために、次に紹介する10大メソッドのリストを財布に忍ばせておくとも誓っていた。

「人は自分が何を知らないのかがわからない」

無意識の偏見、もしくは暗黙の偏見についてはよい知らせと悪い知らせがある。よい知らせは、意思決定における偏見に対して、心理学者、行動経済学者、神経科学者がますます関心を持ち始め、どんなに自己認識力が高い人でも必ず真っ逆さまに罠にはまって偏った決断を下すものだと認識するようになったことだ。悪い知らせは、そうした判断は無意識に下されるものであり、その根底には遺伝的特徴や文化的背景や幼少期に受けた影響など複雑な要因があると考えられるため、こうしたパターンから完全に逃れるのはほぼ不可能という事実である。私たちにできるのは、自分自身を点検する手段を探し出し、袋小路に陥る前に犯人を見つけて対処する習慣をつけることだ。

偏見にはさまざまなタイプがあるが、その多くは互いに関連し合っているため同時に表れる。ニューロリーダーシップ研究所のデイビッド・ロックは、共同研究者とともによくある大量の偏見を調べ上げ、大まかに分類した。思考と感情の近道の大部分は、ほとんどの場合、次の4つの主要なカテゴリーに分類される。

「偏見の4タイプ」

1. 情報過多：情報が氾濫する現代社会では、どれを選ぶか検討しようと思っても情報が多すぎて処理できないケースがよくある。そのため、効率的な私たちの脳は、籾殻《もみがら》から麦を選別し、重要と思われるデータに素早く焦点を合わせる。だが、「重要と思われる」に問題がある。なぜなら、そこに該当するのは往々にして、最もなじみのあるもの（「友人の多くがあの学校に通っていたから、あそこは質が高いに違いない」）や、最近の経験や個人的な経験に関連したもの（「フォルクスワーゲンは最高の車で、これまでずっとフォルクスワーゲンに乗っている」）、受け入れやすく理解しやすいものだからだ。

2. 情報不足：有効な決断を下せるだけの確かな情報がまったくないケースもときにはある。断片的に聞こえてくる談話の筋をひとつにまとめても全体像が見えてこないと、システム1（即断即決の脳）は過去の経験に基づいて隙間を埋める（「かつてロサンゼルスで運転しなければならなかったから、もう都会では運転しないようにしている」）。この現象はさまざまな形体で行われるが、いずれにしても、つながりに誤りがあったり、連続性を持たせるために無関係なデータが加えられていたり、なじみのあるテーマと結びつけられていたりする場合が多い。

3. 切迫感：3つ目のタイプの偏見は、時間が限られているときや切迫感を覚えているときに姿を現す。すべてのデータにのんびりと目を通すのが好ましいのかもしれないが、それはペースの速い今日のビジネス環境では非現実的な場合がほとんどだ。迅速さがものを言うとき、リーダーは行動力で評価されやすい。そのようなとき、つまずきの原因になりそうな情報や、じっくり検討する必要がある情報を無視しがちになる（「これは深夜までの限定価格だと営業担当者が言っているから、今すぐ契約書にサインするべきだ。契約書の全文は後でいつでも読めるのだから」）。

同様に、あいまいなものを避けて明白なものを求めたがる（「どちらの候補者も適任のようだが、スティーブでよしとしよう。アマラジなんて名前は発音しにくくて困る」）。

4．一般化：私たちの脳は正確さよりも効率を優先させるため、この4つ目のカテゴリーに惑わされる可能性は誰にでもある。カーネマンが指摘するように、システム1が稼働するのは認知に要する労力を最小限に抑えるためで、それは迫り来る大きな敵に備えて弾薬を蓄えておくためだと考えられている。私たちは、最も関連性があると「感じられる」ものがどれかを推測し、状況や人物の詳細と固有の特性をさらに掘り下げて分析しようとはしない。そのようにするとエネルギー効率がよいのかもしれないが、代償は大きい（「一度、友人が強盗に遭ったから、もうパリには行かない。残念だが、あそこはもう安全ではないようだ」）。

情報があふれているにせよ不足しているにせよ、迅速に行動しなければならないにせよ、一般論を当てにするにせよ、脳が私たちに下させる決断は最適とはいえないものが多い。認知に関わる地雷がこんなにも存在する状況で、リーダーはどうしたらよいのだろうか。

どの研究者も、自分自身の盲点を見つけるのはほぼ不可能との見解で一致している。実際、自分で自分を監視するとは矛盾している。自分が何を知らないのかさえ自分ではわからないのだから。何らかのフィードバックがなければ自分自身を理解するのはほぼ不可能なのに、自覚を持った知性を後部座席に追いやって無意識の偏見がバスを走らせていればなおさらではないか。とはいえ、先に述べたように、よいニュースもある。さまざまな人が関わり合うグループの中でなら、集団としての意識を啓発する行動の習慣づけができるのだ。

「偏見という地雷を踏まないために」

その一例が、北米大陸の各地に暮らす先住民族が何千年も使ってきた「評議会方式」である。部族の賢い指導者たちは、無意識の偏見といった概念を解さないかもしれないが、盲点、先入観、個人的利益、政治的対立が、社会全体に影響を与える決定の妨げになりやすいのを知っている。このような部族会議では、重大な決定事項があるときには必ず年長者たち（いわば経営幹部）が輪になって座り、参加者全員が比喩的に立場を交換し合い、最年長者が最年少者の役を、新米の母親が族長の役を、戦士がヒーラーの役を演じるのだ。こうして芝居を演じる中で、参加者はさまざまな観点から決定に対する賛否両方の主張に耳を傾ける。偏りの少ない、より適切な結論に導いてくれるのは、字句にとらわれた発想しかできない「リテラル思考」ではなく、自由な発想を促すこの種の「水平思考《ラテラル》」（訳注：既成概念や前提にとらわれず、多面的に考え発想を広げる）なのである。

無意識の偏見を排除するための10大メソッド

前述した4つのカテゴリーを出発点にして、無意識の偏見を排除するためのメソッドを私なりに考案した。あなた自身やあなたのチームが無意識の偏見をその場で排除できるようになるために、「偏見は常にある」をテーマにしたこの10大メソッドをコーチングに活用してほしい。そして、同僚が集まってブレインストーミングをするときや重大な決定事項を検討するときは、会議の最後に必ず数分の時間を確保し、次に示すリストの全項目を点検しながら、「自分たちはこの項目に該当していないだろうか？」と、ユーモアを交えて率直に自問自答していただきたい。

情報過多

1. Literalizing（文字どおりの解釈）：データを文字どおりに受け取り、比喩や類比を見過ごして「事実だけ」を見てはいないだろうか。何か見落としていないだろうか。水平《ラテラル》思考でこの状況を検討しているだろうか。

2. Lost (in the woods)(大局を見失う):データに心を奪われてしまってはいないだろうか。全体が見えているだろうか。木を見て森を見ずの状態になっていないだろうか。

3. Lazing(手抜き):豊富な情報に甘えていないだろうか。これ以上調べる必要がないほど十分な知識が得られたような気がして、情報に無頓着になったり情報を拒絶したりしていないだろうか。重要だと「感じられる」ものや、たまたま目に飛び込んできたものばかりを選り好みしていないだろうか。

情報不足

4. Linking(結びつけ):欠落部分を補うためだけにストーリーをつなげていないだろうか。そうするのがよさそうな気がして、何の根拠もないもの同士をつなげて話の辻褄を合わせてはいないだろうか。

5. Loafing(怠慢):入手しやすい情報や最新の情報、あるいは既知の事実と一致するからと言って、最も容認しやすい情報だけに注目していないだろうか。反対意見やデータをじっくり検討しているだろうか。問題をあらゆる側面から調査しているだろうか。

緊急性／迅速に行動する必要性

6. Lunging（先走り）：先走って重要な情報を無視したり除外したりしていないだろうか。結論を急ぎすぎていないだろうか。

7. Leaving（置き去り）：置き去りにされている人やものはないだろうか。全体像を把握するために考慮すべき人やものに、漏れがないようにするための時間を割いているだろうか。自分たちの態度は包摂的だろうか、排他的だろうか。

一般化

8. Liking（好み）：好き嫌い（内集団バイアスと外集団バイアス）を重視していないだろうか。その決定を気に入ったのは、それを決めた人物を気に入っていたからだったりしないだろうか。自分と似ている人にばかり注意を向けていないだろうか。自分と違う人も受け入れているだろうか。

9. Lumping（総体化）：表面的なつながりのあるデータや人をひとくくりに（ステレオタイプ化）していないだろうか。「いつも」「決して」など白か黒だけで、他の可能性を排除した表現を使っていないだろうか。

10. Lingering（経験重視）：過去の経験に基づいた決断の仕方を何にでも当てはめていないだろうか。「いつもこうしてきたから」という理由で同じ選択ばかりしていないだろうか。「一度起きたからもう一度起きる」と、よくある誤った思い込みをしていないだろうか。

リストをまとめるにあたり、私は2つの目標を掲げた。わかりやすく覚えやすいものにすること、生い立ちや性別や文化に関係なく、（英語と西洋の常識を解する人なら）誰でも各項目を自分に関係があると思えるようにすることだ。無意識の偏見につまずくときはいつも、データや理屈ではなく、そうさせる感情がもともと存在しているものである。「象」が主導権を握っているのを忘れてはいけない。たいていは感情が先で、考えるのはその後なのだ。「直感」や「感性」だけで下された決断は、システム1が稼働しているサインである場合が多い。ほぼ瞬時に共感を呼び起こす簡単な質問リストを持っておけば、無意識の偏見が潜んでいるかもしれない場所に注意を向けやすくなるはずだ。

「リストを愛でる

クライアントには、意思決定やブレインストーミングセッションの後に参照できるよう、このリストを手近な場所に貼っておくよう勧めている。もしあなたがリーダーで、自ら手本になってもかまわないと思っているなら、無意識の偏見に対する意識を啓発しようと他者に働きかける前に、みんなと同じように自分にも偏見があることを謙虚にかつユーモアを交えて認めたほうがいい。そうすれば安心感が生まれ、各項目の質問をじっくり検討し、批判的になったり険悪な雰囲気になったりせずに、偏見があるかもしれない領域を発見できる。もっと言えば、楽しくリストをチェックしながら先入観の芽を摘んで、よりよい決断を下せるはずだ。

リーダー育成やブレインストーミングのためのミーティングでクライアントに10大メソッドを紹介するときは、まずざっとリストに目を通してもらい、思い浮かんだ例があれば共有してもらうようにしている。ここでもう一度リストを読み返し、自分が下した決定の裏でいずれかの項目が悪さをしていた状況がなかったか、考えてみてほしい。誰しも正しい行いをし、そうしてよかったと思いたがっているが、まずは同僚と自分自身に対して思慮深く正直にならなければならない。

「自己決定理論（SDT）とSCARF」

ここで、パフォーマンスの高いチームに育てるためのツールキットを拡充してくれた、感情とモチベーションの科学における2つの発展「自己決定理論（SDT）」と「SCARFモデル」に目を向けてみよう。

ロチェスター大学の心理学者エドワード・デシとリチャード・ライアンがつくった「自己決定理論」は、「自律性」「関係性」「有能感」の3つが人のモチベーションを支える基本テーマだと明確に示している。「自律性」とは、自分で意思決定ができ、自主的に行動でき、自分の意見や感情への配慮がある環境で仕事ができるという意味である。「関係性」とは、帰属意識を持つうえで欠かせない信頼の絆や支え合える人間関係を指す。「有能感」は、学び成長するための定期的なフィードバックと励ましによって強化される。個人やチームが潜在能力を最大限に発揮できるかどうかに強く影響するのがこれら3つの特性だ。

世界が狭くなり、テクノロジーを使えば24時間いつでもつながり合えるのに、職場のグループから切り離され疎外感すら覚える人が増えているのは、ちょっとした矛盾だ。研究によると、在宅で自主的に、あるいは仮想チームで仕事をする人がますます増える世の中で、人と人とが物理的に離れていても、意欲を左右するのは依然として他者との連帯感であり、大きな何かに帰属している感覚だという。人と人との関わり合いの中から湧き起こる熱意や意欲を維持したいと願うリーダーにとって、これは問題になりかねない。[*4]

同様に、外部から入ってくる情報に脳がどのように反応するかをfMRIで調査した神経科学の研究によれば、これら3つの要素は脳の報酬系または脅威防御系のいずれかを活性化する。脅威防御系が活性化され、闘争・逃走反応が引き起こされるのは、無視されたり罰や恐怖心がきっかけのコミュニケーションでマイナスの影響を受けたりした場合で、そうなると、当然ながら縄張り意識や競争意識や不信といった悪循環が助長される。

脳内ネットワーク活動に関するそうしたfMRIによる研究は、さらに2つの重要な因子「地位」と「公平性」に関しても多くのデータを示している。(データがすべて揃っているわけではないと認めつつも) 適任とは思えない人が昇格したと聞いて苛立ったり、誰かが宝くじに当たったときに軽く頭にきたり (特に自分も購入していた場合!) した経験がある人なら、地位や公正性の面で侮辱されたように感じたときに脳がどう反応するかよく知っているだろう。

ニューロリーダーシップ研究所のデイビッド・ロックがこの知識をもとに開発したモデルがSCARFだ。この名称は、Status（地位）、Certainty（確実性）、Autonomy（自律性）、Relatedness（関係性）、Fairness（公正性）の頭文字に由来する。この5つを基本的欲求と踏まえれば、職場の社会的側面をもっとうまく舵取りできるようになる。[*5] 感情に左右されるこれらの動機づけ因子が実際にどのように現れるのかを探るために、これらの因子の多くが、当初、嫌な形でいっぺんに噴出した例を見てみよう。

「厳しすぎる」ハナ

臨床試験担当の科学者を擁する部門のシニアプログラムマネージャーを務めるハナは、自己主張が強く行動的かつ結果を重視する人物との評判だった。ハナのチームは時計仕掛けさながらに、スケジュールの管理から期限の設定、結果の記録までを厳格に行っていた。ハナは、臨床試験のスポンサーである大手製薬会社のために研究所で仕事をしている同僚の医師や科学者たちから好かれていた。12人のプロジェクトマネージャーがいるハナのチームは、勤勉で規律正しく集中力があると評判だった。

問題が発覚したのは、ハナが部下から内密のフィードバックを受けたときだった。ハナのチームの勤勉さに対する好意的な評価はどれも犠牲を伴っていたと見え、ハナもまた、ミスを許さず、無情とも言えるほど仕事に厳しいとの評判だった。

ハナのEQ-i 2.0アセスメントの結果を見て、共感力のスコアが他の感情的知性の要素よりやや低いと知っても、私は驚かなかった。「部下に共感したい気持ちはたっぷりありますが、私の仕事はみんなで抱き合って喜ぶ類いのものではありません」。アセスメントの結果を見て、ハナは笑いながら言った。「大変な仕事なんですよ。私が見ている部下は、クライアントと研究者の両方のプロジェクトの進捗管理をしています。スケジュールが遅れれば金銭的損失を出してしまいます。共感力は子どもたちと過ごす週末のために取っておくものですよ。仕事で部下を甘やかしたら、私たちはみんな失業するかもしれないんです！」

SCARF、SDT、変革への意志

ハナのチームは典型的なミレニアル世代の集団だった。つまり、教養もやる気もあり、献身的だった。だが、目標や期限等を設定し、クライアントとの接し方を指導するなど、いくら指示を出しても、ハナがオフィスに戻るとたちまち噂話に花を咲かせ、ハナの目から見れば怠けているとしか言いようのない状態に陥った。

私はハナに、チームメンバー一人ひとりと面談をしたいと申し出た。面談とは言っても話を聞いただけだったが、メンバーたちの悩みの多くは意欲を支えるあの5つの要素に直結しているとすぐにわかった。ハナの管理が細かすぎる点、つかまえにくい点（「オフィスが遠すぎる」「よそよそしい」「めったに姿を見せない」）、マネージャーとしては協力的というより懲罰的な点に不満があったのである。共感力についてはすでに話し合っていたため、こうした不満を聞いても私はまったく驚かなかった。驚いたのはメンバー同士に対する不満だった。そしてこれが、チームの人間関係をさらに複雑にする要因にもなっていた。

肩書きと能力レベルが見合っていないと言うメンバーもいたし、同僚が怠けているためにやる気をなくしているメンバーもいた。そのメンバーは、「すぐ隣の席の人がいつもフェイスブックをやっているのに、私が一生懸命に仕事をする意味がどこにあるのでしょう？」とこぼした。また、「チーム内に派閥ができていて〝仲間はずれ〟にされている気がする」、「人間関係全体が高校のカフェテリアのようになっている」と不満を漏らすメンバーもいた。年長のメンバーからはこんな声も聞かれた。「ここにいる私たちは組織の歯車にすぎません。ハナが鞭を持って廊下を歩いてくるのが見えると、19世紀にいるような気分になります。怒っていればそれとわかるので、私たちはすぐにおしゃべりをやめて隠れます。ずっとこうだったわけではありませんが、最近はチームの誰もほとんど信用できません」

ここには、才能と教養に溢れ、ほとんどの状況下でベストを尽くそうと努力し、互いに支え合い、個人としても組織としても向上しようとする人々の集団がいた。だが、彼らは正反対の方向に進んでいた。ハナに共感力が欠けているらしいところが一因なのは明らかだったが、疑問はまだあった。ハナは部下から距離を置いて管理し、ある程度の自主性を認める傾向があったため、無力感と内輪揉めの説明がつかない。チームの状況そのものをどうにかする必要があった。SCARFモデルが示すように、地位と公正性の問題を中心にして脅威反応が起きているのは明らかだった。

「SCARFモデルに基づく変化

ハナとこの状況について話し合ってみたところ、最初に何をすべきか明らかになったが、それはやや直感に反する対策だった。ハナはマイクロマネージャーだと非難されていたものの、チームとの日々の関わりについては矛盾したフィードバックがたくさんあった。真実を明らかにするには、（少なくとも一時的に）文字どおり近づくしかなかったため、ハナはオフィスを廊下の先に移してチームの中で仕事をし始めた（当初、チームメンバーには大いに嫌がられた）。

次は、部下の天分、素質、長所を把握する必要があった。ハナはひとりずつと面談の場を設け、問題点についての話し合いや苦情の聞き取りをするのではなく、部下の持つさまざまな素質や現在の役割で何ができるのかを細かく話し合った。また、どうすれば成長できるのかを考えさせるために、1年後の自分はどうなっていると思うか、現在の役割で、ハナのサポートを受けながらそこに到達するにはどうすればよいか、などの質問を投げかけた。決定的な変化は、非公式のメンタリング・プログラムを導入し、チームの若手スタッフに先輩スタッフとペアを組ませたことだ。

これらはどれも素晴らしい対策だったが、SCARFモデルの側面のうち確実性にはまだ対処できていなかった。不安を助長していた原因はオフィスの文化的力学だった。プロジェクト管理は科学者や研究者の仕事ほど重要ではないとする暗黙の了解があったのである。ハイテクや科学を中心とする典型的な環境では、「なくても困らない」業務が（絶対になくてはならない業務なのに）時として二級市民扱いされるのは珍しくない。プロジェクト管理なしでもハナの組織の運営ができるとはとうてい考えられなかったが、プロジェクト管理ソフトウェアが性能も使い勝手もよくなる中で、プロジェクト管理に関わる一部の業務を自動化するという選択肢は常にあった。一方で、実際に業務が自動化される可能性はほとんどなかったのに、恐怖の原因が非常に現実味を帯びていたため、根底にあるこの不安感が士気に大きな悪影響を与えていた。

これを踏まえ、ハナはもう1つの対策を打った。経営幹部に状況報告をする会議にチームメンバーを順番に同席させるようにしたのである。この会議は、プロジェクト管理が経営幹部にとっていかに重要かを直接目で見て肌で感じる機会となり、チームメンバーの不安が和らぎ、士気が上がった。

職務能力の高い人であっても非生産的な行動を引き起こす可能性がある内発的モチベーション要因や認知的要因を把握できないリーダーにとって、SDTとSCARFモデルは非常に役に立つ。個々のメンバーの強みを伸ばし、公正感と帰属意識を育む取り組みにハナが力を入れたところ、私が初めて会ったときには不満を抱えていた部下たちは、やる気と自己効力感を取り戻し、活躍するチームが甦った。

二項対立バイアス

リーダーシップの感情的側面をさらに掘り下げる前に、ここまでに見てきた内容を振り返っておこう。通底するテーマやモチーフにあなたは気づいただろうか。私はそれに気づいたとき、軽いショックを受けた。リーダーとしての考え方、感じ方、あり方を考察する際に拠り所とした科学的な根拠のある理論はどれも、2つのカテゴリーのいずれかに振り分けようとするものばかりのように見えたからだ。外向型と内向型、感情的知能と認知的知能、システム1とシステム2、もっと言うとアルファ型とベータ型（私が思いついた分類だ！）もそうだ。創造力と直感力を分析処理能力から切り離す、おなじみの右脳・左脳理論については、言うまでもない。

「二項対立の分断からの脱却

ケース・ウェスタン・リザーブ大学のリチャード・ボヤツィスが複数の共同研究者と行った最近の研究は、タスクと人間関係を二項対立させて私たちの認知力を理解しようとする、さらにもう1つの二元論を提唱しているように思える。タスクと人間関係を対立させるこの方法は、私たちが世界を効率的に進んで行けるようにしてくれるもう1つの近道のように見える。ただし、このケースで用いられるのは、人間関係の構築を通じて物事を進めようとするアプローチではなく、とにかくタスクを片づけようと支配的な行動を取るアプローチだ。私たちが昔からこの種のサイロをつくりがちだった理由は簡単だ。焦点合わせが効率的になればなるほど生存確率が高まるからだ。共同作業や合意形成には時間とエネルギーがかかるのである。だが、逆もまた真なりだ。家族の結束や社会的な絆が強く感じられる共同体の中でのほうが、人類の進歩が顕著なことが多いのだ。人間は社会的動物以外の何者でもない。私たちが種として繁栄しているのは、協力し合い、帰属意識を育む能力があるからにほかならない。[*6]

今を生きる私たちは、タスク完遂派と人間関係構築派とを対立させるこの分断からの脱却を目指さなければならない。私たちが進化していくためには、仕事／人間関係、感情／思考、内向型／外向型、男性的／女性的、アルファ型／ベータ型といった時代遅れの二極構造の本質を見抜き、これらはすべて私たちの耳と耳にはさまれた同じ場所から生まれたものだという事実を忘れないようにしなければならないのである。

第6章

感情に意識を向ける

ーIQからEQへ、そしてその先へ

感情的知性（EQ）を高めるための取り組みは、自分の感情スタイルを認識するところから始まる。なにも「感情的になれ」と言っているのではない。感情にしっかりと意識を向け、癖になっているパターンを認識する必要があるという意味だ。私が心理学者としてのキャリアをスタートさせて間もなく得た教訓のひとつは、個人的なものでも仕事上のものでも、人との関わり合いの中で感情が高ぶったとき、誰にでも決まって現れるパターンがあるという事実だ。

私が職場でよく遭遇するタイプは、カメとタコの2種類である。

サラは30代前半で、世界的な金融サービス会社の人事マネージャーとして将来を期待されていた。しかし、人事チームのもう1人のマネージャーであるピートとうまくいっていなかったため、彼らの上司である人事部長は困り果てていた。サラは採用中心、ピートは研修中心というそれぞれの担当範囲のマネジメントを行っている分には協力し合えるのに、新入社員の受け入れなどで担当範囲が重複すると大騒動になるのだった。サラとピートが陥っていたのは典型的なパターンだった。「私は私の仕事をするから、あなたはあなたの仕事をしてください。ランチは仲良く一緒に食べても、しなくて済む協力はしないようにしましょう」というものだ。重要な機会が訪れるたびに2人は火花を散らした。誰がリーダーを務めるのか、誰が若手スタッフを動かすのか、仕事がうまくいった場合は誰の功績と認められるのか、もっと言うと、うまくいかなかった場合に誰が責任を取るのか、などで揉めに揉めたのである。

タコとカメの力学

彼らの上司から仲裁役を依頼された私はサラとピートを呼び出し、スマートフォンをかたわらに置いて丸々50分間話し合ってもらった。タコとカメの力学が働いているのはすぐにわかった。必要のない「カップルカウンセリング」のようなものへの参加を嫌がっていたピートは明らかにカメで、難しい問題に直面すると必ず首を引っ込めた。皮肉なもので、この行動はサラが抱いていたピートのイメージ「外向型」「アルファ型」「社交的」とは正反対だった。サラの見解によれば、2人の関係においてピートは支配的で、サラ自身は同僚としてどちらかと言えば繊細で従順だから、サラの要求はいつも二の次にされていた。ところが、それとは異なる感情のダンスが私の目の前で繰り広げられたのである。感情が激してきたとき、2人のスタイルの力関係は逆転した。サラは発言量が増え、身体的にもアサーティブになり、身を乗り出し、身振り手振りは大きくなり、感情的になって顔まで紅潮させるのであった。片やピートは目を伏せ、椅子の背に寄りかかり、腕組みをしている。ピートがこのように引けば引くほどサラはますます踏み込み、さまざまな質問を浴びせかけ、自分は仕事を片づけようとしているだけなのにと痛烈に非難を始めた。典型的なタコの行動である。大勝負になると自分はアルファ型の態度を取るのだと知ってサラは驚いた。一方のピートは非常に存在感があったため、スタッフにてきぱきと指示を出す姿は私にも想像できたが、感情がぶつかり合ったときの反応は意外にも「心を閉ざす」だった。

そこからの2人へのコーチングは比較的簡単だった。ピートは自分が心を閉ざしているのに気づいていたが、どう対処すればいいのかわからずにいた。私はピートに、感情を表現するための語彙力をもっとしっかりつける必要があるだろうと伝え、感情を処理する時間が欲しいと頼んではどうか、と提案した。すると、ピートはすべてに納得がいったようだった。会話をしている間、ピートは明らかに強い感情を抱いていたが、サラの激しさに圧迫感を覚えていた。サラの「タコ」の腕に絡みつかれたピートは、圧倒されて自分の感情を整理できなくなっていた。サラはサラで、自分がどれほど支配的になり得るのかわかっていなかったため、ピートらしくない引いた態度を見たとき、自分の主張を聞いてもらえていないと感じ、なおさら激しく自己主張したのである。

サラとピートは負の連鎖から抜け出した。成功の鍵は、感情の引き金に相手がどう反応するかを知ることだった。さて、あなたはタコとカメのどちらに該当するだろうか?

1. 何かに気分を害されたとき、すぐにそれを「処理」したいと思うほうだ。(タコ)

2. ネガティブな感情を抱いたとき、その感情を表現する言葉がなかなか見つからないことがある。(カメ)

3. 怒りや失望を感じたときは、「忘れ去りたい」と思うほうだ。(タコ)

4. 腹を立てている同僚と対立しているときは、できるだけ早く逃げようとする。(カメ)

実は、カメとタコは序の口にすぎない。コーチング研究所の同僚で、『EA ハーバード流こころのマネジメント――予測不能の人生を思い通りに生きる方法』(ダイヤモンド社)という素晴らしい本を書いたスーザン・デイビッドは、感情が高ぶったときに人がよく使うもう2つのパターンとして「ボトラー」と「ブルーダー」について説明している。ボトラーは自分の感情を味わおうとせず、語彙が乏しいために、洪水のように押し寄せてくる感情が何なのかを明らかにできない。ブルーダーは感情を反芻し、何らかのメリットや影響がもたらされた後もその感情にしがみつく傾向があり、自責の念にかられながら状況を処理したり、他者への恨みを持ち続けたりする。多くの人は、状況に応じてボトラーにもなればブルーダーにもなる。

感情の筋肉を鍛えてタコ/カメにならない

スーザンが指摘しているように、こうしたパターンは幼い頃に形作られるケースが多い。大人が感情をあらわにしたり押し殺したりする様子を目の当たりにした経験がきっかけになる場合もあれば、感情の処理の仕方を直接教えられたのがきっかけになる場合もある。ピートが子どもの頃に祖父の葬儀で泣くなと言われた(「くじけるんじゃない、ママを困らせるな」)とすれば、早いうちからボトラー/カメのパターンが身についていたのかもしれない。同様に、感情を溜め込めるだけ溜め込んでから爆発させるサラの傾向は、典型的なブルーダーのパターンだ。子どもの頃に、そのようにしている人を目撃するか、そのようにしてうまくいった経験があるのかもしれない。

私たちは、不快な感情や「場にふさわしくない」感情に対処して身を守るための戦略を子どものときに作り出す。この防衛機制にはさまざまな種類があるが、困難な世界から私たちを守ってくれるという一点だけは、どの種類にも共通している。子どもは愛され受け入れられる必要がある。子どもは独力では成長できないばかりか、生き残ることもできない。無事に成長していくためには、感情に対処するための戦略が不可欠なのだ。それによって強い自我、言い換えれば、自意識や自己肯定感を形成できるため、さまざまな信号が飛び交う複雑な世界でも生きていけるのである。

ところが、後になってその同じパターンが害になる場合もある。リーダーたるもの、他者と仕事をするときに能力を発揮できなくなるようなパラダイムにはまり込んでいては仕方がない。第3章で述べたように、マインドフルネスなどを実践すれば、自分自身の傾向を観察できるようになる。そうなれば、もっと多くの物事に気づけるようになり、初めて取り組む訓練を通じて自分自身へのコーチングをし、さらに強くさらに柔軟な感情の筋肉を鍛えられる。

ここまで読んだあなたは、なんて厄介な課題なのだろうと思っているかもしれない。その感想はある程度正しい。感情のパターンは複雑で奥が深いからだ。でも、安心してほしい。リーダーシップスタイルやコミュニケーションスタイルのときと同じで、さまざまな感情を覚えたときに取る独自の行動の組み合わせを把握すれば、エネルギーの無駄使いが減り、より効果的な戦略を実行に移せるようになる。要するに、セルフコーチングができるのだ。そのとき使うプロセスは、スーザンが考案した、強い感情から「逃れる」ための3つのステップ、すなわち1．自分の考えや感情にラベルをつける、2．それを受け入れる、3．(感情ではなく)自分の価値観に従って行動する、である。

このプロセスの実際の効果がどのような感じなのかを把握するために、何人かのリーダーの例を見てみよう。そして、感情のパターンを自覚できるようになると選択肢を別の角度から見られるようになる理由を探っていこう。あなたも自分自身を理解できるか、確かめてほしい。

頭脳派のアルファ

非営利研究所の臨床研究グループのディレクターで、医学博士と心臓専門医の資格を持つスティーブは、典型的なアルファ型のリーダーだった。意志が強く命令的で、陽気ではあるものの、医師の訓練を受けた者らしく権威的な態度を取る傾向があった。クライアント調査のスケジュールに関して些細な対立があったなど、スタッフと少し揉めたときにスティーブが見せる感情スタイルはいつも同じだった。予想に違わず、身を乗り出し、強引な話し方になり、合理的に聞こえる言葉をよく使った。だが、徐々に早口になり声が大きくなっていくと、感情も表に出た。スティーブは誰に対しても公平に接し、データにこだわり、「仕事一辺倒」のアプローチを取るため、個人的な話題を避けようとする傾向があった。一方で、緊張した場を自虐的な話やジョークで和ませるのがうまいという一面もあった。そんなスティーブの第一印象は、平等主義のアルファ型タコだった。

とはいうものの、何人かのスタッフから聞いたとおり、ユーモアに冴えはあっても、スティーブのスタイルは辛辣で威圧的と取れなくもない。スティーブに対するコーチングで目指したのは、自制心を鍛え、苛立ったとしても感情を抑えられるようになり、他の人が自分の発言を咀嚼できるまで待てるようになることだった。興奮すると声が高くなりがちで、対立が激しくなると早口になりやすかったため、口調にも気をつける必要があった。スティーブがそれまで気づいていなかったのは、いくら合理的で筋の通った話をしていても、感情的になってくると声が大きくなり態度が強引になるため、アルファ型の他のチームメンバーでさえ臆して心を閉ざしてしまい、スティーブの意図とは正反対の事態を招いていた事実だった。

長年の習慣は誰にでもあり、それを断ち切るには訓練が必要だ。悪習を確実に絶つことができるようにと私がスティーブに提案したのは、タコの行動を取っている自分に気づかせてくれる試金石《タッチストーン》をいくつか戦略的に配置する方法だった。

1つ目は、対立に関するスティーブの基本的価値観を象徴する標語、「三方よし《win-win-win》」である。スティーブはこの標語を角材に刻み、オフィスの会議テーブルの中央に置いた。スティーブ（と他のすべての人）は、これを見るといつも、みんなのためになる解決策を見つけるのが常に変わらぬ目標なのだと思い出した。

2つ目の試金石《タッチストーン》は、第二次世界大戦時にイギリスで使われた有名なキャッチフレーズ、「Keep Calm and Carry On（冷静に現状に対処しよう）」だ。スティーブはこれをパソコンの画面に表示している。強い感情が湧き起こったときにこれを見ると、立ち止まり、心を落ち着かせ、耳を傾ける時間を増やさなければいけない、と思い出すのであった。しゃれっ気もあるこのキャッチフレーズは、スティーブの気分を明るくしてくれた。

情緒派のアルファ

社交的で外向的で堂々とした性格のベスは、国際的なエンジニアリング会社のオペレーションディレクターとして見事な働きぶりを見せていた。ネットワーク作りが大好きで、東欧をはじめとする諸外国からの来訪者や顧客を迎えたときの、いわゆる「おもてなし」の仕方を心得ていた。ベスは上司との間の緊張状態をユーモアでほぐそうとする傾向があり、これは必ずしも評価される対応ではなかったため、そうした姿勢が時にトラブルを招いた。感情が高ぶったときのベスは激情に駆られるか冷淡になるかのどちらかだと言われていた。組織のオペレーションに関わる話なら何にでも強い信念を持って意見をまくし立てる人物として知られていたため、ベスは自分が正しいと思うとたちまちタコになり、あくまでも自分の正しさを証明しようとした。同様に、答えに確信が持てないときは心を閉ざしてカメになり、時に周囲を困惑させた。一般的には、ベスが私に言ったとおり、「答えがわからないときや、答えがどこにあるのかわからないときは、口をつぐんだほうがまし」なのだろう。

ベスは自分が強く出る傾向があるのを自覚していて、それを組織のために活かす方法を心得ていた。天性の表現力の豊かさはクライアント受けがよく、部下の弁護を頼まれたときにも役立った。コーチングに求められたのは、対立したときの反応をもっと一貫したものにすることだった。というのも、心を閉ざしてしまったがためにベスは他のシニアリーダーたちからの評判を落とし、気まぐれで自分のことしか頭にない人間だと思われていたためだ。ベスに必要だったのは、いつも答えを持っていなくても大丈夫なのだと理解し、いわゆる殻に閉じこもるのではなく、好奇心を持ち、質問をし、いくつかの選択肢を提示できるようになることだった。

ベスはスーザンが考案した「感情の敏捷性《アジリティ》」を養うレシピに従い、状況が緊迫してきたときに本能的に反応してしゃべったり心を閉ざしたりするのではなく、一呼吸おいてその反応が何なのかを考える訓練を始めた。ベスは試金石《タッチストーン》として、「名前をつけて手なずけろ！」と書いた大判の付箋をノートパソコンに貼りつけた。会議に出席するときはほぼ必ずノートパソコンを持参したため、メモが目に入るたびに、よく考えてから状況に見合った行動を取らなければ、と心を新たにした。ベスは「適切な行動を取る」ことを最も大切にしていた。だが、いつも答えられなければいけないわけではないと理解するようになり、答えられないときは「わからない」と言えばよいのだと悟った。

身体派のアルファ

身体派のタコを見分けるのは簡単だ。このタイプのリーダーは、小柄だったとしても、感情が高ぶってくると物理的に場を支配する。席を立って部屋の中を歩き回り、だんだんと対話の相手に近づいていく（ドナルド・トランプがヒラリー・ロダム・クリントンとの討論会で見せた、のしかかるようにして威嚇するパフォーマンスをあなたも覚えているだろう。トランプの身体を使っての威圧感は、言葉やジェスチャーと同等の影響を2人の力関係に及ぼす要素になった）。

クライアントだったシドニーは身長約163センチ、普段は感情を表に出さず物静かな態度で技術チームを運営していた。ところが、明確な意見を持っている場合や対立が起きそうな場合、内なるストリートファイターがどこからともなく現れた。立ち上がり、テーブルの上に身を乗り出し、自説の正しさを力説するだけのために同僚の顔を真正面からのぞき込む（ただし、特に敵意や悪意はない）——そんなシドニーの様子を私は何度も目にした。タコは生き生きとしていた。シドニーにとっては幸いにも、同僚たちはこの猛攻撃に慣れていたため、「冷静で控えめな紳士」が突然しかめっ面で迫ってきても少しも動揺しなかった。シドニーは「怒りっぽい」、「箱の上に立って街頭演説をしているみたいだ」と評判になっていた（立ち上がってテーブルをたたき始めるたびに、ほとんど街頭演説状態になった）。同僚たちはシドニーを「うまく操って」衝突を避けようとしたが、これは決して理想的な対応ではない。

シドニーへのコーチングで必要だったのは、自分には感情任せにしてしまう傾向がある事実を、そうなった瞬間に強く自覚できるようになってもらうことだった。つまり、シドニーにはタコを手なずけてもらわなければならなかった。あるとき、シドニーとチームメンバーとのブレインストーミングの最中に、控えめすぎるほどだったシドニーの人格が一変するのを目の当たりにする機会に恵まれた。シドニーはいきなり椅子から立ち上がり、部屋の中を歩き回って、あるスタッフの近くをうろうろしながら、見下した口調で声を荒らげて早口にまくし立てた。

後日設けた1対1のフィードバックセッションの席で、シドニーは深く後悔して反省の弁を述べた。「会話を中断させるつもりはまったくありませんでした。でも、実際にはカリーを少し怒らせてしまったようです。私が達成しようとしているものをチームが理解してくれないと、どうしても頭に来てしまうんです」

私は実際に目にした行動の細かい点の追究に徹した。あのような話し合いではどのような成果を上げたいと思っているのか、シドニーの価値観について質問を投げかけると、シドニーは即座に答えた。「最高のアイデアを引き出して、最高の解決策を導き出したいと思っています」

私の助言でシドニーは目を覚まし、他の人たちのベストを引き出すには、自身がもっと自制して情熱をコントロールする必要があるのかもしれないと気づいた。また、「最高の頭脳」には自分の頭脳だけでなく他の人たちの頭脳も含まれるのを忘れてはいけないと認識した。対立する可能性が出てくると、子どもの頃に使った戦術に戻る傾向があるのも理解するようになった。「面倒を起こしそうな人をいつも最初のターゲットにしていました。背の小ささを補うには勇敢になる必要があったのです。よく覚えていますが、そうしなければやっつけられていました。先手を打ったほうが勝てるんです」

「箱の中に留まる

子どもの頃はその戦術が功を奏し、いじめっ子から身を守ってくれた。それなのに、まさにその同じ防衛戦略が裏目に出るようになり、知らないうちにシドニー自身がいじめっ子になっていた。彼を特徴づける長所が悪さをするようになっていたのである。シドニーはもう、校庭で生き残りをかけて戦うストリートキッズではなくなっていた。「あなたは雄のクジャクのようだ」と私が言うとシドニーは笑い、大きく広がる飾り羽根が時折タイミング悪く飛び出すのだと認めた。対立したときの自分の身体的反応がいかに自分の価値を損なっているかを自覚すると、シドニーはベスやスティーブのように、感情面でも身体面でも自制する訓練を始めた。私は、脈拍が速くなるのを感じたときに意識を体につなぎ止めてくれる身体訓練を彼に勧めた。シドニーは何もせず、ただじっと背筋を伸ばして座っているようにした（背もたれに寄りかかったり腕を組んだりすると、間違ったシグナルを送ってしまう恐れがあるからだ）。簡単には行かなかったが、会えば必ずシドニーは言う。「箱の上に乗るのではなく、〝箱の中〟に留まっていられるようベストを尽くしていますよ！」

頭脳派のベータ

シドニーの対極にあたる典型的な頭脳派がサムである。〈フォーチュン１００〉に名を連ねる消費財メーカーで財務担当副社長を務める人物だ。サムは冷静沈着で、感情的な雰囲気になったり同僚同士が対立したりしても、いつも大人の対応ができる自分を誇らしく感じていた。サムを観察する機会を得たとき、何が課題なのかすぐにはわからなかった。むしろ、ソフトウエアアプリケーションへの投資に関する議論に、落ち着いた態度で熱心に耳を傾けているように見えた。だから当初は、サムの感情面におけるスタイルとアプローチは典型的なベータだと思った。きちんと話を聞くし、関与する姿勢も集中力もあり、歩み寄りを図ろうとする。どの特性も、チームのベストを引き出すサムの能力を証明するものばかりだ。

「リーダーの自己表現でチームが変わる

ところが、質問に答えてくれた数人の部下は、常に如才なく振る舞うサムのスタイルは場の雰囲気を和やかにしてくれると認めたものの、サムの本心がわからなくて苦労しているのだと明かした。みな、1対1の会話ではサムが強気な発言をするのを聞いた経験があるため、チームでの会話では発言を控え、親善大使を演じようとするサムに戸惑うらしい。サムは、言うなればたまにカメになるタイプなのだった。議論が感情的になるとサムは傍観者モードになった。これが、端からすると無関心に見えたのである。

サムは同僚と率直に意見を交わしていたし、上司のCEOとも同様にしていたため（こちらのほうが重要だろう）、感情を表現する語彙が不足しているわけではないのはわかっていた。サムによれば、ときどき発言しなくなるのは、自分の立場を表明する前に部下たちの意見を聞きたかったからだ。そしてそのためには、対話に過度な影響を及ぼすわけにいかない。権力のある自分の意見を聞くと、チームが率直に議論できなくなる恐れがあると、サムはわかっていたのである。

これは十分に筋の通った話だったし、自分をよく理解している思慮深いサムの人柄を表すものと言えた。それなのに、サムの如才なさはしばしば同僚を不安にさせ、やる気を失わせた。要するに、感情に対する意識は驚くほど高いのに、それを正しく態度に現せなかったがために、サムは他者に距離を感じさせ、曖昧な印象や冷淡な感じさえ与えていた。サムには自己表現のレベルを上げるためのちょっとした工夫が必要だった。つまり、単に連帯感を維持するとか、どんな議題に対しても立場を明確にするだけでなく、激励されている感覚を相手に持たせる必要もあったのだ。

サムには、ボディランゲージにもっと注意を向けさえすればよいのではないか、と私の意見を伝えた。サムは無表情で腕組みをして座っているために、何を考えているのかわからない印象を与えるケースが多かった。腕組みをせず、身を乗り出し、もっと笑顔を見せるようにと私が言うと、サムは笑って言った。「笑顔じゃなかったとは気づきませんでした。何も言わず控えめにしていれば微笑んでいるように見えるだろうと、ずっと思っていました」。微笑んでいないのに微笑んでいると思いがちなのが私たちなのだ、と私は答えた。サムが立場を強調しないように努力したとしても、部下は上司に注意を払うものだ。中立のままでいたかったとしても、チームメンバーはどのみちサムのボディランゲージや口調を読み取ろうとしただろう。

サムがリーダーシップのレベルを上げるためには、存在感と熱意を維持し、適切なタイミングで体と言葉の両方による自己表現ができるようになる必要があった。意見を聞くのが目的であっても、それは変わらない。努力を続けているうちに、サムの圧倒的な感情の敏捷性《アジリティ》が前面に表れるようになった。

情緒派のベータ

アン・マリーは面談を始めてものの5分ですさまじいエネルギーと情熱を噴出させ、私を驚かせた。しかも、まだ午前11時だというのに、そのとき飲んでいたのが4杯目のスターバックスのコーヒーだったのだからびっくりだ。私が相手にしているこの営業チームのリーダーが極めて情熱的かつ知的な人物だということはすぐにわかった。アン・マリーの第一印象は断固として自説を主張する外向型のアルファだったが、それは勘違いだった。誰しもそうであるように、アン・マリーのリーダーシップスタイルと感情スタイルもそんなに単純なものではなかった。

アン・マリーについてチームが行ったリーダーシップアジリティ評価を見せてもらったところ、ほとんどのメンバーがベータと評価していた。目の前にいるアン・マリーの印象が同僚の見方とは正反対のように思えたため、その点について尋ねると、アン・マリーは笑い飛ばしてこう言った。「個性は強いですけれど、チームに対する振る舞い方は心得ています。感情を抑え、話をする前にまず耳を傾けるにはどうすればよいかも知っています。営業チームが成果を上げている理由のひとつは、私たちの基本姿勢にあります。メンバーがそれぞれ独自の明確な意見を持っているときでも、私たちは協力し合い、互いの話をよく聞くようにしています。合意形成のために努力しますし、ゆくゆくはコーチングの文化をチームに根づかせたいと思っています。成功するためにはみんなが互いに支え合う必要がありますから。コーチであるあなたといるときの私はリラックスしているかもしれませんが、チームや同僚や上司と接するときはいつも自己追跡《セルフトラッキング》をしています」

「すばらしい」と私は言った。「今は以前より組織がフラットになっています。そんな状況の中でリーダーシップを上手に発揮していくために何が必要なのか、あなたはよくわかっていらっしゃる」

「ええ」とアン・マリーは答えた。「チームメンバーの大半はミレニアル世代で、私もさほど年は違いません。みんな、自分たちは意義のあることをしている、同じ考えを持っていると、共同体のように感じたがっています」

ところが、同僚たちの話は少し違っていた。アン・マリーのリーダーシップスタイルに感銘を受ける場合がほとんどだが、時折「信じられないほど激昂」したときには彼女の気持ちが手に取るようにわかると言うのである。アン・マリーが人前で如才なく振る舞っていても、何かに憤っていたり、強い思い入れがあったりすれば、みんなにはわかった。また、コーヒーを飲みすぎているときは、関わらないほうが身のためだというのもわかっていた。

自分の感情スタイルを知る

このフィードバックを伝えると、アン・マリーは軽いショックを受けた。自覚はあるものの、感情的な部分は隠せていると思い込んでいたのである。サムと同様、アン・マリーも全般的にはベータ型リーダーとして成功していて、チームとうまくやっていた。感情の敏捷性《アジリティ》をほんの少し調整しさえすれば、一段と有能なリーダーになれる。アン・マリーに必要だったのは、自分の感情をどう考えているかだけでなく、感情にどう対処しているのか、あるいはしていないのかに、もっと注意を払う姿勢だった。つまり、オフィスでの行動、身振り手振り、顔の表情、声の調子といったボディランゲージに気をつける必要があったのである。結局のところ、アン・マリーのようなベータ型リーダーは、「抑制したほうが効果的」なのだと認識できればよかった。

今日の職場環境における感情の扱われ方を考慮すると、その中を進んで行くのは、目印のない土地で道を探そうとしているようなものかもしれない。職場での感情表現を禁じているも同然の古いルールはなくなり、「職場では決して泣いてはいけない」といった全面禁止令もない。でも、感情の量はいったいどのくらいが適切なのだろうか？　感情をどのくらい表現したらプロ意識に欠けると思われるのだろうか？

重要なのは、自分の感情スタイルをよく知ることだ。そのためのヒントとなる質問を次に示すので、じっくり考えてほしい。

- どのリーダーに最も共感したか？　それはなぜか？
- あなたの感情面におけるスタイルを一語か二語で表現してほしいと同僚に頼んだら、どんな答えが返ってくるだろうか？
- あなたにとって「感情表現豊か」とはどんな意味だろうか？
- 感情が高ぶったときにあなたが見せる普段の反応には、どのような特徴があるだろうか？

自分のスタイルがわかったら、感情の敏捷《アジリティ》性を高めるために、次のステップとして自己制御に取り組もう。コーチの帽子をかぶると最も効果的なのがこのステップだ。私たちは誰でも明るい面と暗い面を持っていて、ちょうど日の出と日の入りのように、ある程度の規則性を持って2つの面が入れ替わる。問題は、激しい感情を覚えるか否かではなく、その感情をどう扱い、どう認識し、生産的な目的に向かってどう活かすかだ。

「偏桃体ハイジャック」を制御する

次に取り組む課題は、シドニーとベスにやってもらったのと同じで、感情コントロールの習慣化だ。感情コントロールは誰にとっても生涯付きまとう課題である。地下鉄は止まり、飛行機は遅れ、やること《ToDo》リストは永久に片づかないように思える世界で、常に平衡感覚を維持しておくのは不可能だ。いつかはみな、受動的であることの犠牲になり、イライラし始める。

これと同じで、感情が表に出やすく、ほぼどんな状況でも雰囲気をよくしてくれる人は、扁桃体を乗っ取られやすいかもしれない。扁桃体は情動反応を制御する脳の部位で、そこで起きた反応はほとんど瞬間的に身体的反応として現れる。不意をつかれると、リラックスして笑顔だった人も、肩をこわばらせて顔をしかめる。これが、扁桃体を乗っ取られた状態だ。

自分の「断層線」はどこか？

この扁桃体ハイジャックが実際にどのような感じで起こるのかを理解するために、この章で紹介したいくつかの例を振り返ってみよう。感情スタイルがどうであれ、腹を立てない人はいない。難しいのは、何に怒りを覚えるのかを知り、つまずきの原因となる具体的な人間関係や環境的な要因を認識することなのだ。

理性的なアルファ型のスティーブは、なぜ威圧的なタコに変貌したのだろうか。スティーブはこう述べていた。「そうなるのはたいてい、同僚が私の話をちゃんと聞いていないと感じたときです。ふと、自分が何度も同じ話をしていると感じたり、誰かが関係ない話をし出したのに気づいたりして、イライラするんです」。実際に怒りをあらわにするタイミングは状況によって異なるのかもしれないが、通底するテーマがひとつある。スティーブは話を聞いてもらえていないと感じていた。

同様に、ベスも初めは活気に満ちていて表現力豊かだったが、ときどき何かのきっかけで元気がなくなった。心を閉ざし、顔をしかめ、黙り込んでしまうのだ。その原因を尋ねると、ベスはこう答えた。「誰も私の話を聞いていないような気がするんです。会話の流れが変わり、私の意見が否定されたり無視されたりしているように感じるときもあります。上司が個人的な関心事を話題にして会話をハイジャックしたり、同僚が騒ぎ出したりする場合もあり、イライラが高じると、とにかくおもちゃをつかんで他の砂場に行って遊びたくなるのです」

このあたりで、あるパターンが見えてきただろうか。スティーブもベスも、きっかけそのものはその都度違っていたかもしれないが、展開されたのは恐怖から生まれた物語だった。「話を聞いてもらえない、無視されている、まともに相手にされていない、みんな私に反対している」と感じていたのだ。これらは、「私はどうでもいい存在」といった、私たちの多くが、いや私たち全員が、ある程度は抱えている根深い不安が形を変えたものばかりだ。感じ方はさまざまで、被害者のように感じる人もいれば、見捨てられた、我慢できない、イライラする、と思う人もいるだろう。とはいえ、物語は同じだ。まったく悪意のない会話をしているときでも、軽い侮辱めいた言葉をきっかけに、脳は防衛モードに入ってしまう。神経回路が発火し、コルチゾールやその他のストレスホルモンが分泌され、第5章で触れたように、特に敏感な領域「地位」「確実性」「自律性」「関係性」「公正性」「有能感」で、感情の危険信号の送信が始まる。私たちが断層線を越えたとたんに、神経信号の送り先はシステム2からシステム1に切り替わる。すると、どうなるだろうか。意識が活動していた劇場の明かりは消え、もはや私たちに主導権はない。

これを防ぐための魔法の方程式はない。私たちは誰でも腹を立てるのだから、自分を休ませてやらなければならない。それでも、間違った方向に進んでしまった場合の影響は和らげられるし、間違った方向に進んでしまう可能性も減らせる。成功の鍵は、まず自分を知り、自分自身が地震計となり、「私の断層線はどこだろう？　火山を噴火させるきっかけは何だろう？」と自問することだ。

今後は、セルフコーチングをしながら、次に紹介する5つのステップに取り組んでほしい。

感情のバランスを取り戻す方法

次ページの図は、イライラしたときに誰もが経験するエネルギーの流れを示している。STARTは、決裂、対立、動揺をきっかけに起こる典型的な下降スパイラルを表している。SSTTOOPPは、そうしたきっかけに対処し、感情のバランスを取り戻す方法を示している。次に示す5つのステップに取り組めば、「SSTTOOPP」を実行する能力と習慣が身につき、ハイジャックの被害を最小限に抑えられるようになるはずだ。

1.「イライラの種」の一覧表を作る。 あなたは何にイライラするだろうか。イライラの原因は、一貫して繰り返し起こるものの場合が多い。私がニューヨーク市で慌ただしい生活を送るようになって何年かしたときに気づいたのが、のんびりした町（つまり、ニューヨーク市以外のほぼすべての場所）でよく聞く長ったらしい世間話にすぐイライラすることだった。体内にエネルギーが充満しすぎているのか、私は短気で嫌なやつになり、さらにそのせいでニューヨーカーは無礼だという固定観念を助長していた。それに気づいて以降、旅先ではエネルギ

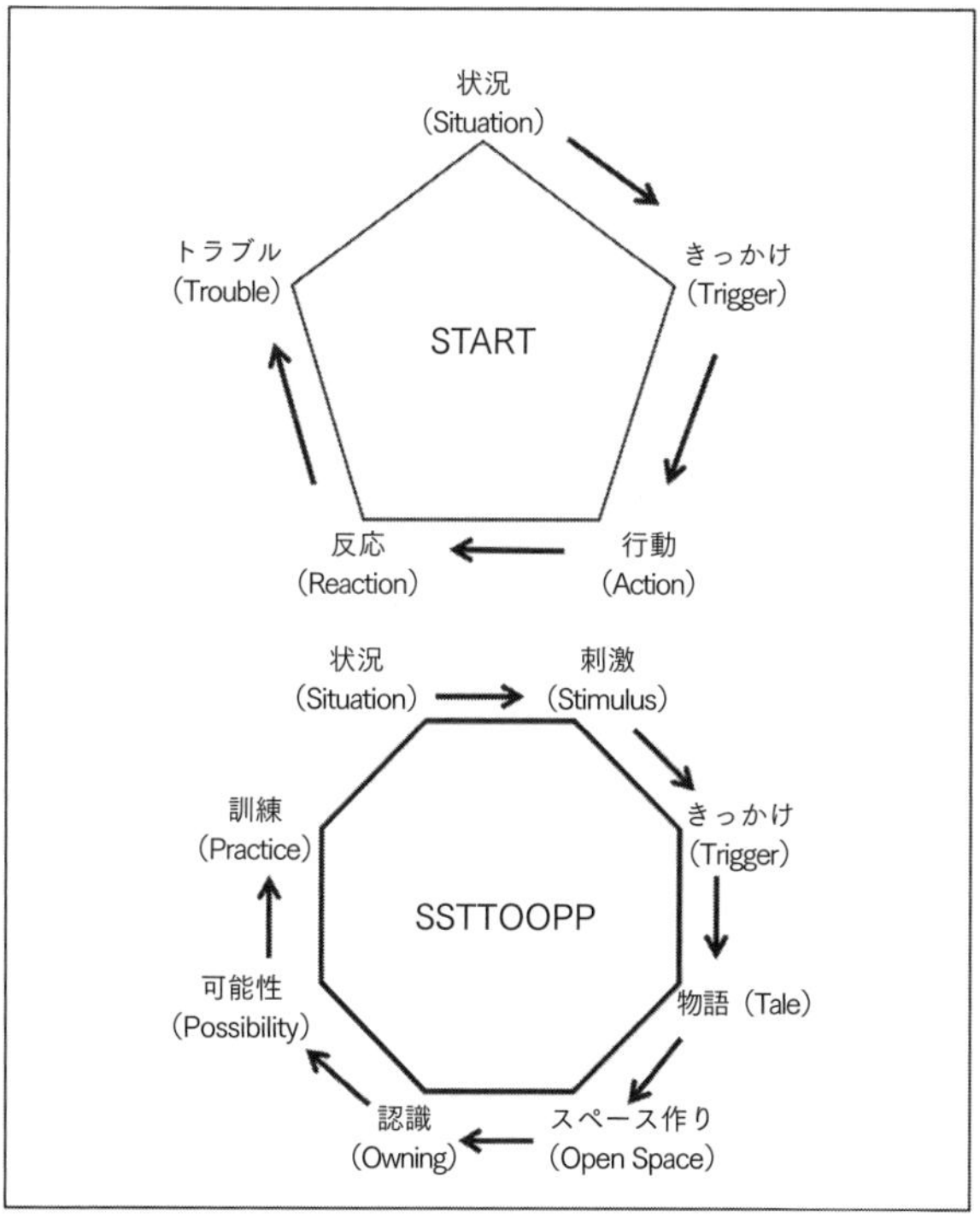
状況
(Situation)
きっかけ
(Trigger)
行動
(Action)
反応
(Reaction)
トラブル
(Trouble)
START
状況
(Situation)
刺激
(Stimulus)
きっかけ
(Trigger)
物語 (Tale)
スペース作り
(Open Space)
認識
(Owning)
可能性
(Possibility)
訓練
(Practice)
SSTTOOPP

ーレベルを下げ、周囲にもっと気を配り、地元の人のように仲良くやろうと心に決めた。

2．原因と結果を探す。背景で展開されている「恐怖の物語」はどのようなものだろうか。気分が落ち着いているときに、腹を立てたときの状況を振り返ってみよう。感情の爆発を招いた原因と考えられる物語や思い込みが根本になかったか、探ってみるとよい。すでに述べてきたように、通常、そのような瞬間には過去に遭遇した何らかのネガティブな経験の記憶がよみがえっているものだ。私たちは、何の落ち度もない人に対して怒りを感じる場合がある。心理学者によると、これは、幼少期に経験した大事件やトラウマがその人の存在や行動によって思い出されたのが原因であるケースが多いようだ（上司が父親に似ているのかもしれないし、幼少期によくけんかをした姉と同僚が同じような癖を持っているのかもしれない）。

3．自分に優しくする。自身の人間性を受け入れられるだろうか。人は誰でも腹を立てる。腹を立ててしまったと気づいた後で自己批判や自己弁護をしがちだとしたら要注意だ。ますます苦悩が深くなってしまう。自分は完璧ではないと認め、必要に応じて謝るようにするのがよい。欠点を認めると、スタッフや同僚は驚くほど寛容になるはずだ。弱さを見せるのは、リーダーシップを効果的に発揮する手本を示す素晴らしい方法なのである。

4. スペースを作る。活動を「一時停止」できないだろうか。イライラしたときにエネルギーを転換させる鍵は、ほんの少しの間でいいので、立ち止まって呼吸を整え、つながりを絶つことだ。その辺を少し散歩するとか、深呼吸をするのである。頭から抜け出して体の中に入るのがポイントだ。感情は必ず形として体に現れるため、脳がハイジャックされたときは体を頼ろう。歩く、ストレッチをする、といった簡単な運動をするだけで、感情と行動の間にスペースが生まれる。

5. 価値観を再確認する。「この状況における私の目的は何だろうか？　私が最も大切にしているものは何だろうか？」自分の目的と他の人たちの目的を改めて考えてみよう。通常、スタッフや同僚はあなたの邪魔をしようとしているわけではない。自分の基本的価値観を再確認し、他者の観点に立とうと努める、つまり共感力を発揮すると、もう一度心を落ち着け、恐怖のエネルギーを払拭して、進むべき道に容易に戻れるはずだ。

「湧き起こる感情を意識する」

デボラは保健関係の世界的な非営利団体（ＮＰＯ）のオペレーションディレクターである。初めて会ったとき、その快活な性格と前向きな姿勢、人当たりのよさに感銘を受けた。フィードバックを前向きに受け入れる姿は、リーダーとして成長したいと真剣に望んでいるように見えた。コーヒーを飲みながら聞くデボラの話は楽しかった。自分がどれほど仕事を愛し、どれほど同僚を大切にし、どれほど頑張って短期間でリーダーの立場まで登り詰めたかを、語ってくれたのだ。それに、多くのクライアントと違って、とても感情表現が豊かに見えた。

デボラはＮＰＯの幹部チームで唯一の女性でもあった。上司たちからのフィードバックはおおむね肯定的であったため、周りから少し鈍感な人だと思われているせいで私のコーチングを受けることになったと知ってデボラは驚いた。同僚たちの評価によると、デボラはぶっきらぼうで人を見下したようなところがあり、自分が気恥ずかしく感じるものに対しては、皮肉やその場で思いついたユーモアを言って、まともに向き合おうとしないらしい。デボラは表現力を豊かにするためではなく自制できるようになるために、感情的な自分を意識する必要があった。

何が引き金になるのかを発見しやすくするために、スマートフォンに作った「気持ちのメモ帳」に、感情の状態をその場ですぐに入力してもらうようにした。波乱含みの会議や電話での激しいやり取りをなんとか切り抜けるたびに、「今どんな気持ちだろうか？」と数秒かけて自問するのがデボラの習慣になった。自問した後は「混乱」「失望」「苛立ち」など、感情の状態を表す1つ以上の言葉をメモ帳に加えていった。入力しているわずかな時間の中で感情そのものが変化していく様子にデボラはたびたびショックを受けていた。そこで、2〜3分の余裕がある場合は類義語辞典を見るよう勧めた。感情表現のリストが長くなっていくのは、反応の微妙な変化や違いに気づくうえで特に役立った。デボラはこのEQ探偵の仕事を通じて自己認知の幅を広げていき、それまでずっと思っていた以上に自分は気まぐれなのだと認識するようになった。

感情のギアは切り替えられる

今自分が感じているものは何なのか、少し時間をかけてはっきりさせ、苛立ち、焦り、失望、怒り、不快、悲しみなどの違いに注目するだけで、数分あるいは数時間のうちに自分がどれほど多様な経験をしているのかがわかった。デボラは、特定の同僚に対して強い感情が湧き起こる理由に気づいた。だが、最も大きかったのは、深呼吸をほんの数回する程度のわずかな時間でもギアを切り替えられる事実にも気づいたことだ。

かつて、デボラはこう言った。「今朝、特にイライラさせられている同僚と軽く口論したのですが、あなたのアドバイスを思い出し、遠回りをして次の会議に向かいました。さもなければ、頭にきてうろたえきった状態で乱暴に会議室に入っていたに違いありません。外に出て建物の周囲を2分ほど歩き、日なたで呼吸をし、それから立ち止まって気持ちを手早くメモしました。あの同僚をさげすむ気持ちを表す言葉をいろいろと調べているうちに、気づいたら微笑んでいて、あっという間に怒りが消えて気持ちが楽になりました」

デボラは、湧き起こってきたあらゆる感情への対処の仕方をコントロールする力を、自分がどれほど持っているのか理解するようになった。感情のバロメーターをリセットする時間をとったら、何をしてでもユーモアのセンスを取り戻すのがデボラ流だ。「仕事がうまくいっているときは、チームのみんなと一緒によく笑い、ふざけ合っています。私にとって一番大切なのはユーモアですから。ただ、逆効果にならないように、うまく使う必要はありますけどね」

速習トレーニング

「アルファからベータに切り替えるためのテクニック」

1. **最高だったとき／最低だったとき。**これまでの人生を5年単位でさかのぼり、最高だった時期（最もエキサイティングで、楽しく、お祝い気分になったとき）と最低だった時期（最も悲しく、最も困難だったとき）を振り返る。そして、そのときの感情がどのくらい長く続く傾向があったか考える。最高の気分はどのようにして落ち着いていっただろうか。最低のどん底から立ち直ったきっかけは何だっただろうか。気分の浮き沈みの転換点を把握しておくと、自分には長年かけて培ってきた回復力があるのだと思い出しやすくなる。困難な時期から立ち直るために使えるツールや実践方法を書き出しておくのもよい。

2. **創造的になる。**写真、絵画、文章、詩、彫刻、楽器演奏など、楽しい芸術活動に取り組む時間を作る。誰の心の中にも芸術家や子どもがいて、創造的な活動をして遊びたがっている。完璧を求めるのではなく楽しむために芸術活動を行うと、自己批判する暇がなくなり、感情の激しい高ぶりや落ち込みから距離を置きやすくなる。

3. 指示する前につながる。あなたがプロジェクトやチーム活動のリーダーの場合は、同僚と数分間つながり合う習慣を身につけよう。まずは感情のチェックインをするところから始めるとよい。仕事、生活、プロジェクトについてどう感じているかを部下や同僚に尋ねるのだ。時間をかける必要はないが、信頼してもらうために、このプロセスを自分のほうから定期的に行う必要はある。

4. 紙に書く。日記を始めよう。毎晩5分間、何も考えず思いつくままに絵や文章を書く「自動筆記法」を使って、その日に経験した感情を書き出すのだ。感情の高ぶりと落ち込みを書き留めよう。ほんの数語でも、箇条書きでもかまわない。感情を書き出すだけでこんなにも気持ちが楽になるのか！　と驚くはずだ。

速習トレーニング

「ベータからアルファに切り替えるためのテクニック」

1. **事実だけに注目する。** ブルーダーの傾向があり、傷ついたり怒ったりした感情をいつまでも引きずりがちな人は、朝か夜に自分の感情について日記を書くのを毎日の習慣にするとよい。自分の側から見た物語を、言葉が出てくるに任せて書くのである（きれいな文章にする必要はない！）。すべて書き切ったら、「この文章のうちどの部分が〝感情〟でどの部分が〝事実〟だろうか？」と自問する。ウォール街に勤務するあるクライアントは、毎朝、通勤電車の中で、仕事に対する気持ちを簡単な物語として書くのを習慣にしている。オフィスに着く頃には、自ら招いた泥沼でもがいてばかりいる自分に苦笑し、新たな活力を得てオフィスに入っていくようになったそうだ。

2. **地に足をつける《グラウンディング》。** マインドフルな呼吸法、ヨガ、瞑想、エクササイズ、自然の中の散歩など、安らぎを感じさせてくれる習慣を取り入れる。試金石《タッチストーン》代わりになるペットや親しい友人と過ごす時間を持つと、一番大切なものは何なのかを思い出し、再び物事を大局的に捉えられるようになる。

3. 調子を整え、気持ちを穏やかにする。 お気に入りのセルフケアの方法（体と心と頭に思い切り栄養と喜びを与える行為）を5つリストアップする。睡眠、マッサージ、泡風呂、小説を読む、ハイキング、サイクリング、好きなドラマの一気見など、なんでもかまわない。定期的にこれらをすべて実行できるようにするには、サポート役をしてくれる仲間を募るのがいいだろう。ベータの長所を最大限に活用する鍵はバランスだ。十分な睡眠を取り、よく食べる。そして必ず、アップダウンも含めて自分の感情の状態に対し、価値を認め称えよう。

第7章

本来の自分になれ

感情を抑え込まず、ときには弱さを認める

キャリアをスタートさせて間もない頃、戦略コンサルティング会社の人事担当ディレクターだった私は、才能ある若いプロフェッショナルたちの面談や採用に立ち会う機会に恵まれた。ジェフは多くの点で、私が面接した他の若者たちとよく似ていた。つまり、頭がよく、元気で仕事熱心だった。ところが、ジェフと接した人はみな、その穏やかで優しい人柄のほうに目を留めた。BCG、マッキンゼー、ベインのようなところにいる優秀な人材の多くは、競争心が強くて自己中心気味で、アイビーリーグの野心をあらわにしていたから、親切で、謙虚で、チームワークを大切にするといった特徴を併せ持つジェフは特異で珍しい存在だったのだ。

1年後に24歳の若さでジェフが脳動脈瘤で急死したときは衝撃を受けた。アジア、インド、アフリカ、ヨーロッパと広範囲に事業を展開するクライアントの業務分析のために、わずか6週間で30カ国以上を訪れる世界一周の出張から戻った直後だった。ジェフの死は、彼を知るす

べての人にとって大きな喪失だった。ジェフの葬儀と埋葬に参列するために、シニアリーダーらと上司のデイブをはじめ、チームに所属する30人以上のコンサルタント全員が、3時間をかけてボストン郊外に赴いた。

この章を書くにあたり、私はこれまでのキャリアを振り返り、ともに仕事をした何百人にも及ぶあらゆるタイプのリーダーを思い浮かべ、この中にありのままの自分を実践していたリーダーがいなかっただろうかと考えた。すると、ジェフの葬儀で、若き部下に向けて真心の込った極めて個人的な追悼の言葉を読み上げるデイブの姿がよみがえってきた。デイブは弔辞の途中で傍目にもわかるほど震え始めた。状況を考えれば珍しくも何ともない出来事だったかもしれないが、実は、デイブがあれほど率直に話したり弱さを見せながら話したりするのを、それまで誰も聞いたことがなかったのだ。

デイブはまったく逆の人間だと思われていた。頑固で、理論的で、短気で、辛辣、優しいところは一切ないと。実際、何年かの間に人事担当として同席したどの会議でも、私はデイブがにこりとするのさえ見たことがなかった。デイブが大声で指示を出すと、部下たちは命令を実行するために世界各地へ散っていった。このシニアコンサルティングパートナーは、オフィスで容赦のない指示を出しているときよりも、弔辞を述べていたあのときのほうがリーダーシップを発揮していたのではないだろうか。あれは、ブレネー・ブラウンが「弱さ」の力について書いた『本当の勇気は「弱さ」を認めること』（サンマーク出版）がベストセラーになるずっと前だったが、あの当時でさえ私はそれに気づいていた。あの時、「ジェフのおかげで、デイブは本来の自分をもっと押し出すリーダーになるだろう」と思ったのを覚えている。

だが、甘かった。デイブは相変わらずデイブだった。なんといっても、あれは葬儀だったわけで、どう考えても普通の状況ではなかったのである。あんなにも素直に感情を態度に現したデイブだったが、あのときのデイブを再び目にすることはなかった。あのときデイブのコーチをしていたら、こんな提案ができたはずなのにと思う。「この調子で行きましょう。弱いままでいいんです。人間らしくなって、チームの面々に腹を割って話をするようにしましょう。そうすれば、あなたはもっといいリーダーになりますし、そうなれば会社にとっても利益になります。あなたが天賦の才を最大限に発揮すれば、部下もやる気になるからです。でも、威張り散らされたら、部下はしぶしぶ命令に従うしかありません」。とはいえ、古い習慣はそう簡単にはなくならない。

人生の儚《はかな》さを意識せざるを得ない瞬間はあるもので、あれはそうした忘れがたい瞬間のひとつだった。あのときは、すべてがいかに儚いものか、呼吸の一つひとつに感謝しながら精一杯生きる姿勢がいかに大切か思わずにはいられなかった。デイブは元のアルファスタイルに戻ってしまったかもしれないが、私は決して元には戻らなかった。私を変えたのはジェフの死であり、情に流されないリーダーのベールから透かし見えた力だった。あれから何年もの間、私は何百人ものクライアントのコーチングに携わってきた。どこまでなら無理せずにオープンになれるのか、弱さを見せられるのか、その程度は人によって違ったが、どのクライアントもコーチングを通じて肩の力を抜くことができるようになり、心の奥底にある価値観を分かち合い、心から話ができるようになった。指示を受ける人を動かす力は、そうする中で初めて生まれてくるものなのだ。

あなたはどの程度までなら、抵抗を感じずに人前で弱さを見せられるだろうか？

「なぜ弱さを見せるべきなのか？」

弱さを見せるには、職場でありのままの自分になるのを邪魔しているものを正直に認める自発性が欠かせない。尻込みしたくなる具体的な不安や心配事はあるだろうか。こんなやり方ならもっと勇気を出せるのに、と思うような方法はあるだろうか。ヒューストン大学の研究教授であるブレネー・ブラウンは、社会的なつながりの根底にあるものを発見するために何百ものインタビューを行い、「帰属意識を生み出すには何が必要か？」と問いかけた。集まったデータから判明した答えは弱さだった。

ここで議論するのは「弱さをさらけ出す勇気（vulnerability）」であり、力のなさを意味する「弱さ（weakness）」でもなければ「従順さ」でもない。ブラウンが発見した類いの「弱さ」はむしろ、かなりの勇気がなければ人前では見せられない。伝統的なアルファスタイルを踏襲しようとするリーダーは冷静でなければならず、リスクを最小限に抑え、自信を見せつけ、感情の露出を最小限に抑えるためにもチームのメンバーとの距離を保たなければならない。アルファとベータの両極に位置するリーダーにとって、これは難しいダンスとなり得る。というのも、今日の組織はますますフラット化し、若手とベテランがかつてないほど緊密に連携して働くようになっており、若手社員は上司の能力を信頼したいと思うと同時に、日々の生きがいにつながる人間的なつながりも求めているからだ。「地位の力」とでも呼ぶべきものは、以前ほど影響力を持たなくなっている。階段の段差が縮まれば縮まるほど、あるいは階段が完全になくなるほど、リーダーはコミットメントと忠誠心を引き出す方法をますます変えていかなければならなくなる。今日では、弱さを見せられることが強さなのだ。

アルファ型でも弱さは見せられる

リーダーシップアジリティ評価の結果がアルファ寄りだったとしても絶望する必要はない。アルファ型のリーダーにも、自分の弱い面を見せられる機会はある。たとえば、健康上の危機に直面している家族を持つ従業員に様子を尋ねる、喪失感を抱えている人に手を差し伸べる、自分が困難だと感じている仕事を手伝ってくれている人に感謝を伝える、といった方法から自分なりのやり方を検討してみるといいだろう。

では、誰かと対立したときに誤った主張をしていたり、倫理的な過ちに巻き込まれたりしたらどうすればいいだろうか。自分が犯した過ちを率直に認め、隠し立てしない方法を考えよう。過ちを犯すのが人間なのだから、自分の人間性を見本にするのが、信頼を回復するうえでは特に有力な方法だ。過ちのひどさの程度によっては、公に謝罪し、許しを請うことを検討しよう。セクハラや#ＭｅＴｏｏ運動をめぐって職場で起きている文化的な大混乱の中で、自発的に罪を認め、率直に謝罪し、償う意思を示す姿勢は、他者の目に映る個人の誠実さを回復するうえで大いに役立つ。つまずいたときにそれを認められるのが強いリーダーだ。

安全な空間の創造

ブレネー・ブラウンは、弱さと本来の自己をさらけ出してはじめて人と人とのつながりが生まれると説明しているが、それができる職場はほとんどないと言っていいだろう。人権理事会（人権と基本的自由の促進と擁護に責任を持つ国連の主要な政府間機関）のために私が定期的に開催しているリーダーシップ開発リトリート研修では、雰囲気を和ませるために、最初に参加者同士でペアを組んでもらい、人権擁護の仕事に就くきっかけとなった、人生の旅路での決定的な経験を1つ、互いに話し合ってもらう。誰しも、何かを失ったり不運に見舞われたりといった、つらいながらも重要な経験をしており、その内容は一人ひとり違う。仕事上の差別について語る人もいれば、家族内の難しい人間関係について語る人もいるが、その出来事が人生を一変させている点は同じだ。ペアでの話し合いが終わったら、組んだ相手をコミュニティに紹介する一法として、相手の話の要点をグループ全体に話してもらう。この経験はいつも感動的で、みな同じ人間なのだという感覚と信頼感がそこから生まれる。[*1]

職場で必要なのは「共鳴」

では、職場でのつながりとなると希薄でほとんど弱さを見せようとしないのはどうしてだろうか。有能で権威があるイメージを与えるためにも距離を保ちなさい、と私たちはたびたび教えられる。配偶者や友人には優しい面を見せるかもしれないが、職場はもちろん、それ以外の場所で私たちが優しさを見せる機会はめったにない。私は企業のリトリート研修でも似たような演習を行い（もちろん、ビジネス環境というどちらかと言えば保守的な文化を尊重した形で）、「いい勉強になった」経験を参加者に話してもらう。いつも驚かされるのは、同僚に支えられて心強いと感じた参加者が、かなり個人的な内容まで自発的に話をする姿だ。単純すぎると思われるかもしれないが、私たちの共有する人間性が公然と認められるたびに、結合組織の厚みは増していくのである。なんといっても、私たちはみな、この謎に満ちた旅の道連れなのだ。

研究によると、私たちは相手を見ただけで大量の情報をダウンロードし、その人を信頼できるかどうかを瞬時に認識できるという。「私たちは互いの状態を観察するようプログラムされているため、その状況で求められるものが何であれ、より適切に対話をしたり、共感したり、境界線を主張したりできる」のだと、ウィスコンシン大学マディソン校の心理学教授であるポーラ・ニーデンタールは言う。相手の印象を素早く微細に解釈するこのプロセス、すなわち

「共鳴」は、ほとんどの場合、私たちの知らないところで起きている。相手の表情を読み取った瞬間に、その人の意図や感情の状態を感じ取り、信頼できる相手かどうかを判断しているわけだ。私たちが言語を発達させるはるか以前は、部族のメンバーと見知らぬ人の両方からのシグナルを解釈する能力が、共同体意識を生み出すために不可欠のものだった。*2

弱さを見せる勇気と価値観——混ぜると危険なカクテル

人と人との距離を縮めるための道具が弱さを見せる勇気なのだと考えれば、納得できるのではないだろうか。それでも職場で弱さを見せた場合に発生する本物の混乱を過小評価してはいけない。弱さを見せるのにリスクがないとはいえないため、リスクを引き受ける前に、自分が何に関わろうとしているのかを知っておかなければならない。コーチングで弱さ、率直さ、謙虚さといった本来の自己が引き出されると、リーダーやキャリアはどのように変化するのだろうか。実際の例を見てみよう。ソフィアの事例を読みながら、「同じような状況に自分が置かれたら、どのようにセルフコーチングをしただろうか？」と自分に問いかけてほしい。

物語の発端は、ある大手消費財小売企業の人事担当上級副社長からの電話だった。「こんにちは、ジェフ。スケジュールに余裕があったら、有望なうちのリーダーのひとりをコーチングしてもらいたいんです。ソフィアといって、法務部に新設された倫理関連のグローバル部門の責任者です。全体的にとてもよくやってくれているので、昇進させようかと考えていますが、ちょっと問題がありまして。ソフィアは上級幹部の他のメンバーとうまくコミュニケーションが取れていません。コミュニケーションスタイルを磨いてもらう必要があるのです。外国生まれで、訛りがかなり強いうえにとても早口で、興奮してくると手振りが大げさになって、話がやたらと細かくなります。そのせいで他の重役たちは少しイライラするのです。私も話についていけなかったりします。ソフィアがもっと落ち着いて話ができるように、そして幹部にふさわしい人材になれるように、ぜひとも手助けをしていただきたいのです」

こうして私は、私の知っている範囲で最も才能あるリーダーのひとりと一緒に冒険を始めた。ところが、「コーチが必要だ」と言われたソフィアは少しも喜んでおらず、コミュニケーションスキルが不足していると見なされているのかと思い、ショックを受けていた。とはいえ、多くの大手メーカーにとって重要な課題になりつつあった倫理的《エシカル》な調達、賃金、労働慣行に関するプログラムの構築を担当する、革新的なグローバルチームの責任者としての役割をソフィアはとても気に入っていた。まさに自分が望んでいた仕事に就き、大きな変化を起こせる公的権

限を持っていたため、ソフィアはフィードバックに少々腹を立てながらも、コーチングを受けることに同意した。

「弱みを見せる勇気が仇《あだ》になることも

重役たちが苛立ちを覚える原因はすぐにわかった。ソフィアの情熱は素晴らしかったが、ドラマチックな演出を交えながら微に入り細を穿《うが》って早口でまくし立てる癖があったため、ついていくのが大変だったのである。当初は、ソフィアが自分のスタイルにもっと注意して、スピードを落として簡潔に話ができるよう手助けするのは、やりがいのある仕事だと思った。

コーチングを始めてから半年、ソフィアは見事な進歩を遂げていた。手振りが大きくなる癖を（両手を押さえつけて）直し、プレゼンテーションの前には深呼吸をし、聞き手へのインパクトを高めるためにゆっくりとした口調で話す習慣を身につけた。このまま行けば成功間違いなしと思われた。それなのに、重役たちは一向にソフィアの変化に気づこうとしなかった。

私の雇用主である人事担当役員は言った。「ソフィアが努力しているのはわかりますが、まだ熱狂的すぎますし、はっきりとものを言いすぎます。一歩引いて、トップの政治力学をもっと意識してもらわなければなりません。ソフィアの願いごと《ウィッシュ》リストをすべて叶えるのは無理ですし、ひとつも叶えられないかもしれません。CEOはソフィアについて、狂信者ではなく上級職のビジネスパーソンになってもらう必要があると考えています。もっと会社の考え方に沿って役割をこなしてもらわなければいけません」。なるほど、そうだったのか。ソフィアに対する期待はいつの間にかすっかり変わっていた。それも、ソフィアにとって好ましくない方向に。フィードバックは風に流される砂のように変化し、最初は話をもっと簡潔にするようにと求めていたのが、「存在感」が足りないとか「熱狂的」すぎるとまで言われるようになっていた。

これにはとりわけ悔しい思いをした。というのも、同僚たちがソフィアを組織全体で最高のリーダーのひとりだと思っていただけでなく、彼女のチームもソフィアをとても気に入っていて、ソフィアがすぐに昇進できなければ退職しかねない勢いの者も少なくなかったからだ。ソフィアの昇進がなければ、彼らの部署がしかるべき地位に格上げされる見込みもなくなるのだから当然だろう。スタッフからは次のような声が聞かれた。

- 「ソフィアが私たちを身内のように扱ってくれるので、みんな家族のように仕事をしています」
- 「ソフィアはオフィスにいる全員を知っていて、私たち一人ひとりと親しく接してくれます」

- 「誰かがミスをしてもソフィアは怒らず、状況の分析や修正の仕方を覚える時間を与えてくれます」
- 「ソフィアと一緒にいると自分の立場がよくわかります。ソフィアはいつもオープンで率直なので」
- 「心の優しい人だからソフィアを信頼しています」

ソフィアがオフィス内の政治力学にもう少し用心していれば、とソフィアの同僚たちはみな同様の印象を持っていた。外国訛りがあり女性でもあるソフィアは、白人男性優位の旧態依然とした重役室できっと困難に直面するだろうと、多くの人が気づいていた。実際、この役員連中は間もなく白人女性を採用し、「新設」された持続可能性《サステナビリティ》部門のグローバル責任者に据え、会社全体の社会正義、環境、倫理問題の統括に当たらせた。この女性がソフィアの新しい上司になったのである。ソフィアはショックを受け、案の定、激怒した。もっと「重厚」に見えるようになったら昇進させると約束して1年以上が経ち、ソフィアはそのとおりになっていたのに、重役たちはそれに気づかないばかりか、他の人を迎え入れたのだ。

結局のところ、上層部を苛立たせたのはソフィアの外国訛りやコミュニケーションスタイルではなく、ソフィアの核となる強みだったのではないかと私は思っている。ソフィアは情熱をむき出しにし、自分の弱さを見せながらも、仕事や会社、環境、社会正義をとにかく大切にする強い思いをあけすけに表明していた。弱さを見せられる勇気は貴重な資質に違いないが、課題にもなり得る。なぜなら、心を開いて誠実になっている状態は、心の奥底に抱いている信念をさらけ出しているに等しいからだ。ソフィアのコーチングをしていて明らかになったのは、どれほどそつなく振る舞ったとしても、ソフィアの信条と経営陣の信条とは根本的に断絶しているという事実だった。ソフィアの言うとおり、「コミュニケーションスタイルは変えられても価値観は変えられない」。これこそが真のリーダーの証だと私は考えている。

結局、ソフィアはその後、上司と自分の優先事項が一致する別の世界的メーカーでさらに大きな役割を得るに至る。私は約1年後、〈フォーチュン100〉に名を連ねる企業の上級幹部が集まる会合で、ソフィアが倫理的《エシカル》な調達の実践や環境の持続可能性について語る基調講演を聞く機会に恵まれた。ソフィアの外見とスタイルには仰天させられた。重厚感があふれていたのである。ソフィアは目覚ましい成長ぶりを見せていた。ほんの短期間で失望と痛手から立ち直り、効率的かつインパクトのある方法で自分の人となりを明確に表現できるようになっていた。価値観が変わっていないばかりかそれを開示しているソフィアは、私からすると、実業界で最も大きな可能性を秘めた存在そのものだ。まさに、弱さをさらけ出す勇気を実践した結果だ。[*3]

屈辱に耐える

フィラデルフィア郊外の病院に勤務する〝軍曹《サージ》〟（軍人だった前職に由来するニックネーム）は、頭がよく好感の持てる男で、かつてはプライマリケアの医局長を務めていた。ところが、患者やその家族から「傲慢で態度が無礼」だとの苦情を受けた上司が、軍曹《サージ》を臨床医の役割に降格させたのだ。病院のＣＥＯは、今からでもまだ十分に軍曹《サージ》は有能なリーダーになれると思っていたため、「丸くなってもらう」目的で私に声をかけた。コーチングの準備のためにＣＥＯと会ったとき、私は尋ねた。「このリーダーは何を変えればよかったのでしょうか？　どうすれば医局長に留《た》まれたのでしょうか？」軍曹《サージ》は仕事熱心で、倫理をわきまえ、患者のケアにも財務管理にも長け、仕事を効率的にこなしているという。だが、こう付け加えた。「リーダーには責任感が必要ですが、同時に、人にはもっと優しくなければいけません。軍曹《サージ》にはうぬぼれがあり、それが致命的な欠点になりかねないと私は思っているのです」

要するに、謙虚さである。組織を取り巻く今日の状況を考えると、謙虚さは弱さを見せる勇気と同様、力のなさの表れではなく、他者とつながり、信頼を築き、自分の価値観を表現する能力の延長線上にあるものだ。「自分《リ》の感情《ア》に素直《ル》」であろうとするリーダーはパラドックスに陥る。なぜなら、部下は上司の自信から得られる確信を大切にしている一方で、特に若手社員は同僚との連帯感や親近感まで求めているからだ。この曲芸をやってのけるには、謙虚さ、すなわち傲慢さや自己顕示欲といった盲点を自覚する姿勢がなければリーダーシップを発揮できないという事実を認識しなければならない。

先行き不透明な中で軍曹《サージ》へのコーチングは始まった。すでに降格の屈辱を味わっていた軍曹《サージ》は、コーチをつけるという発想をまったく喜んでいなかった。最初の面談の大半は、職場環境や同僚への文句と、苦情をぶつけられたときに自分を援護してくれない上司への愚痴に費やされた。「この環境がどれほどストレスの溜まる場所になり得るかを、本当に理解している人はひとりもいません。患者を20人も30人も立て続けに診察してみてください。怒った家族と激しくやり合ったことが何度かあったのは認めますが、私はいつもスタッフをかばい、適切に行動しようと努めていました。何度か冷静さを失ったのは事実です。だからと言って、リーダーとしての地位もない現場仕事に戻し、何事もなかったかのように振る舞えなんて、ひどくないですか？　いっそ他の仕事を探したほうがましなのでは、と思います」

ガス抜きをさせた後、今回の降格は、考えようによってはこれまでで最高の出来事になるかもしれないと私が言うと、軍曹《サージ》は驚いたようだった。「ややこじつけのように聞こえるかもしれませんが」と断ったうえで私は続けた。「大きな成功を収めている人たちの中には、失敗という試練を経験し、そこから立ち直るプロセスを経て失敗から学び、非凡なリーダーに変身した例が多いのです」

「謙虚になるために屈辱を味わう

私は自分が仕事上で似たような経験をしたときの話をした。初めて人事部長の任務に就いてからまだ半年しか経っていない頃の出来事だ。テーブルを挟んで向かいに座ったエグゼクティブコーチは、同僚たちから集めたフィードバックを私に見せた。肯定的なフィードバックもあったが、「情熱的すぎる」とか「狂信的になるのはやめろ」とか「偉そうな態度をとって人を遠ざけている」という意見もあった。私はすっかりやる気をなくしてその部屋を出た。立ち直るのに何週間もかかり、立ち直ったときは、コーチが私に残したある言葉が頭から離れなかった。「リーダーシップとは必ずしも主導権を握ることではない。有能なリーダーは従うべきときと導くべきときをわきまえている」。この教訓を得るために痛い思いをしなければならなかったが、それ以来、この言葉は私の仕事の支えとなっている。

私は軍曹《サージ》にこう言った。「ここには本物のチャンスがあるような気がします。また同僚と一緒に回診をするようになったのですから、いまだってまだリーダーになれますよ。いいチームメイトになり、あなたも含めて全員が能力を最大限に発揮できる環境作りができれば、再びリーダー候補に名前が挙がる可能性は大いにあります」

私は軍曹《サージ》に、弱さを認める勇気と謙虚さの力について調査するようにと命じた。調査を終えた軍曹《サージ》は、自分のスタイルを3つの点で根本的に変えると誓った。

■自分の伸び代を包み隠さずオープンにする。

自分の過ちを公然と認めるのは軍曹《サージ》にとって容易ではなかったが、避けては通れないと考えるようになった。同僚からの信頼を回復するためには、自分がどこで過ちを犯したのかを率直に認める必要があった。重要なのは、嘘偽りなく伝える姿勢だった。感情を傷つけるような行為があったときは反省の意を表明し、苦情に対しては悔い改め、リーダーとしても人間としても成長しようとどれほど真剣に取り組んでいるかを伝えるようにした。自分自身の伸び代、すなわち至らない部分を同僚に話すのは屈辱だったに違いないが、思いがけない効果があったと後から聞いた。それまで警戒して近づいてこなかった同僚たちがオフィスを訪れ、軍曹《サージ》の正直さと誠実さを賞賛するようになったのだそうだ。

■個人的なつながりを築く。

チームメンバーや家族や患者たちと過ごす時間を増やすうちに、軍曹《サージ》はオープンエンドクエスチョンを投げかけて不満を吐き出させる術《すべ》を身につけた。救急外来は忙しすぎてストレスが溜まりやすいという事実は依然としてあり、雑談する時間は限られがちだったが、ひたすら人の話を聞いて貴重な数分間を過ごすのも大切なのだと思うようになった。そうやって心を開いて同僚たちと話をしていると、他の人たちのやる気を引き出す一番の方法や、救急外来の改善できそうなポイント、他の人たちの生活を向上させるためにできそうなことについて有益なヒントが得られ、必ずしも何らかのリーダー職に就いている必要はないと思えてきた。

■よきフォロワーになる。

よりよいリーダーになるためには、いつ、どのように従うべきかを知る必要があるという話をしていたとき、軍曹《サージ》は最初、戸惑っていた。そこで軍曹《サージ》は、「リーダーは、まず相手に奉仕してから相手を導くものだ」という「サーバントリーダーシップ」を体現しているると評判の高名な上級医を何人か探し出した。優秀なリーダーたちは、自分の役割は「上司」というよりコーチやメンターだと考え、序列の上下を逆さまにしたようなやり方で仕事をし、他の人たちの能力を最大限に引き出そうと尽力していた。軍曹《サージ》はそうしたリーダーたちの仕事の仕方を身をもって学んだ。

数年後、同じ病院で偶然軍曹《サージ》に会った。駆け寄って来た軍曹《サージ》は、再び昇格しただけでなく、今度は管理職の候補にもなっているのだと教えてくれた。軍曹《サージ》が大きく成長したのは明らかだった。だが、私が何より注目したのは、軍曹《サージ》がこのチャンスについて語ったときの口ぶりだった。「今より大きな役割を担えるかもしれないと思うと興奮します。でも、管理職に就けるかどうかはあまり重要ではありません。いずれにしても、私がリーダーである事実に変わりはありませんから。下から、後ろから、横からと、あなたが教えてくれたあらゆる方法を駆使してリーダーシップを発揮しているんですよ。権限が正式なものになるのは素晴らしいですが、自分の影響力が大きくなるに違いないと思うからに過ぎません」。軍曹《サージ》の最後の言葉は私の耳に心地よく響いた。「ジェフ、やっぱりあなたは正しかった。本当に最高の出来事になりました。謙虚になるために屈辱を味わう必要があったのだと思います[*4]」

「度が過ぎるのは考えもの」

逆の例がソフトウェアエンジニアのシンシアだった。シンシアがコーチングを受けるよう勧められた理由は、弱さを見せすぎるからでも情熱的すぎるからでもなく、「謙虚すぎる」からだった。当初私は、年長者を敬い自己顕示欲を疎んじる韓国で生まれ育ったから、自国の文化に沿ったリーダーシップスタイルを採り入れているのだろうと思った。だが、事はそんなに単純ではなかった。シンシアはアメリカの大学に通い、私たちが会ったときにはすでに5年以上この地で働いていた。

シンシアはエンジニアリングスキルが認められて監督職に昇進し、専門家として、またチームプレーヤーとして同僚から尊敬され、グローバルな研修プログラムのリーダーを任されるまでになっていた。シンシアの職務は出張が多く、複数の地域にまたがるチームを管理する必要があった。部下や同僚が世界各地にいたからだ。シンシアは自分のルーツには頓着せず、リーダーとみなしてもらえるよう全力で職務に当たっていた。

部下のマネジメントの大半が電話会議で行われていた。それを見ていたシンシアの上司が、そんな遠慮がちなやり方では信頼性が損なわれかねないと気づいたのだ。シンシアは、自身の専門知識に敬意が払われるようにするために、また同僚が自分の指示に従うようにするために、コミュニケーションの幅を広げる必要があった。また、もっと目立つとともに業績を知ってもらおうとする自発性も求められた。自己アピールをする必要はないものの、自信を漂わせ、物怖じせずに自分の意見を主張できるようになれば、ますます支持が得られるに違いないと気づいたシンシアは、コーチングを受けたいと考えるようになった。

「ベータ型リーダー」が存在感を示す方法

シンシアはまず、どうやって研修を始めているかを振り返った。すると、教室ではいつも前面に出て自分から先に話をしていたのに、電話越しになると尻込みしがちになっていることに気がついた。異なると思われた点は、教室では生徒の顔が見えるところだった。生徒たちの笑顔や熱心なボディランゲージが目に入ると緊張が和らぎ、不安があったとしても克服できた。その重要な要素が電話会議には欠けていたのである。そこでシンシアは、キックオフイベントのときに撮影したチームの大きな写真をパソコンの向こうに貼りつけた。単純すぎると思われるかもしれないが、これが功を奏した。チームメイトの笑顔が向けられていると、シンシアはより積極的かつ安心して研修を進められるようになり、ただ発言するだけでなく、先に話をするようになった。

次にシンシアが取り組んだのは、自分の成功をもっと気楽に認められるようにするための対策だった。「自慢はしたくありません」とシンシアはよく言った。「部下は称賛されて当然ですが、自分で自分を褒めるなんて見苦しいと思いませんか?」称賛されるべき事柄から自分を除外するのを立派な行いだと感じていたのかもしれないが、それが他者からの評価を下げる結果となっていた。

私は優しくシンシアの背中を押した。「スーパースター揃いの我がチームが独力ですべてをこなしましたと、自分を除外してチームメンバーの業績をアピールしたら、経営幹部があなたの役割を不要だと結論づける可能性がないとは言えませんよね」この言葉はこたえたようで、それはあり得ないとシンシアは認めた。解決策として、使う言葉をほんの少しだけ変えてもらった。チームの努力はこれまでどおり評価してかまわないが、「期限に間に合わせるために私たち全員で力を合わせました」といった具合に、成果を称える言葉には、全員を表す何よりも大切な「私たち」を含んだひと言を必ず追加するようにした。

謙虚な姿勢と目立つ行動は両立できる

さらに私たちは、シンシアの業績をどうやって主要なステークホルダーにアピールするかという問題に取り組んだ。シンシアがどれだけ貢献しているのか、とりわけ上層部に認識してもらう必要があったからだ。時にシンシアはこのような考え方をひどく嫌がりはしたが、上層部の認識いかんで自分のキャリアが変わり得る事実を理解していた。シンシアはまた、他のチームメンバーたちのロールモデルになろうと決意していたため、私はこんな方法を提案した。「自分の昇進のために業績をアピールするのが嫌なら、部下の目標を念頭に置いてみてはどうでしょう？　いつかあなたと同じような仕事に就きたいと思っている人がいるはずですから、その人が昇進できるように準備をしてあげる必要があります。ひいてはそれが、あなた自身のためにもなるでしょう」。シンシアは納得した。

そうなると今度は、シンシアが自分の成功をアピールするかどうかではなく、どのようにアピールするかが問題になった。ここでもまた、ちょっとしたセルフコーチングがすべてを変えた。私はシンシアに、気持ちよく自分をアピールできたのはいつで、どのような方法だったかを振り返ってもらった。シンシアは学生時代も専門職の仕事に就いてからもずっと、しかるべき時にシンシア曰く「自分の評価を周囲に触れ回ってくれる」メンターを意識して見つけてきたと語った。ここでもまた、行動をわずかに変えるだけでよかった。シンシアは、「ステークホルダーマップ」とでも呼ぶべきもの、すなわち同じ分野でシンシアが尊敬する人物のうち、関係が良好で、タイミングよく自分を高く評価してくれそうな人が一目でわかるように体系化した図を作った。シンシアはその人たちに自分の業績を随時知らせるだけでよく、公然とアピールしたり自慢したりする必要はなかった。

最終的には、シンシアのようなベータ型のリーダーでも、存在感を示すうえで欠かせない3つの側面「発言する」「先に話す」「目立つ」に対する抵抗感を減らせた。生まれつき遠慮がちな性格の人にとっては、自分の行動モードにアルファの要素を少し取り入れるだけでも難しいかもしれない。だからぜひ、これを教訓にしてほしい。弱さを見せないようにしたり謙虚でなくなったりする必要はない。むしろ同じ価値観をずっと持ち続け、自分の価値観に合った環境で働くべきなのだ。そして、覚えておいてほしい。謙虚さとは、目立たない存在になることでもなければ、自分の業績を軽視することでもない。リーダーシップを発揮する方法は二者択一ではない。謙遜する態度と目立つ行動は両立できるし、謙虚な姿勢と大きな成果も両立可能だ。何より重要なのは、弱さを見せる姿勢と強さが両立するという事実だ。

速習トレーニング

アルファからベータに切り替えるためのテクニック

1. **心を開く。** 自分の価値観や情熱や夢について、機会を見つけては、部下や同僚や上司も含めた自分のチームにどんどん伝えよう。こういったことを明かしてもプライバシーを守ることはできる。価値観を打ち明けるからといって、私生活についてまで語る必要はない。大切なのは心から伝える姿勢なのだ。

2. **伸び代について話す。** 誰にでも成長の余地はある。成長や向上を目指して何に取り組んでいるのか同僚に知らせよう。「しなやかマインドセット」のロールモデルとして、絶対に変えようと思っているものを、勇気をもって宣言するのである。サポートを求め、今の自分があるのは先生やコーチやメンターのおかげだと、公然と認めよう。

3. **欠点を自覚する。** 欠点だと思っているものをリストアップし、それぞれの「弱点」を才能と捉える方法がないか考えてみよう。その「弱点」が役に立った経験がなかったか、思い返してみると、驚くような発見があるはずだ。この演習をしているうちに脳の配線が変わり、無視したいとかなくなってほしいなどと思っている自分の側面を、少しは気軽に受け入れられるようになるだろう。

4. 失敗に感謝する。 失敗を誇りに思おう。成長の過程で犯した失敗を、喜んで認めるのである。日記に「最悪の経験」や失望した瞬間をリストアップし、「この、いわゆる失敗から私は何を学んだのだろうか？　この失敗は私の成長にどう役立ったのだろうか？」と自問しよう。

速習トレーニング

ベータからアルファに切り替えるためのテクニック

1. 先に話す。 ただ発言するだけでなく、必要に応じて先に話す姿勢を忘れないようにするために、信頼できる仲間か同僚を見つけてコーチになってもらおう。よく目につく場所に試金石《タッチストーン》を置いておくと（プリントアウトしてデスクの上に掲げるか、スマートフォンの壁紙やパソコンのスクリーンセーバーにする）、思わず尻込みしてしまうような場面でも、それが目に入ったとたんに、積極的に関与しなければと思えるようになるはずだ。

2．才能を（誇示するのではなく）アピールする。履歴書やソーシャルメディアを定期的に更新し、LinkedInなどのプラットフォームで強みや実績をアピールしよう。尊敬している同僚のプロフィールを見て真似をするとよい。知り合いに連絡を取り、自分の評価を周囲に触れ回ってくれそうな人を紹介してもらうという手もある。

3．「私たち」を使う。他の人たちを称賛する機会があったら、必ず自分をその中に含めよう。目につきやすい場所に「私、私たち、あなた、あなたたち」と書き、自分が包摂的《インクルーシブ》な言葉を使っているかを誰かにチェックしてもらおう。

4．チャンスを捉える。他の人の教育やメンタリングを担当できる機会を探そう。そのような場面でなら、気楽に権力者の立場に立てるのではないだろうか。

「誰でもリーダーになれる」

2016年の春、ある依頼を受けた私は、親友であり同僚でもあるレスリーとともに、障害者のためのリーダーシップ開発プログラムの企画と進行を務めた。この種のものとして米国初となったこのプログラムは、Americans with Disabilities Act（障害のあるアメリカ人法）施行25周年を記念してシカゴ市が始めたものだ。厳しい選考過程を経て選ばれた20人の参加者は、各自が選んだ職業でリーダーシップを発揮しているか、それを目指している人たちだった。障害の種類はさまざまだったが、彼らには重要な共通点が1つあった。自分の障害がリーダーへの道を阻むと考えている人はひとりもいなかったのである。私が抱いていたかもしれない先入観は、一人ひとりが堂々と姿を現す様子を目の当たりにした瞬間に拭い去られた。彼らは単に障害を克服しているだけでなく、成功への足がかりにしていたのだった。

リーダーシップスタイル、感情的知性、フィードバックの授受、協力など、読者のみなさんにもすでにお馴染みのテーマを探求していく中で、これまで私がずっと信じてきた「真のリーダーシップが内面から生まれ出る様」を繰り返し目の当たりにした。どの参加者も、素晴らしいの一言に尽きた。人前に姿を現し、弱さを見せ、助けを求め、新しいスキルを実践するなど、何事にも全力で取り組み、自信とユーモアを忘れない。耳が聞こえないのに「人の話をよく聞け」と言われたり、車いすを使っているのに「歩けると言うなら歩いてみろ（訳注：「口先だけでなく有言実行せよ」の意）」と言われたり、目が見えないのに「盲点」に目を向けろと言われたりする状況を想像してみてほしい。レスリーと私は、私たちの言葉がいかに偏ったものになり得るか、そして「障害者」に対する私たちの認識がいかに間違っているかを、深く、身の引き締まる思いで認識した。

シカゴ市ではこのプログラム以来何年も、障害を持つ人々を対象にしたリーダーシップトレーニングへの取り組みを続けている。同様のプログラムがニューヨークやロサンゼルスなどでも開催され始めている。私は長年、「弱さを認める勇気と、謙虚さと、成長への意欲が少しあれば、誰でも自然とリーダーになれる」と説き続けてきた。それが、私自身の経験によって裏付けられたのである。

第 3 部

身体面から見るリーダーシップ

第8章

体もあなたの大切な一部

マークを覚えているだろうか？　柔軟性を行動で示している手本として、「はじめに」で紹介した外科医である。マークとの付き合いが始まるまで私は、外科医に必要な精神力を鍛え規律を身につけた人物なのだから、間違いなく頭脳派の「思考型」だろうと思っていた。ところが、よくあるように、実際の仕事ぶりを見て予想は覆された。マークは常に動き回り、知力と体力を等しく使う仕事の中で感情も体で示し、聞き手のほうに身を乗り出したり、人々に近寄っていったり、抱擁《ハグ》したり、手を触れたりなどしていた。マークは自ら行動し、周囲に影響を与え、自在に姿を変えられる人で、まさに身体派のリーダーと言えた。

普段がどれほど頭脳派であろうと情緒派であろうと、話し方、考え方、行動の仕方、身体的表情にリーダーとしてのあなたは表れる。程度の差はあっても、私たちはみな身体的な生き物だ。私たちが考え、感じ、行動する事柄はすべて、私たちの生命が宿っている肉体の中から生まれてくる。私たちは、ほぼ首から上だけを対象にしたリーダーシップトレーニングにかまけすぎていた。感覚器官で捉えた世の中を正確に読み取って反応できる能力には計り知れない価値があるのに、私たちはそれを見落としている。[*1]

「自分の身体的特性を見極める

身体的知性は、いわば直感の究極の提供者だ。私たちは公には直感を否定し、膨大なデータで自分の主張を補強しようとするが、危機的状況に陥ると必ず直感に立ち戻る。この後、協力と主体的関与のメカニズムを掘り下げていく中で、仏教の僧侶であり禅の海外不況に尽力した弟子丸泰仙《でしまるたいせん》が言うところの「全身で考える[*2]」方法を、しっかりと見つけてほしい。

自分が普段どんな仕草や態度をしているか、立ち止まって振り返ってみよう。腕組みをして同僚に近づいたり、床や天井を見つめたり、視線を合わせないようにしたりと、不安定な姿勢で過ごしている時間の多さに気づいて驚くのではないだろうか。影響は微々たるものだ。とはいえ、そのときどきに体に現れる態度は、立場や人格を示唆する最も強力な指標のひとつであり、他者が真っ先に「読み取る」ものでもある。私のリーダーシップワークショップでは、体への意識について参加者同士で話し合うときに、次の４つの身体特性について考え、モデルとして実践してもらうようにしている。
あなたは4つの領域それぞれのどこに該当するだろうか。次のリストを見て、1（「そうではない」。伸ばす余地がある領域）から5（「そうである」。普段からできていて強みと言える領域）のうち該当する数字にチェックを入れよう。

心を開いている　1□　2□　3□　4□　5□

安定している　1□　2□　3□　4□　5□

落ち着いている　1□　2□　3□　4□　5□

柔軟性がある　1□　2□　3□　4□　5□

本書に掲載している他の評価シートと同様、これにも正解や不正解はない。これは、自分自身について考え、セルフコーチングをし、いつものパターンから抜け出すために使う資料だ。この章を読み進めながら随時このリストに立ち返り、自分に問いかけてほしい。「私は心を開いた状態を体でどう示しているだろうか？　私はどんな場面で心を閉ざしているだろうか？」「心と体が安定している状態とはどんな感じで、どんな風に見えるのだろうか？　私を不安にさせるものは何だろうか？」「周囲が慌ただしくしていても、自分自身を落ち着かせ、その状態を維持するにはどうすればいいだろうか？」「リーダーとしてだけでなく、体で〝はっきりと〟柔軟性を示すとはどういう意味だろうか？」

リーダーシップは頭脳だけ使えば発揮できるものでもなければ、感情だけで発揮できるものでもない。それを証明する4つの主な研究分野「言語としての体」「直感の科学」「リーダーシップ道場」「環境」についてそれぞれ詳しく見ていこう。

言語としての体

体は最大の支えにもなり得るし、脅威にもなり得る。複数の研究によれば、自分の体勢に注意を払い、じっくりとグラウンディング（訳注：身体的にも精神的にも「地に足をつけ」、自分の軸を正す行為）をして体を整えると、特にストレスや不安のあるとき（たとえば重要なプレゼンテーションの前など）に自信や有能感が復活し、文字どおり、そして比喩的にも、成功に向けた姿勢をつくれることがわかっている。

あなたは自分の体がどのように語りかけているかを意識しているだろうか。身体派のリーダーシップとはどういうものかを理解するには、まず自分自身の体に意識を向け、体の表情がメッセージの伝わり方を左右するという事実を知っておく必要がある。感情的知性の場合と同じで、体が動いた瞬間に発せられるさまざまなシグナルが直接的、間接的に周囲にどのように伝わるのかが、非言語コミュニケーションでも重要な要素となる。どんな状態であれ、感情の状態は即座に伝わるため、言っている内容とその伝え方にずれがあるとすぐにわかってしまう。体は言葉よりはるかに雄弁で、伝わるスピードもはるかに速い。身体派のリーダーシップを効果的に発揮するには、生まれつきの傾向（体をよく動かすタイプなのか、頭脳や感情により頼るタイプなのか）に関係なく、言葉以外から伝わる情報と言葉がどれくらい一致しているのか、いないのかを自覚できなければならない。

言葉と態度が一致しないリーダー

ジョシュアは一見したところ、緊張性のチックがあるようだった。コーチングを受けるのは今回が初めてだったから、怖気づいていたのかもしれない。高い志を持ち、行動力があり、揺るぎない知性を備えたジョシュアは、32歳の若さで企業のマーケティング職から一躍、起業家となってハイテクビジネスを立ち上げた。eコマース分野のスマートフォン向けアプリの開発を手がけるこの会社は、何人かの創業メンバーと数名の契約社員だけだったところから瞬く間に成長を遂げ、200人を超えるチームを抱えるまでになっていた。ジョシュアは、CFO（最高財務責任者）や新任の営業責任者、さらには拡大し続けるチームのメンバーのために是非ともコーチを雇おうと考え、前向きなメッセージになるとの思いから、自分もコーチングを受けることにしたのだった。

私が初めてこの組織を訪れたのは、経営陣と従業員とが対話するタウンホールミーティングのときだった。ジョシュアは会社の目標や成長のペースについて表情豊かに説明し、やる気のある有能な人材が揃ったチームをつくりたいという思いを情熱的に語った。ジョシュアはエグゼクティブプレゼンテーションの基本を押さえていて、堅苦しすぎず、適切なタイミングでジェスチャーを交える魅力的な話しぶりに加え、全身をオーディエンスに集中させているところが何よりの注目ポイントだった。この会社は明らかにジョシュアの夢が現実化したものであり、チームの成功願望をかき立てるジョシュアのコミュニケーション力の賜物でもあった。私は感銘を受けて会場を後にした。

ところがその日、ミーティング後に初めて1対1の面談をすると、テーブルを挟んだ目の前にいるジョシュアは、先ほど同僚たちを興奮の渦に巻き込んでいたのと同じ人物とは信じられなかった。堅苦しくそっけない話し方で、注意力が散漫なうえに、手で何かをいじったり、体を揺らしたり、貧乏揺すりをしたりと、ここではないどこかに行きたいという紛れもないシグナルをボディランゲージで発していたのだ。首から下にはまったく落ち着きがなかった。それでも、かなり自信に満ちた話し方をしていたため、緊張のせいだろうと考え、あまり気にはしなかった。

ところが困ったことに、3回目のセッションが終わった後もまだ、ジョシュアが苦痛に感じている様子が手に取るようにわかり、こちらの気が散って仕方がなかった。話し方以外のあらゆるものに苦痛が表れていたのだ。仕草や態度は他者の受ける印象を左右する重要な要素だが、仕草や態度と発言内容が一致している限り、その現れ方には正解も不正解もない。ジョシュアの場合、一致していないのは明らかだった。ジョシュアの話し方は明瞭で、威厳があり、簡潔で、抑揚や口調は典型的なアルファ型だった。ところが、体は別の物語を伝えていた。

癖に表れる不安

私は深呼吸をしてから、身を乗り出してテーブルの上に穏やかに両手のひらをつき、できるだけ批判的にならないように注意しながら尋ねた。「テーブルの下で貧乏揺すりをしているのに気づいていますか？　それに、携帯電話やペンなど、手近にある何かをいつもいじっていますよね？」

ジョシュアはぎょっとしたようだった。「ええ」と、顔を赤らめながら答えると、「エネルギーが有り余っているだけです。何を片づけなければいけないのか絶えず考えているので、1対1の面談で集中するのは難しいようです」と弁解した。

私はジョシュアに向かって言った。「やること《TODO》リストはあなたの頭の奥にあるのかもしれませんが、外に丸見えですよ。指先や脚やつま先にははっきりと現れています。今日この話を持ち出したのは、私がイライラさせられているのに気がついたからです」

「本当ですか？」ジョシュアは言った。「僕が苛立っているとあなたが嫌な気分になるかもしれないとは思いもしませんでした」

私はジョシュアに、話し方の癖と態度の癖を一致させるのが重要だと伝えた。私をイライラさせないためだけでなく、リーダーとして成功するために必要だからだ。話し方と態度が一致していなかったら、チームメンバーはジョシュアが何を考えているのかよくわからないと感じ、信頼できないとさえ思うかもしれない。次のセッションでは少し落ち着きが出てきたが、まだ何かをいじる癖は抜けていなかった。ジョシュアは態度に関してたくさんの質問を浴びせてきた。ジョシュアのこうした神経性の癖を直す方法を、私たちはさっそく探り始めた。

新しい習慣を身につけるコツは、変わりたいと心から願うことだ。ジョシュアは、私から言われただけでは行動を変えようとはしなかっただろう（少なくとも永久には）。今までとは違う姿を見せたいと欲する気持ちがまず必要で、それができたら、進歩を確認でき、それによってさらにやる気が出て、目標達成を祝うことができる訓練を考案する。手始めに、不安の原因を調べた。ジョシュアは、グループの前で見せる自信に満ちた態度とは裏腹に、組織の将来が心配なのだと打ち明けた。ときどき、自分の手には負えないと感じ、従業員に対する責任に押しつぶされそうになるという。私はジョシュアに、これまでにコーチングをした起業家はみな失敗する悪夢にうなされていたと教え、失敗の不安は起業家につきものなのだから恥じる必要も隠す必要もない、と励ました。

言葉と態度を一致させる新しい習慣

私たちは、もっと気楽にチームに弱さを見せたり率直に気持ちを伝えたりできる方法を探った（ジョシュアは当初、こんなひどいアイデアはないと思っていた）。私は思ったとおりのことをジョシュアに告げた。「全社員の前にいるときはそうでなくても、少人数や1対1のときにはあなたの不安が手に取るようにわかるのですから、不安だと正直に認めてはどうですか？　チームのみんなはあなたをもっと尊敬するようになるはずです。尊敬しなくなることはないでしょう」

本心を明かすというこの発想は簡単には受け入れてもらえなかったが、ジョシュアは小さな一歩を踏み出すことに同意し、最初は信頼できる同僚数人に気持ちを打ち明けた。当然ながら、同僚たちはジョシュアが不安を抱えているのをすでに知っていたため、ジョシュアの告白を広い心で受け止めた。同僚たちは私と同じように、ジョシュアのシグナルに直感で気づけたのだ。また、後から聞いた話では、「より人間らしく」なり始めているのを見て安心し、感銘を受けもしたようだ。弱さを見せる勇気のメリットは、私たち全員が人間性のより深いところで通じ合える点だ。ジョシュアの場合もそうなった。

次の取り組みは、もっと実際的なものだった。ジョシュアは体を揺すったりせずに座っていられるようにする必要があったのだ。とはいえ、体がピクピクするのはほとんど無意識下での現象だ。このような癖を直すにはどうすればいいのだろうか。私は、禁煙がヒントになるのではないかと考えた。喫煙習慣など、ストレスから一時的に解放してくれる行為が体に染みついてしまった場合、それを断ち切るには代わりになる習慣を採り入れる必要がある。ジョシュアもこれにならい、いくらか安心させてくれると同時にあまり集中を妨げない習慣を採り入れてはどうかと私は提案した。まず、会議中は携帯電話を手の届かないところに置くことにし、同僚にも同じようにしてもらった。当人にも他の人にも簡単ではなかったが、集中力と注意力を高めることを目標にしていたため、ジョシュアはこの挑戦に応じた。

次にやったのは試金石《タッチストーン》探しだった。チックが起きそうだと感じたときにエネルギーを逃がすための物体を探すのである（輪ゴムやペンではかえって体の動きを止められなくなるため、推奨できない）。見つかったのは、風化した青いシーグラス（波にもまれたガラス片）でカットされたこぶし大の美しい石だった。その石を握っているとジョシュアは落ち着いていられた。また、石について尋ねられたときには、砂浜で見つけた経緯を語って聞かせた。これは誰もが気に入り、ほっとできる話だったため、ちょっとした気分転換にもなった。最後は、貧乏揺すり対策だ。グラマースクールに通っていたころに始まったこの癖をどう断ち切るか？　これについては、もっと歩き回るようにしてはどうかと提案した。この方法なら、一緒にいる人たちの気をそらさずにエネルギーを発散できそうだ。立ち上がったり、窓に寄りかかったり、同僚と歩いたりしながら話をしてはいけない理由はない。

好むと好まざるとにかかわらず、ジョシュアの体がジョシュアの心を代弁していた。この単純な事実を自覚できさえすれば、ジョシュアは成功したも同然だった。ジョシュアの課題は（誰にでも当てはまるものだが）、話す言葉や口調や速さを、仕草や態度と一致させることだった。新たな自己認識と頼れる習慣を得たジョシュアは、やがて試金石《タッチストーン》を握っていてもいなくても、落ち着いて座ったまま、そのときどきにどうあるべきかを意識的に判断できるようになった。*3

「沈黙を強いられる女性」

大手バイオ製薬会社の研究担当上級副社長であるリンダに初めて会ったとき、アルファよりむしろベータに近いリーダーシップスタイルの人という印象を受けた。合意形成を重視し、好奇心旺盛で、でしゃばらないタイプのように見えたからなのだが、それとは裏腹に、並外れた野心を持ち、高い目標を掲げ、自分に大きな期待を寄せている人でもあった。実務的で、感情さえ差し挟まず、いかにも理系人間らしくドライで、典型的な頭脳派のリーダーだった。ところが、アルファ寄りで権威主義的なスタイルの新しい上司との対立が絶えなかった。もはや出世街道を歩めなくなったように思えたリンダは、除け者になったような気がしていた。そして、私にこんな質問をした。「新しい上司は同僚の前で私をけなしますし、上層部との重要な会議には呼んでくれず、下級の事務仕事を私に押しつけます。賢くて仕事熱心というだけの理由で、私を脅威とみなしているようなのです。どうしたらいいでしょうか?」

それだけではなかった。リンダより経験の浅い男性の同僚が何人か昇進する予定になっていたのである。リンダは自信もやる気もなくしていた。最初の数カ月間は電話でコーチングセッションを行っていたため、職場の雰囲気が理想的でないのはリンダの口調からわかっていたが、リンダの仕草や態度がネガティブな人間関係をどれほど悪化させているのかに気がついたのは、実際に会った後だった。昼食を取りながら話すリンダの口調には聞き覚えがあったが、電話でのセッションとは何かが違っていた。デザートが運ばれてきたとき、その違いが判明した。リンダはしょっちゅう視線を床に落としたり、眉間に皺を寄せたり、顔をしかめたり、腕を組んだり、背中を丸めたりするのだ。どの仕草もリンダの話し方にそぐわず、奇異な印象を受けた。

強気な言葉で隠そうとどんなに頑張っても、リンダの感情はあらわになっていた。私はリンダにこんな提案をしてみた。背筋を伸ばし、頭を高く上げ、腕組みをほどき、胸を張り、前を向き、まっすぐに相手の目を見る努力をしよう。また、もっと自信に満ちた印象を与えたいと思うなら、深呼吸をし、定期的に顎や肩や腕を揺すって緊張をほぐすといい。偉そうな上司と話をしなければならないときは特に、そうするのが効果的だ、とも伝えた。

セッションを重ねるうちに、リンダは体の不調を訴え始めた。ここしばらく(少なくとも偉ぶった厳しい上司が登場して以降)、不眠や気分の落ち込み、偏頭痛など多数の症状に悩まされているという。リンダもやがて認識するようになるが、体を無視してはいけない。私たちは、リンダが強い気持ちを持って生きていた時期を探った。10代の頃、リンダは馬術競技の選手だった。現在はリンダの10代の娘が馬場馬術競技《ドレサージュ》のチャンピオン騎手で、リンダには若き日の自信に満ちた自分の生まれ変わりのようにも見えた。リンダは馬と騎手が呼吸を合わせて体を躍動させる様子を手本にして、失いかけていた能力を発揮しようと試みた。

リンダのエピソードは、最新の研究で明らかになった一種の心的外傷後ストレス症候群《PTSD》の一例だ。この症候群はリーダーシップの世界全体で発生している。これまでもっぱら白人男性の社交クラブだった組織の上級職に、女性や非白人が続々と進出しているからだ。家父長制的な私たちの文化では、リーダーを目指す女性が締め出される事例がいまだに多発し、沈黙を強いられ精神的ショックを受けたと感じている女性が大勢いる。エグゼクティブコーチで組織コンサルタントのキャリー・アーノルドは、コーチング研究所が出資した調査プロジェクトでそうした女性50人以上にインタビューを行った。そして、軽視されたり、見下されたり、あるいは無視されただけであったりしても、リンダの場合のように感情面、さらには身体面に悪影響が及ぶ可能性があると結論づけた。アーノルドが調査した多くの女性は、ひどい腰痛、うつ病、不眠症に悩まされていた他、線維筋痛症、過敏性腸症候群、慢性疲労症候群などの病気に苦しんでいる例も多かった。[*4]

さらに、キャリーの調査によれば、この心的外傷の加害者は必ずしも男性とは限らない。女性の声を軽んじる風潮は重役室の「ボーイズクラブ」が発祥かもしれないが、その遺産は今も生き続けている。私たちはリーダーやコーチとして、女性のクライアントの症状を注視する必要がある。迫害されて受けた心の傷は、痛みや病気や気分の落ち込みとして、あるいは燃え尽き症候群や、睡眠、甘い物、食事が関係する問題として、最初に体に現れるかもしれない。沈黙を強いられた経験から生じる苦しみに私たち全員が目を光らせ、クライアント、そして私たち自身が身体的力を取り戻せるようにするための対策を打つことが極めて重要だ。

直感とその狭間

チームづくりのつもりで始めたら、最後には新たな発見が待っていた。パートナーのパスカルと私が依頼されたのは、営業担当者とマーケティング担当者30人を対象にした半日のセッションだった。クライアントはヨーロッパの大手銀行の金融商品担当副社長で、このセッションはリスボンで行われる3日間のオフサイトミーティング期間中に実施される。狙いは、参加者をホテルの外に連れだし、互いについてだけでなくリスボンの街や文化や人々についても学んでもらうというものだ。ポルトガル語ができる人はひとりもいないと知ったうえで、その機会を提供する一種の体験学習を私たちが企画するのである。

私たちはスカベンジャーハント（訳注：ガラクタ集め）を考案し、参加者を街に送り出した。2時間で、地下鉄の乗車券や地元の新聞、箱詰めの地元食品、メニューなどを集めなければならない。指定されたアイテムを手に入れるためには、地元の人に接触し、職場の情報や物品を提供してもらえるよう説得する必要が出てくる。研修会場に戻った後は、集めたアイテムを使って、今回の冒険と新たな発見を象徴する彫刻作品をつくる段取りになっていた。

私たちとしては、参加者が活発に交流し、組織の壁を壊し、お互いのことをもっとよく知り、ほんの少し冒険してくれれば目標達成だった。だから、頭脳派の銀行家タイプの彼らが、地元の人たちと関わる革新的な方法をどうやって見つけるのか、言語と文化の違いをどうやって乗り越えるのか、未知の土地を歩き回る不安をどうやって払拭するのかについては、特に期待していなかった。だが、彼らはさまざまなアイテムを探し出し、それらを独創的な方法で組み合わせ、見知らぬ人々と意思疎通を図った顚末を語り合った。そこから生まれたのは見事な彫刻だけではない。外部に働きかけ、障壁を取り払い、そして何より直感に従うことで生まれる力について深い議論が交わされたのだ。

以来数年、私はこの企画のバージョンを多数つくり、さまざまなチームの手助けをしている。頭から抜け出して体に入るのに役立つ企画もあれば、世界に飛び出していくのに役立つ企画もあり、直感に従って大ジャンプをし、つながりを生み出し、世界の新しい見方やあり方を探求するのに役立つ企画もある。創造性と直感は体と密接に結びついているという見解で研究者たちは一致している。身体派のリーダーシップを発揮するには、直感を重視して日常に取り入れる主体的な姿勢が必要だ。どんなにデータや分析に価値を置いても、結局のところブレイクスルーが生まれるのは、データが教えてくれる以外の事象にも目を向け、心の中にしか存在しない壁を見破ったときだけなのだ。[*5]

リーダーシップ道場

私の大切な友人であるトム・ルーツは、合気道の黒帯の達人であると同時にリーダーシップのトレーナーでもある。私はトムのセミナーに参加するたびに、心と体のつながりについての洞察を深めている。トムの仕事は、他者の動きや逆をつく動きを読み取って効果的に反応する能力を強化することだ。これは、今日の不安定な世の中でリーダーに求められる行動と同種のものである。

合気道の基本理念は、日本の武道である柔術の延長として20世紀初頭に発展した。稽古では、相手の動きをかわし不意の攻撃に対応できる「武士」が身につけていたのと同じ体の構えと動きを覚える。トムが教える技のひとつにこんなものがある。道場の対角から敵対する2人がにらみ合いながら進み出る。中央で相対《あいたい》した2人は体を360度回転させ、反対側の角に向かって素早く移動する。目標は、相手に一切触れずに「相対《あいたい》」し、気をみなぎらせてにらみ合ったまま可能な限り近づき、相手が直前まで立っていた位置に正確に到着することである。簡単そうに聞こえるが、このように優雅に舞うためには両者がバランス感覚を持っていなければならない。さもなければ適切な間合いが取れず、衝突し、なすすべもなく転倒してしまうかもしれない。

トムの師でパートナーでもあるリチャード・ストロッツィ＝ヘックラーは、*The Art of Somatic Coaching*（ソマティックコーチングの技術）の著者で、リーダーシップの技術と技能に合気道の原理を応用するための研究所を設立した人物でもある。30年以上前、ストロッツィはアメリカ海兵隊からの要請を受け、海兵隊員に独自の訓練を施した。ストロッツィの見たところ、海兵隊員たちは集中力があって屈強であるにもかかわらず、困難を跳ね返す力や適応力が欠けているために、先が読めない現代の戦争力学にうまく対応できそうになかった。合気道を通じて頭と体と心が統合されれば、海兵隊員たちの備えを大幅に強化できるに違いないとストロッツィは考えた。また、どんな状況におけるリーダーシップに応用しても、効果が期待できそうだと思った。以来ストロッツィは、スタートアップの起業家から〈フォーチュン５００〉のＣＥＯまで、さまざまなリーダーを養成してきた。知的、感情的、身体的知性を統合する武道の伝統の有益性は、研究によっても証明されている。[*6]

合気道の基本動作を学んで有益だったのは、実生活を模倣した状況での体の動きを体験できた点だ。考えてみてほしい。混雑した歩道を歩いているとき、正面から人が来るたびに、自分がよけるのか、自分は動かず相手によけさせるのか、素早い判断が求められる。人と人とが接触するときには同様の力の駆け引きが絶えず行われている。合気道が再現するのは、有能なリーダーが行っているエネルギーの駆け引きだ。上下関係が希薄になっている現代の組織構造の中で、有能なリーダーは、他者を支配する「パワーオーバー」のエネルギーと、他者と同列に並ぶ「パワーウィズ」のエネルギーを交互に切り替える。最高のリーダーは、必要なときには権力を行使して指示を出すが、モード転換も速いため、聞く力と即応力を備えたリーダーに早変わりして、同僚や仲間が能力をすべて出し切ることができるよう激励する。アルファとベータの往き来ができるのである。

「企業道場」

「不満があるんです、ジェフ」とボブは語気を強めて言った。「大変な任務が課されているというのに、CEOは事業部の重役たちを私の直属の部下にしてくれません」。最高執行責任者として金融ソフトウェアメーカーに入社して1年も経たないうちに、3つの異なる部門の職務を統合するようCEOから要請されたボブは、計画を狂わされたような気がしていたし、つけ込まれたようにも感じていた。この任務に必要な「直接的な権限」をボブに与えるとCEOは示唆していたが、新参者のボブの耳にはその言葉が空虚に響いたのも確かだった。3人の事業本部長はみな、大きな裁量権を持って長年にわたりそれぞれの製品ラインを運営していたから、事業の成功の程度にばらつきはあっても、ボブが上司になるのを黙って受け入れるとは考えられなかった。CEOが何を言っても無駄だっただろう。

コーチングを始めた当初のボブは、組織図上の自分の位置づけにこだわり、失敗するように仕組まれていると感じているようだった。ボブも多くのリーダーと同じで、任務を完遂するためには事業本部長らを直属の部下にする必要があると思い込んでいた。だが、すでに説明したように、組織がフラット化するにつれ、そうした旧来型の権限はリーダーの権威や昇進にとって重要ではなくなってきている。

「直接的に支配するのではなく、あなたの言う〝感化する力〟を行使する必要があるのはわかりました」とボブは答え、「でも、どうすればいいんでしょうか？」と疑問を呈した。ボブのスタイルはベータ型で、合意を形成し、民主的かつ交渉によって物事を進めようとする傾向があった。そこで私たちは、アルファ寄りの同僚3人がボブの指揮下に置かれるのを拒否した場合、どのような方法で感化するのがベストなのかについて議論を始めた。当初、ボブはCEOに文句を言いに行きたがっていたが、その代わりに私たちはブレインストーミングを行い、この板挟み状態を、より創造的な方法でボブがリーダーシップを発揮するチャンスととらえ直す方法はないかと考えた。

熱心なスポーツ愛好家であるボブは、同僚の協力を得るための説得術として合気道の哲学が役に立つかもしれないと言う私の話に興味を示した。特に詳しく話し合ったのは、「構え」（スタンス）、「体捌き《たいさば》」（適応力）、「乱取り」（自由に技を掛け合う稽古）だった。1つ目の原則「構え」で大切なのは、身体面、思考面、感情面の落ち着きに細心の注意を払いながら同僚にアプローチするという点だ。ボブは自分が相手からどのように見えるのかを把握し、平静を保つ訓練をし、こちらの要求に相手が抵抗した場合でも受け身になったり苛立ちをあらわにしたりしないようにする必要があった。相手の言葉や行動を個人攻撃と取らず、「攻撃」にさらされてもバランスを保てさえすれば、うまく説得できると思われた。

今回説得する事業本部長のひとりは長年にわたって完全な裁量権を持って自部門を運営してきた女性で、意見が合わない人に対しては無礼とも言えるほど無愛想になる場合があった。アフリカ系アメリカ人であるボブは、典型的な「怒りっぽい黒人」と思われないように気を配っていたため、落ち着きを失わないためにはどうするのが一番いいかを2人で話し合った。また、自律性の喪失、権限の欠如、自分の将来への不安などの恐怖からこの女性が怒り出す可能性についても話し合った。ボブの目標は明確だった。スタンスを変えず、呼吸を整え、冷静さを保ち、反撃で応じるのではなく、合気道の正しい慣行に従って逆の行動を取り、ひたすら共感で応じた。ボブが怒りを優しさで受け止めると、彼女の攻撃は収まった。これが「構え」である。

2つ目のテーマである「体捌《たいさば》き」とは、同僚に対してこれまでとは異なるアプローチをとるという意味だ。つまり、自分の目的だけでなく、同僚が求めているものにも積極的に目を向け、同僚を敵対者ではなくパートナーと捉えるのである。具体的には、こちらの要求が抵抗に遭いそうだと感じたらいつでも差し出せるような「win-win」のシナリオをつくっておくのだ。たとえば、ボブの任務は事業部の統合とコスト削減であるため、重複している一部の職務に対する権限を放棄してもらう必要があった。この例のように、事業本部長たちが抵抗するのがわかっている場合は事前に説明を行い、みんなでコストを削減すれば会社に利益がもたらされるだけでなく、ボーナスの増額という形で各自にも利益が個人的に還元されるのだと伝えた。

最後は「乱取り」である。乱取り稽古をする合気道家は、複数の相手からの攻撃に落ち着いて対処しなければいけない。ここでの狙いは、計画を頓挫させようとする試みがどこからどんな形で仕掛けられても平静でいられるようにすることだった。上級幹部だけでなく、若手や、ボブの努力をくじこうとする政治的動機を持った他部署の人たちからの抵抗にも備えるのである。「乱取り」はラッシュ時のグランドセントラル駅（訳註：ニューヨーク市マンハッタン区にある鉄道ターミナル駅）を歩くのに似ている。人ごみの中をどうやって移動するのか？　自分がわきによけて他の人を通すのか？　礼儀正しくしてばかりで目的地にたどり着けるだろうか？　何としてでも（真のニューヨーカースタイルで）前進するために、疑いようのない「邪魔だ！」のシグナルを送るだろうか？

ボブが成功したのは、アプローチの仕方を熟考して同僚に接したためだ。あれこれ指示するときもあれば、相手の意見を受け入れたり妥協点を探ったり、できる限り双方が満足できる道を探ったのである。現在、私のクライアントの多くはマトリックス型組織で仕事をしている。そこでの力関係は単純明快とは行かず、権力や権限の変化が絶えない。世界の状況と同じで、組織内の人間関係もますます混沌としてきている。状況が絶えず変化する中でも安定感を失わず、柔軟であれと教えてくれる「乱取り」は、今日のリーダーシップを表すこれ以上ない喩えだ。ボブは3つの事業部で重複していた職務の統合に成功し、経費を何千ドルも削減しただけでなく、当初は敵視していた手強い事業本部長たちとのパートナーシップを新たなレベルに引き上げるのにも成功した。

「環境がチームのパフォーマンスに与える影響」

1月にハワイで行う幹部チームのオフサイトミーティングに、進行役として参加してもらえないかとティムから相談を受けたとき、私はこのチャンスに飛びついた。バカンスを楽しめるうえに報酬までもらえるのだろうか？　答えは「イエス」でもあり「ノー」でもあった。ボストンを拠点とする者にとって真冬のハワイが魅力的な保養地であるのは事実だが、侃々諤々《かんかんがくがく》のミーティングはときに早朝から日没以降まで延々と続き、私にとってもチームにとっても大変な仕事だった。もちろん、空き時間にはハイキングやゴルフや水泳を楽しめるので、メンバー同士が触れ合い、肩の力を抜いて互いを知り合うのにうってつけの場所でもあった。

マサチューセッツのオフィスタワーの30階で行うより、ポリネシアのビーチで行ったほうが、チームミーティングはうまくいきそうな感じがする。だが現実はそんなに甘くない。この上層部の医師たちが議論していた戦略計画は、場所がどこであっても策定するのは困難で、激しく意見が戦わされていたはずだ。彼らが決断しなければならなかったのは、今後数年にわたって組織に影響を与えるであろう方針や投資内容であり、少なくとも最初は、全員の意見が一致していたわけではなかったからだ。理事長であるティムは、進行役がいなければ自分がその役目を担わなければならず、同僚兼仲間として自ら議論に加わって発言するのは無理だとわかっていた。

ティムはまた、仕事そのものを邪魔する日々の雑事から離れられる環境に身を置くことの価値も理解していた。私は進行役を務められたし、部外者だから、強い感情を抱く参加者の激しいエネルギーを向けられてもなんとか耐えられた。それだけでなく、幹部たちも会議から解放されてハイキングに出かけたり、泳いだり、ゴルフをしたりと、全体的なつながりを持つことができた。オフサイトミーティングを成功に導いた真の要因は、ティムが仕事と遊びの両方の必要性を認識し、親睦を深める活動や運動をダイナミックに取り入れることの利点に気づいていたところにあった。

ロケーションが重要で、雰囲気も重要だ。私のクライアントの多くはこの事実を理解し始めている。最高幹部たちを熱帯の島に連れていく経済的余裕のないクライアントでさえそうだ。環境がチームの創造性やエネルギーやパフォーマンスに与える影響力を理解し始めているリーダーはますます増えている。研究でも一貫して指摘されているのが、景色や雰囲気、プライベートな空間と共同空間のバランス、自然とのつながり（あるいは断絶）に注意を払う姿勢の大切さだ。人間が潜在能力を最大限に発揮するためには、物理的な肉体の枠にとらわれず、生活や仕事や遊びの場である仮想空間や物理的空間の中で思考する必要がある。空間は私たちの存在の一部なのだ。*7

自然界は私たちの最大の師だ。セントラルパークに生えている樹齢百年の柳でも、オレゴンの小さな町はずれを流れる川でもそれは変わらない。外に出て自然と触れ合うと、私たちの創造的エネルギーのすべてが生まれ出る唯一の根源は地球そのものだ、という理屈抜きの真実を改めて思い出す。私の創造力を鍛えてくれているコーチで、*Writing on the Landscape*（自然と文章のバランスについて）の著者であるジェニファー・ウィルホイトは、執筆や創作活動に行き詰まりを感じたときは必ず森の中を歩き、身をかがめ、両手両膝で大地に触れるのだと教えてくれた。「美は美から生まれる」とジェニファーは言う。「自然はいつでも私たちのそばにあり、私たちの心を落ち着かせ、豊かな恵みの存在を思い出させてくれる。エネルギーを補給し、未知なる神秘に驚嘆する感性を再び目覚めさせるために必要なのは、立ち止まり、創造性を刺激する全エネルギーが生まれる究極の源〝母なる大地〟に目を向け、触れ、つながることなのだ[*8]」

歩行瞑想とは、ただ景色を楽しめばいいというものではない。たとえ、いい気分転換になるとしても、それだけではだめだ。足の裏で大地を感じ、目についた石に触れ、落ち葉を手に取る――何でもないこうした行為が落ち着きと安定をもたらす。そうやって、世界は美しいと認めるだけで、私たちのエネルギーは悩みや果てしないやること《ToDo》リストや創造のプロセスに伴うイライラから遠ざかり、私たちが生きている場所は耳と耳に挟まれた灰色の領域ではなく、それよりもはるかに雄大な地表なのだと思い出させてもらえる。

創造性の行き詰まりや対人関係の問題を感じたら、森や砂浜や野原や小川沿いを散歩するか、意識して朝日や夕日を眺めるようにしよう。「美は美から生まれる」の言葉どおり、心の火が再び燃え上がるはずだ。そこにあるものはあなたの中にもあり、いつでも、誰でも、手に入れられる。これからリーダーシップの実践編に移行し、いくつもの個性を1つにまとめて創造性に富んだパフォーマンスの高いチームをつくる作業を始めるにあたり、留意すべき点がある。最新の科学は、頭と心と本能とを分断する人工のサイロを壊すことの重要性を強調している。科学的なブレイクスルーであれ世界的な芸術であれ、この世に生まれる新しいアイデアはみな、神経伝達物質や生化学的分泌物や、筋肉、ニューロン、シナプスが複雑に絡み合った網の中からその旅を始める。理性的な能力がどんなに優れていても、私たちは肉体を超越できないし、肉体は地球を超越できない。頭からつま先まで、私たちの体は、自然と、つながりと、創造物そのものから生まれた、完璧にチューニングされた楽器なのである。

第9章

コラボレーション

権力者から協力者へ

この章と次の章では協力・共同作業《コラボレーション》と積極的関与《エンゲージメント》について見ていく。そこで、しばし考えていただきたい。世界レベルの共同作業は何から生まれるのだろうか？　協力の達人にはどんな人がいるだろうか？　その人はどんなことをしているだろうか？　こうした質問を投げかけたとき、クライアントはまず、「協力上手は聞き上手」と答える。大正解！　では、聞き上手な人はどのような聞き方をしているのだろうか？　安心して話ができる空間をつくり、相手の話にじっくりと耳を傾け、自分は理解されていると相手が確信できるようにし、さらに、言葉と仕草と身体的な配慮で敬意を示す、というやり方をしている。今や私たちは3次元の領域にいる。何が言いたいかというと、コラボレーションをうまく進めれば、頭・心・体が三位一体となったすばらしいリーダーシップが、まるで3層構造のおいしいケーキのように出来上がる。つまり、コラボレーションこそが、すべての人の長所を引き出すレシピだ、ということだ。

「上司とチームメンバーの評価が正反対のリーダー

初めて会ったときのポーラからは社交的で親しみやすい印象を受け、キラリと光る独創性にたちまち魅了された。ポーラと一緒に仕事をするのは大変だと感じる人がいるとは想像しにくかった。当初は、威圧的だったり偉ぶったりしているようには見えなかったし、ましてや厳しいとか意地悪だとかいった印象もなかった。それでも、なんとなく、この人は根っからの強いアルファドッグなのではなく、チームマネジメントにおける最高位の職に就いたために偉そうな態度を取るようになったのだろうとは感じた。ポーラは自分のリーダーシップスタイルを柔軟で協力的だと説明したが、自分自身とチームに対する期待値が高いとも言った。取引先のために「素晴らしいアイデアを考え出し、成功間違いなしの戦略を提示した」と、大言壮語とさえ言えそうな発言をしたりもしていた。だが、それもさほど的外れではなく、デジタルメディアのプロジェクトリーダーになってわずか4年で自ら実力を証明してみせていた。ポーラのプレゼンスキルや発想力、さまざまなアプローチを試そうとする前向きな姿勢は、上の人たちを感心させただけでなく、取引先を満足させ、継続的なビジネスへとつながった。ポーラの上司は、彼女のことを注目すべき才能の持ち主だと私に言った。

ところが、ポーラのチームは燃え尽きかかっていて、スタッフは混乱状態なのだと、同じ上司からこっそり告げられたのである。ポーラと一緒に仕事をするのを拒絶する若手社員すら何人かいた。周囲の人たちは、本人が思っているほどにはポーラを協力的だとは見ていないのかもしれない。この点についてポーラに考えさせるのは気詰まりだった。これまで述べてきたように、頑張りすぎる人《オーバーアチーバー》にとってとりわけ重要で、なおかつ難しいのがフィードバックだ。入社当初は会社のマトリックス型組織構造の複雑さに苦労するときがあったと、ポーラは認めた。プロジェクトで仕事をしてもらうメンバー、つまりグラフィックアーティスト、デザイナー、ソフトウェアエンジニア、分析スタッフをクリエイティブディレクターの立場でポーラが採用するが、どのスタッフにもたいてい直属の上司が他にいた。メンバーに対する直接的な権限がないため、全員に歩調を合わせて仕事をしてもらうのは困難だった。「部下を自分で採用して育成できさえすれば、今以上にビジネス案件を獲得できただろうに、と思います」とポーラは言った。

ポーラが称賛に値するのは確かだったが、チームダイナミクスに対する説明責任を一切引き受けようとしない姿勢を見れば、致命的な問題点があるのは明らかだった。これまでに見てきたミレニアル世代のクライアントの多くと同じで、ポーラも非常に誠意があった。コーチングを信頼し、フィードバック（特に肯定的なもの）を重視し、自分自身とチームがバランスよく仕事の経験を積めるようにと力を尽くしている。このような状況は以前にも経験があった。どう見ても、ポーラはキャリアで栄光を手にするお膳立てができているはずだった。しかし、序列のない今日の職場では、効果的なコラボレーションが若いリーダーの取り組むべき最大の課題だろう。彼らが直面している課題には2つの要素があり、フィードバックやサポートや指示を求められる一方、従来のアルファ型の上司では嫌がられるのである。私はよく検討してほしいと言って、ポーラに2つの質問を投げかけた。(1)直属の部下とは呼べないうえに自分のキャリアアップしか頭にないようなスタッフの集団をどのように導いていくか？ (2)その同じスタッフたちが、和気あいあいとした雰囲気の中でなければ懸命に働きたいとは思わないとしたらどうするか？

契約をいくつも獲得して取引先を感心させるなど、ポーラは短期間で成功を収め、革新的で仕事熱心な人だと社内で評判になった。ところが、私が出会ったときにはその評判が諸刃の剣になっていた。上級幹部たちからは有望な人材だと思われていた一方で、同僚や若手スタッフからは自己中心的で自分がいかに貢献しているかしか頭にない人だと思われていた。取引先へのプレゼンテーションにはめったにチームを同行させず、反対意見を抑え込むのはしょっちゅうで、取引先からの評価を躊躇《ちゅうちょ》なく自分の手柄にした。ポーラの進む道は2つに1つ、トップまで登り詰めるか退社するかのどちらかだった。幸いポーラは自分が岐路に立たされているのに気づき、どうすれば自分の強みを補えるのかを自発的に考え始めた。そして、自己認識力を高め、協力関係を構築するためのスキルを磨く必要があると認識するに至った。ポーラは私に、きちんと決着をつけたいのだと言った。

ポーラは今日のリーダーシップの本質的な課題を克服し、コラボレーションを成功させている。魔法の方程式は存在しないが、いくつかの段階を踏んでいけば必ず実現する。それぞれの段階には科学的根拠があり、有能なリーダーなら誰でもうまく実現できるはずだ。

1. 権力を最大限に有効活用する。
2. 才能を評価し、育成する。
3. 無関係だった人々の集団を一致団結したチームに変える。
4. 有益で、なおかつ実用性のあるフィードバックを与える。
5. 安全な環境を醸成する。
6. メンタリングとコーチングで自立力を与える。

目指すは、社員が上司や会社に対して忠誠心を持つ（今日の不安定なビジネス環境では至難の業だが）だけでなく、活躍できるコラボレーション文化の構築だ。

権力の行使

私のコーチングは権力について話し合うところから始まるケースが多い。権力をどうやって手に入れ——ステージの上から、テーブルの向こうから、電話越しに、あるいはビデオ越しに——どうやって使うのかがわかっていなければ、一歩も先には進めないからだ。「協力的であれ」と口で言うのは簡単だが、影響力を行使する方法と場所と理由がわかっていなければ、なかなかそうはなれない。リーダーシップには、いかにこの力を行使するかが重要だ（ただし、意識的かつ良心的に使う必要はある）。権力を行使するときは、どんなに慎重を期したとしても、自分の生まれつきの長所や傾向を意識していないも同然だったら、レパートリーを広げようがない。

ポーラは、やる気を鼓舞する方法で影響力を行使するのが成功の鍵だという考えに同意した。ところが、どのような種類の力を使っているのか尋ねると、地位の力と専門家としての力というわかりきったものしか思いつかなかった。利用できる力は10種類もあるのだと私が言うと、ポーラは驚いた。

ポーラに教えた力の一覧を次に示す。あなたはどんな種類の力を使っているだろうか？　力とは、ある物体から別の物体に及ぼされるエネルギーを指す。重要なのはその使い方だ。

1. **地位の力（職権）**：組織上の権限や地位から生じる（「ディレクター」であるポーラの出発点）。持っている本人は忘れがちだが、持っていない人はまず忘れない。

2. **付託された力**：外部の供給源から生じる。他者の持つ信頼性や人脈に基づいて委譲されるか付与される信用（たとえば、上級管理職から尊敬されている同僚はあなた自身の力を増大させる）。

3. **専門家としての力**：知恵、経験、スキルから生じる（ソーシャルメディアの知識があるという理由で多くの人から尊敬されている人もいる）。

4. **イデオロギー的な力**：アイデア、ビジョン、分析から生じる。独創的な思想やひらめき、「自己愛」や「解放」といった理想、民主主義や資本主義といった歴史に基づくイデオロギーなどが該当する。

5. 妨害的な力：強制、妨害、抵抗する能力から生じる（暗黙的か明示的かは問わない）。他の形態の力が及ぼす効果をこの力で増強させることもできる。多くの活動家はこの力を使うのがとてもうまい。

6. 個人の力：個人のエネルギー、説得するスキル、共感力、伝染力のある熱意、求心力、カリスマ性。

7. 制度上の力：制度にひもづく地位に応じて直接的に付与される経済的、法的、政治的な力（「会員」特権や認可などを伴う場合もある）。

8. 文化的な力：人種／階級／ジェンダー自認に関する文化的規範、制約、特権意識の表れ。地位の力（職権）と同様、経済面や教育面での特権や優位性に裏打ちされている場合が多い。

9. ネットワーク力：序列や階層のないクモの巣状またはマトリックス状の人のつながりを通じて拡大する影響力。外部へのメッセージの拡散、他者を巻き込み行動を促す目的に使用できる（「波及効果」）。

10. 互恵的協力関係による力《ピアパワーまたはコ・パワーリング》：モデル化、検証、フィードバックを通じてリーダーが他者の個人の力を活用し、双方の地位を高める互恵的な方法で権力を行使するときに活性化される[*1]。

ひととおり説明したところ、ポーラは他の形態の力をほぼすべて知っていただけでなく、普段からチームに対して使っていた。地位の力や専門家としての力だけでなく、自分の知識や人脈を活用するときにはいつでも、「付託された力」を使っていたのである。妨害的な力をどんなふうに使っているか例を挙げてほしいと言うと、ポーラはにやりとし、他のシニアリーダーや取引先からの抵抗に立ち向かったときの話をしてくれた。ポーラは自分が一歩も引かない人間だと見られているのを知っていたし、たいていの場合それが自分に有利に働くというのも知っていた。ところが、スタッフにも妨害的な力を行使しているように見えると私が指摘すると、ポーラは仰天した。

「そんなつもりはありませんでした」とポーラは言った。「ときには頑として譲らず、言うとおりにさせたりもしますが、自分が脅迫的だとか独断的だとは思っていません」

「本当ですか？」私は軽く念を押した。「あなたの強い命令口調が若手スタッフにどのように受け取られるか、わかっていますか？」

「まあ確かに、取引先が相手のときは必ずやんわりと伝えるようにはしていますが、チームが相手だと、私も忍耐力が低下するうえに期待が大きくなるのです」

「パワーダイナミクスが働いていますね」と私は指摘した。

「なるほど。自分がどのような力を持っていて、それをどのように使っているのかを、もっと意識する必要がありますね」とポーラは答えた。

ポーラは他者と協力関係を築き人脈を広げる重要性を理解し、そうした力を矢筒に収めていながら「矢」として十分に活用していなかった事実に気がついた。ポーラのようなミレニアル世代の多くは、力を誇示されるより仲間から働きかけられたほうがやる気になる。そこで私たちは話し合い、チームをより効果的に活用できそうな手段としてネットワーク力を強化すると決めた。ポーラの最大の関心事は取引先であったため、これには少し戸惑ったようだった。ネットワーク内で人間関係を構築するのはとても時間がかかるとポーラは常々考えていたし、早く結果を出さなければならないというプレッシャーも感じていたからだ。

こうした不満はよく耳にする。私が見ているアルファ寄りのクライアントの多くはコ・パワーリングの価値を理屈ではわかっていても、経営幹部や取引先からの要求のほうが優先度は高いと考えている。私はポーラに、従業員なしでは取引先を持てないのだから、従業員満足度に重点を置く姿勢も同じくらい重要だと気づかせた。それは優れたリーダーなら誰でもある時点で気づく明白な真である。そして、プロジェクトチームや社内の他の部署にいる重要な同僚とほんの15分話してみるとか、スタッフにもっと積極的に協力してほしいと頼んでみてはどうかと提案した。それによってスケジュールに遅れが出ることはなく、むしろ時間の節約になるかもしれない。それに、「すべての道は私に通ず」タイプの上司だという評判を返上できる可能性もある。

これまで歩んできたキャリアにおけるターニングポイントを振り返ってもらったところ、ポーラは自分を飛躍させてくれたのは前任者や上司、すなわちメンターたちとの会話だったという事実に気がついた。フィードバックや個人的な目標への配慮がどれほどありがたかったかを思い出し、まっすぐな道がほとんどない中、進んで行くのも困難な仕事環境ではそうしたものがとりわけ重要だったと改めて感謝の念を抱いた。ネットワークを広げ、仲間同士の関係性を活用し、自分の指揮系統の内外で協力体制を築く取り組みが、ポーラの成功には不可欠であったし、これからもそうだろう。[*2]

ポーラは頭を切り替える必要があったが、そのためには、同僚がいなければ自分は成功できないのだと認識することが欠かせない。周囲の要求に加え、行動重視で断固としたスタイルのポーラがベータ型リーダーになる可能性は低かったが、それでもかまわなかった。ポーラが認識を改めたからだ。人を巻き込もうとする姿勢や仲間を増やし聞き上手になるのが重要だと考えるようになったポーラは、ときどき同僚をコーヒーに誘ったりしている。他者の力を活用し、その貢献の価値を評価し、感謝の気持ちを伝えるようになったのである。

潜望鏡を上げろ

次は、リーダーとしてグループを率いていくときにメンバー一人ひとりの才能を最大限に引き出す方法を見ていこう。一から地道に成長の手助けをするのが基本だ。マトリックス型環境に置かれたマネージャーが犯しがちなのが、短期プロジェクトのために他のチームから人を採用するときに、所定のタスクを完遂するために必要な能力だけに狙いを定めるというミスだ。これは理にかなっているし、そうしたくなる気持ちもわかる。だが、採用される側にしてみれば、特定のパズルのピースだけを手伝わされ、それが終わったら元いたグループに戻ってくれと言われているようなものである。私はポーラに対し、あるプロジェクトに引き抜かれ、その後お払い箱になる専門技能者や若手スタッフの立場になって考えてみてほしいと言った。どんな感じがするだろうか？

「リスクを感じます」とポーラは認めた。「直属のマネージャーがキャリアアップの面倒を見るのが筋だとしても、私がその立場だったら、プロジェクトを去るときには利用されたと感じると思います」

成功への鍵は、チームメンバーをプロジェクトの歯車と見なすのではなく、もっと幅広く捉える姿勢だ。そう、現在のニーズのためだけでなく、会社の戦略的成長のためのリソースとして捉えるのである。視点をずらして、広角レンズで景色を見てみよう。潜望鏡を上げ、言うなれば、自分がもっと重要な指導的役割に就いている未来をイメージするのである。そうすれば、たとえ一時的にではあっても、自分のグループの一員になる人たちが会社全体の能力に不可欠な存在に思えてくるだろう。メンバーが個人として成長すれば組織も成長するのだから、メンバーの育成にエネルギーと時間を投資するのはリーダーの責任だ。

ポーラはこの点を理解したが、疑問はまだ残っていた。直属の上司が教えてくれる以外の社員の能力はどうすればわかるだろうか。たとえば、取引先に提案するソーシャルメディアのプランが必要だった場合は、ソーシャルメディアを使ったマーケティングの仕組みを理解している人を見つけなければならない。それだけでなく、ポーラはその人の希望や目標や経歴を知りうる立場になかった。

ではどうするか？　私たちは協力的な職場づくりに向けて次の段階「スイートスポットの特定」へと進んだ。スイートスポットとは、チームメンバーがすでに持っているスキルセットを活かせると同時に、これから伸ばしたいと思っているスキルを身につけられる場所を指す。それが見つかったら、リーダーはチームメンバーがそのスキルをさらに伸ばせる機会を全力で探してやらなければならない。リーダーシップは互恵的でなければならないからだ。プロジェクトのニーズを満たすために時間とエネルギーと忠誠心を求めるのであれば、その見返りを与えるべきであり、それが成長の機会なのだ。[*3]

互恵関係を築くうえで双方に役立つ3つの手順を紹介しよう。

1．強みを評価する。プロジェクトチームに加わる人と会話をし、その人がどのような形でチームに貢献できると考えているのかを把握し、その能力の価値を評価し、プロジェクトの成功のためにそのスキルをどう活かしてもらうつもりかを明確にする。

2．スイートスポットを特定する。チームに加わるメンバー各自に次の点について質問する。個人としてどのような希望を持っているか？　数年後はどのような立場になっていたいか？　そのためにどのようなスキルが必要か？　希望はあるものの、現時点では能力不足で専門家になれずにいる分野は何か？　各自への聞き取り調査と並行して、その人の直属の上司、あるいは一緒に仕事をしている他の同僚や利害関係者《ステークホルダー》からデータを集め、その人がどんなふうに成長したいと考えているのかを把握する。

3．希望を尊重する。チームメンバーにとって探求や開拓のしがいがある場所を探し、チームや社内での存在感を高める方法の模索に力を尽くす。

要するに、一時的に加わるメンバーも含め、どのチームメンバーに対しても、「評価」と「すり合わせ」と「双方向のコミットメント」の3つの手順を実施するのである。こうしていったん土台が整えば、命令的なアルファ型リーダーでも受け入れられやすくなり、取引先の要求や時間的制約に対応するために地位の力（職権）を行使する必要がある場合でも、好ましくない結果を回避できる可能性が大幅に高くなる。

「集団をチームに変える」

この時点でポーラは2つの大きな壁を突破していた。まず、複数の力の源泉を活用する価値を認識した。次に、与えられた仕事と自分の希望との関連性を見出せればチームメンバーは一気にやる気になるという事実を理解した（これは、チームメンバーの立場で考えてみて初めてわかった）。そのおかげで、たとえ短時間でも彼らの長所について話し合ったり、プロジェクトへの参加を通じてどのように成長できるのかを議論したりと、時間を上手に使えるようになった。

こうしてポーラの役割を捉え直したところで、私は次の問いを投げかけた。「プロジェクトに大勢の人を集めさえすれば、自動的にチームができるのでしょうか？」

「当然です」と間髪入れずにポーラは答えた。「私の下に人が配属されたら、その人たちにプロジェクトの概要を説明し、プレゼンや提案書づくりの段取りについて打ち合わせをします。それが終わった瞬間から、その人たちは私のチームのメンバーです。違いますか？」

「そうかもしれません」と私は言った。「でも、テーブルの周りに人を集めて日程や課題を示したからといって、必ずしも本当の意味でチームになったわけではありません。チームと集団は何が違うのでしょうか？」

実際のところ、役割を持った集団とチームとの区別については多くの議論があり、集団がチームになる可能性を高めるためにリーダーが取るべき行動については十分な研究が行われている。私の経験と最新の研究に照らすと、リーダーが対処すべき重要な要素は次の5つとなる。

1．理由を知る。チームスピリットを培いたいのならば、ポーラはもっと共感と向上心を引き出すようなメッセージに乗せて自分の課題を伝える必要があった。熟練した組織コンサルタントであるサイモン・シネックが『WHYから始めよ！　インスパイア型リーダーはここが違う』（日本経済新聞出版社）で述べているように、ポーラは「理由《なぜ》」を共有する必要があった。その第一歩として、リーダーは一歩下がり、自分自身のより深いところにある価値観と仕事との関係を考えなくてはいけない。なぜこのプロジェクトが重要なのか？　なぜ自分が担当するのか？　なぜ社員が携わらなければならないのか？　ここを起点としてコミュニケーションを図れば、チームを結束させるのに必要な熱意を醸成でき、エンジニア、会計士、セールスマン、製品デザイナーといったさまざまな人々の集団を、たとえ一時的であっても、やる気にさせられるはずだ。

2. 効果的な目標を設定する。目標設定に関する文献で必ずと言っていいほど目にする用語がSMARTだ。これは、Specific（具体的）、Measurable（測定可能）、Achievable（達成可能）、Relevant（関連性がある）、Time-limited（時間の制約がある）の頭文字をつなげた略語で、最大限の効果を得るためには賢明《SMART》な目標を設定すべしという意味だ。ところが、リーダーと社員がどのように協力すれば、設定した目標やそれを上回る結果を出せるのか、という点はなおざりにされがちだ。チームにはどんなリソースが必要なのだろうか？ どんなサポート体制を敷けば確実に成功できるのだろうか？ 目標とスケジュールを設定したら上司はさっさとフォローアップモードに移行し、どこまで終わったか、進捗状況はどうなっているか、と問いただすようなケースがあまりにも多い。その結果、やり遂げるための「方法」（エネルギー、サポート、フィードバック）が方程式から抜け落ち、期限に間に合わなかったり目標を達成できない人がいたりすると、リーダーは苛立ち、スタッフはやる気をなくし、貴重な時間を無駄にしてしまうのである。

目標設定なんてたやすいものだ。じっくりと時間をかけて、組織の目標と個人の成長が合致するスイートスポットを特定し、期待値と利用可能なリソースを明確にすればいい。この話し合いこそが重要なのである。目標は出発点にすぎず、途中で破棄したり評価し直したりする必要があるかもしれない。目標に執着するあまり、取引先や上司の関心が他の優先事項に移っても当初の目標を完遂しようとするリーダーを何人も見てきた。これでは「木を見て森を見ず」だろう。目標は学びの旅の第一歩に過ぎない。目標は、最も大きな差を生む要因は何なのかを探り、どのような会話をすれば正しい目標が見つかり、スタッフの内発的動機づけのレベルを上げられ、ズレを正すことができ、サポートのためのリソースを投入できるのかを学ぶためにある。

目標だけでなく、リーダーシップにも賢明さ《SMART》が必要だ。

3. 期待値をそろえる。チームがまとまり始めたら、チームの運営指針を設定しなければならない。この段階では、プロ意識、敬意、礼儀正しさといったものについて基準となる規範を定める他、対立が起きた場合の対処法もスタッフと相談しながらきちんと決めるのがポーラの役割だった。この種の規範は、衝突が起きたり誰かが不適切な行動を取ったりするまで暗黙裏にされるケースがほとんどで、結果的に士気の低下や混乱を招き、チームワークが停滞するおそれがある。リーダーは期待値を明示し、メンバー同士の接し方について率直に対話しなければならない。また、言ったことは実行し、どんな規範を採用するにしても、その手本となる必要がある。

破壊的な影響を及ぼすようになるまで、まったく話題にならない規範のひとつに、メールや電話の使い方がある。ストレスがかかってくると、リーダーが真っ先にあいさつをしなくなったり、メールや電話を完全に無視したりするようになるケースもある。代わりの手段として、「あれ、やってくれた？」とか「メモを受け取ってないけど、どこにある？」などと命令口調でそっけないテキストメッセージを送るのである。忘れがちだが、誰もが使っている質素なテキストメッセージでも感情は伝わる。それが不満なのか苛立ちなのかは関係ないし、そのつもりはなくても伝わってしまう。テキストメッセージはどこでも簡単に使えるものだが、驚くほどの破壊力を持ちうる。いわゆる利口《スマート》なツールがいとも簡単にお馬鹿なメッセンジャーに成り下がってしまうのは皮肉なものだ。

業務上の連絡を手っ取り早く済ませるためにハイテクを活用しようと思ったら、賢く、慎重に使う以外に解決策はない。感情に任せてキーボードやダイヤルパッドを打っているとしたら、すぐに指を止めなければいけない。運転中のメールが絶対禁止なのは誰もが知っている（違法とされる場所も多い）。それと同じで、気が急いているときや、怒っているときや、不安を感じているときのメールも事故につながりやすい。チームの雰囲気を決めるのはリーダーだという点を決して忘れてはいけない。ツイートするなら優しく《スイートに》、である。

4. フィードフォワードを実施する。 これまで述べてきたように、ミレニアル世代は一般的にフィードバックを重視する。自分自身のニーズとチームのニーズの両方を満たす仕事をしているのかどうかを知りたがっているのだ。多くの企業が犯しているのが、フィードバックのプロセスを年に一度の形式的な人事評価に任せるという過ちだ。社員の能力を最大限に引き出すためには、絶えずフィードバックを行うのがよいという研究結果があり、建設的な批判であっても、タイムリーかつ具体的であれば、プロジェクトの最後や1年後に行うフィードバックよりもはるかに価値があり、モチベーションを高める効果も格段に大きいとされている。特に成功している私のクライアントたちは、ときには週に1回など、フィードバックの会話を絶えず交わしている。あるeコマースのクライアントは、毎週金曜日の朝を「フィードバックフライデー」に指定し、スタッフが成長や強化を図っている分野のどれか1つをチームリーダーが評価するようにしている。[*4]

ポーラはフィードバックの価値をすでに知っていたため、時間をとって定期的に取引先から意見を聞いていた。たびたびやっていたのが、チームに注力してほしい分野や変えてほしい項目をセッションの最後に1つ尋ねるというものだ。ポーラはそれと知らずに、一種のフィードフォワードをずっと活用していたのだった。取引先がそのやり方をとても気に入っているのがポーラの話しぶりからうかがえた。取引先のニーズに全力で耳を傾けようとしているポーラの姿勢がより明確になった結果に違いない。

その同じ配慮をスタッフにも向ける時期がきていた。

5．安全な空間をつくる。次は、心理的に安全な環境をつくろうとしているかどうかを振り返ってみよう。ハーバードビジネススクールの研究者であるエイミー・エドモンドソンは、医療分野を中心に長年にわたってこのテーマについて研究している。エドモンドソンの指摘で重要なのは、明確な序列があっても、すべての人に発言する権利を明示的に与えるのが成功の鍵だ、としている点だ。手術室で外科医や麻酔専門医の仕事ぶりを観察してわかったが、高度な訓練を受けた専門家たちが集まって短時間で集中的に行う手術は、協力関係がなければよい結果は得られない。執刀するのは外科指導医とその指導を受ける研修医かもしれないが、どの人の役割も尊重され、どの人も発言が許されている。要するに、手術室が安全であってはじめて患者は健康になれるのである。

エドモンドソンによれば、心理的安全性とは次のような状況を言う。

- 声を上げることが許され、奨励されていると感じる。
- 職務の垣根を越えて連携し、リーダーとフォロワーという力関係よりもパートナーという関係を優先するよう奨励されている。

■報告会を定期的に行い、「何がうまく行っているか？　もっとうまくやれたものは何か？」と問う行為を通じて常に学びがある。

■リスクを取っても許される範囲が定義されている。

（この最後の「リスクを取れる範囲」の考え方は、当然ながらチームによって大きく異なる。新製品や革新的なアプローチを考え出すのが目標の創造的な環境のほうが、手術室の場合よりもリスクを取る合理性はある）。*5

心理的安全性についてチームと話し合う必要はないとポーラは考えていた。まずい事態になりそうだと思ったら声を上げる権利があると、チームメンバーは感じているはずだと思っていたからだ。

これに対して私は注意を促した。「地位が下の人、チームに入ったばかりの人、文化の異なる人たちが発言するスキルや自信を持っていると思い込んではいけません。そういった人たちの意見を尊重するとあなたが明言しなかったら、怖気づく人も多いのではないでしょうか。チームの中に内向的な人がいたらどうしますか？　誰でも言いたいことを言えるはずと思い込んでいたら、有益な意見を引き出せないのではありませんか？　外向的な人に主導権を握られ、男性社員の意見ばかりになるかもしれません」

ポーラは笑った。「ちょうど昨日、チームメンバーの男性の一人が突然みんなの前で怒鳴り散らし始めたのです。主導権は当然自分にあると思っているようでした」

ポーラは私の主張を代弁してくれた。社会的少数者《マイノリティ》や女性を中心に、誰もが安心でき、受け入れられていると感じられる環境をつくらなければ、今日のチームはメンバー全員の潜在能力を引き出せないし、才能も開花させられない。

「自立力をつけさせる——コーチングとメンタリング」

パフォーマンスの高いチームをつくり上げる作業は、取引先に納得して提案を受け入れてもらうのと同じくらい複雑で同じくらいやりがいがある。この事実にポーラはようやく気がついた。これで、やる気に満ちた活気あるチームにするための最後の（そして、おそらく最も重要な）要素「マインドセットの切り替え」へと進む準備が整った。権限を与えたり指示を出したりといったこれまでのやり方を改め、チームメンバーが自分の判断で動けるようにするのである。そのための手段がコーチングとメンタリングだ。だが、この2つの区別自体が難しいかもしれない。

メンタリングもコーチングも、誰かの学びと成長をサポートするという意味だが、用いる力の源泉が根本的に異なる。メンタリングでの会話ではメンターの専門知識や技能を中心に人間関係が構築され、経験豊富な人から下位の人に知識や知恵が伝えられる。あらゆる教育形態と同様、この関係性は本質的に「支配《パワーオーバー》」の構図を伴う。

一方のコーチングはパートナーシップが理想の形で、コーチが上司でコーチングを受ける側が部下の場合でも、コーチングモードに入ったら上下の序列はほぼなくなる。リーダーは物知りの年長者から協力的な同僚へと立場を変え、コーチングを受けている人が自分の問題解決能力をもっと自覚し、個人的な目標を決め、見えていなかった問題点に気づけるよう、サポート役に徹する。上下関係をなくすこの作業が、リーダーにとっては難しかったりうまくできなかったりすることがある。フィードバックや目標設定の面談を行いたいと思っている場合はなおさらだろう。コーチングの一環としてフィードバックを与えるのも確かに可能ではあるが、そうした関係性の中で効果を得るためにはポジティブな点を強調しなければならない。ダメなところではなく、うまくいっている部分に目を向けるのである。神経科学によって明らかになっているように、否定的なフィードバックから始めるリーダーほどやる気を失わせるものはないからだ。

コーチングが終わったとき、チームメンバーに「変わるのが楽しみだ、そのために全力を尽くそう」と思ってもらいたいのであれば、コーチングの会話、環境、タイミングをはっきりさせなければならない。ポーラはこの点も理解した。セッションがほんの数分であったり、自分がコーチとメンターのどちらの役割を務めているのかわからなくなったりしても、ポイントは変わらない。コーチングやメンタリングを受けている相手がどれほど安心して発言できる状況にあるかを、一歩下がって考察する必要がある。これまで述べてきた諸事項と同じで、コラボレーションにも身体的要素が多分に含まれる。あなたがストレスやイライラを感じていれば、同僚にはそれがはっきりと聞こえるし、見えるはずだ。

結局のところ、コーチングの最中に発する言葉や質問は、どんなによく練られていたとしても、効果を得るという意味では最も重要性の低い要素なのかもしれない。私はポーラに、コーチングセッションがちっとも成功しなかった上級管理職の男性の話をした。下準備をたっぷりし、オープンエンドクエスチョンを投げかけ、よい点ばかりに目を向け、上司というよりは同僚のような印象を与えようとしたにもかかわらず、少しもうまく行かなかったのである。彼はよしとされることを全部やったが、ひとつだけ問題があった。背の高いウィングチェアにもたれかかり、頭の後ろで手を組み、巨大な机に足を乗せてコーチングセッションを行っていたのである。

「わかります」とポーラは言った。「何を言われても、どんなに励まされても、上司が机の上に足を投げ出してふんぞり返っていたら、形式的にコーチングをしているだけだとわかります。私個人の成長などさして重要ではなく、ただ上司の仕事をこなしているだけなのだと思うでしょう」

細部にまで気を配る必要があるのだ。

静かなるリーダー

「すでにベータ型リーダーだったら、この項は飛ばしてもかまわないのでは？」と思うかもしれない。答えはイエスでもありノーでもある。確かに、コラボレーションに苦労しているベータ型リーダーはあまり見かけないが、そんなに珍しい存在ではない。それに、ベータ型リーダーが抱える課題も同じくらい手ごわかったりもする。生まれつき聞き上手で、合意形成を重視し、みんなを巻き込むタイプの人であれば、現在のアプローチのレベルアップができるかもしれない。いざコラボレーションとなると、自分が自分の最大の敵になってしまうベータ型リーダーが少なくとも3種類は存在する。1つ目は、合意形成を重視するリーダーだ。このタイプは、対話に熱中するあまり議論を延々と続け、結論に到達できない。２つ目は、ブレインストーミング好きのリーダーだ。このタイプは創造的なアイデアを出すのに夢中になるため（このタイプのリーダーについては次の章で紹介する）、案内役を失ったチームは迷子になったような気分になって困惑させられる。３つ目は、内向的なリーダーだ。このタイプは控え目であり、もともと他の人たちがしゃべってくれていたほうが安心できるため、結果としてリーダーの役割を放棄しているケースがよくある。要するに「過ぎたるは及ばざるがごとし」で、コラボレーションの遺伝子に恵まれているがゆえに、ベータ型リーダーはそれを使いすぎてしまうときがあるのだ。

元高校教師で、現在はマンハッタンにあるチャータースクール（訳注：従来の公立校では期待できない教育の諸問題に取り組むために、親や教員などが州や学区のチャーター［認可］を受けて開校する新しいタイプの公立校）の副校長を務めるケンドリックは、高校時代にこんな校長がいたらよかったのにと誰もが思うような人物だった。もともと高いコラボレーションスキルに磨きをかけ、最大限に活用できるようにするために、私がケンドリックのコーチングをすることになった。ケンドリックは内向的な性格ではなかったが極めつきの聞き上手で、組織や規律に関する問題が持ち上がった場合は教師たちに裁量権を与え、自力で解決策を考え出させようとした。ところが教師たちに会ってみると、天井を見上げたり腕を組んだりといったボディランゲージが見られ、ケンドリックの指導力不足に不満を抱いている様子が読み取れた。皮肉なもので、裁量権を与えているつもりが正反対の感情を抱かせる結果となり、ケンドリックがリーダーの役割を放棄するたびに教師たちは問題を丸投げされたように感じるのであった。

ケンドリックは概してスタッフから信頼され、模範となる人物だと思われていたが、スキルアップが必要だった。ケンドリックは個人的なビジョンがあいまいで、自分自身とチームの目標を的確に説明できないという課題を抱えていた。コーチとメンターの違いに話を戻すと、教師たちにとってケンドリックはすでに優れたコーチだったが、ときにはメンターになり、対話をするだけでなく成功への道筋を示す必要もあったのだ。

共感力が高く、気配りができ、(往々にして)内向的なマネージャーをコーチングする場合、最終的には存在感を高める取り組みに力を入れざるを得なくなるのが常だ。これには、コーチングを受ける相手も最初は意外に感じたり変ではないかと思ったりするようだ。このタイプの人たちは、人の話をよく聞き、命令よりも説得によって指導力を発揮し続けてきたが、存在感を示さなければチームの成功が見込めないような場面で尻込みするという問題がある。

内向的なリーダーによくお薦めするのは、先に紹介したスーザン・ケインの素晴らしい著書、『内向型人間のすごい力　静かな人が世界を変える』だ。内向的なリーダーにはこう言い聞かせている。「あなたのようなタイプの人が目立ってくれなければ、私たちの文化は多様なリーダーシップスタイルを歓迎する寛容な文化にはなりません。だから、時には目立ってください」。

スポットライトを浴びるより後ろのほうで話を聞いているほうがいいと思うタイプの人が人口に占める割合はかなり高い。ケイン自身が内向的な性格で、何百万もの人が見るTED Talksに出演しようとは決して思わないタイプだ。講演をして以降ケインは、自分と似たタイプの人たちを代表して話をするのがいかに挑戦しがいのある試みであるかを論じ続けている。

速習トレーニング

アルファからベータに切り替えるためのテクニック

1. **力を弱める。** 自分がどんな種類の力を使っているか振り返ろう。レパートリーを増やすために、自分では使ったことのない力を上手に使いこなしているロールモデルを見つけ、いつ、どのように、どういう理由で使う力を切り替えているのか尋ねてみる。リーダーにもフォロワーにもなるとはどういう意味かを考え、上下関係を逆転できる機会を見つけ、他者に権限を与えて自分を指導してもらおう。

2. **力を横展開する。** 自分を中心にした同心円をいくつか思い浮かべ、人脈《ネットワーク》や利害関係者《ステークホルダー》をどの程度活用できているか考えよう。集団指導体制を敷いた場合に得られそうなメリットについても検討する。ネットワークを拡大できる場所はどこだろうか？

3．スイートスポットを見つける。自分自身の強みとチームの強みを調べる。チームメンバー各自にそれぞれのスイートスポットを見つけてもらい、今後の学習と成長に向けて明確な計画を立てられるよう、手助けしよう。

4．「メンター」と「コーチ」を区別する。メンタリングは相手を支配する「パワーオーバー」の人間関係であり、コーチングは相手と対等の立場になる「パワーウィズ」モデルだ。両者の違いを知り、両方を実践しよう。その際には、「私は専門家の立場でアドバイスを与えている（メンタリングをしている）のだろうか？　それとも、対等な立場（コーチ）で選択肢を探ったり見極めたりしているのだろうか？」と自分に問いかけるようにする。

5．心理的安全性を確保する。協力を要請するタイミング、そのときのボディランゲージと状況に注意を払おう。そして、次の質問を自分に投げかける。「私はいつでも聞く耳を持っているだろうか？　他の人に発言を促しているだろうか？　ミスや失敗を学びに変えているだろうか？　正しくあろうとしているだけだろうか、それとも選択肢を探して成長したいと思っているだろうか？」

速習トレーニング

ベータからアルファに切り替えるためのテクニック

1. 力を強める。チームの対話とフィードバックセッションを最大限に活用しよう。指示力と集中力を保ち、課題を1つ設定し、全員の積極的な関与を促し、自分もそこに参加する。毎回ミーティングの目的を明確にし、目標と意図を事前に伝えよう。

2. ペアを組む。自分よりも命令的な同僚とペアを組み、互いにコーチングをし合う約束をしよう。相手には、対話に費やす時間とエネルギーを増やすよう働きかけ、聞き上手になれるようにするとともに非言語の行動の上達を促す。一方で、自分は規律正しく効率的かつ率直なリーダーになれるよう力を尽くす。

3. 枠を超えて人とつながる。自分にこう問いかけよう。「どんな活動に参加すれば枠を超えたと感じられ、知名度や影響力を広げられるだろうか?」ネットワークづくりに励み、一人ずつでもかまわないので知り合いを増やす。協力者のネットワークを構築するうえで大切なのは人数ではなく、つながりを拡大し続け、人間関係を深めていく姿勢だ。

コラボレーション文化の構築

ここまで見てきたとおり、多くのリーダーが旧態依然とした組織図を完全に捨て去り、代わりに実験的なモデルを導入し、階層をなくしたり、チームメンバーに権限を分散させたり、ネットワークを活用したりといった試みをし始めている。新たな動きとして、これまでにないレベルの成長を遂げるためには最高のアイデアが必要だという認識が、企業の後継者の間にも広がりつつある。そして、ご存じのとおり、アイデアはトップだけに任せておけばよいものではない。オンライン靴会社のザッポスをはじめとする一部の企業はさらに踏み込み、職制を完全に取り払って代わりにホラクラシーという、階層をなくし、個々人の主体性と自律性を尊重する組織マネジメント法を採用している。そこでは社員が交替でプロジェクトの輪に入ったり出たりを繰り返し、リーダーシップを共有しながら必要な場所にスキルを活かしている。

産業革命後の情報化時代は終わりに近づき、創造性の時代が始まっている。先に説明したとおり、従業員のやる気を引き出すためには自律性、関連性、有能感を持たせる必要がある（これは科学的に裏づけられている)。つまり、コラボレーション文化の構築が何より重要なのだ。運営形態がホラクラシーなのかその他の新しい組織構造なのかはともかく、職場の性質は変化し始めている。フラット化が進んだ今日の組織では、立場が何であろうと、従業員がもっと指導力を発揮し協力し合う必要がある。

ラトガース大学メディカルスクールの外科部長が最近私に言ったように、「何と言っても、執刀するのは外科医だ。手術室では今でも外科医がピラミッドの頂点にいるかもしれないが、結果を調査すればチームワークが不可欠だとわかる」。私にとって思いがけない経験だったのは、あの特殊な文化が実際に変化しているところ、つまり外科医がコーチになる様子を目のあたりにしたことだ。とはいえ、いつも簡単に行ったわけではない。それは、医師のひとりが打ち明けてくれた話からもわかる。「手術室では完璧主義者になれと、私たちは教えられています。手順どおりにきっちりやらなければ人が死んでしまうからです。コーチングははるかに微妙なものなので、正しくできているかまったく自信がありません!」

私は医師に改めて伝えた。「手術を見学してみて印象に残ったのは、手術室にいる全員が非常によく人の話を聞き、周囲に気を配り、意欲的に仕事をしている姿です。これは、素晴らしいコーチになるために必要なものでもあります。あなたたちが毎日それを実践しているのは疑いようもありません」

組織の未来は明るい。序列がどれほど揺るぎないものだったとしても、コラボレーションの文化を築くための時間と努力を惜しまなければ、未来は開ける。大切なのは完璧を目指すことではなく、毎日姿を見せ、その場にいようとする前向きな姿勢なのだ。

第10章

エンゲージメント

全身全霊を傾ける

1943年6月4日の朝、ロッキード・エアクラフト・コーポレーションで技術主任を務めるクラレンス・〝ケリー〟・ジョンソンの下で働いていたアーブ・カルバーは、大人気の新聞連載漫画『リル・アブナー（Li'l Abner）』を読んでいたのだろう。かかってきた電話に「はい、スコンクワークス（Skonk Works）です」と応答した。この漫画に登場する荒れ果てた工場の名前を使ったのだ。電話はワシントンの海軍本部からのもので、ケリーはその場でカルバーをクビにした。その後カルバーが復職すると、スコンクワークスの噂は広まり、この名が愛称として定着した。

当時、ジョンソンの航空技術チームはアメリカ政府の命を受け、まったく新しいジェット戦闘機をゼロから極秘裏に開発していた。その戦闘機「XP－80シューティングスター」を予定より7日早く完成させたジョンソンのチームは伝説となった。ジョンソンは自伝の中で、

「スカンクワークス事業」を運営するための14の法則（プロジェクトの成功を支えた哲学）を明かしている。それ以来、「スカンクワークス（Skunk Works）」（訳注：法律上のトラブルを避けるため、つづりを変更してロ社が商標登録した）は、既存組織とは異なる環境で形式的な手続き等に邪魔されずに新しいアプリケーションや製品を開発する少数のクリエイティブな人たちのグループを指すようになった。現在はスカンクワークスを秘密の場所に隔離する必要はない。それどころか、ほとんどのスタートアップ企業が掲げている理念は「スカンクワークス」のひと言で説明できるし、アマゾンやグーグルやフェイスブックのような巨大企業のイノベーション部門も同じだ。

今は誰もがスカンクなのだ。

今日のリーダーはどんな組織にいてもスカンクワークスを生み出せる。選ばれた一握りの人たちだけが特別待遇で創造的な仕事をしなければならない理由は、どう考えても存在しない。そろそろ仕事そのものを再定義すべきだろう。そうすれば、私たちの中のすべてのスカンクが、人類が直面する恐ろしい問題を調査し、想像力を働かせ、解決できるようになる。この章では、スカンクワークス方式で仕事をするイノベーターのチームをつくれるリーダーになるにはどうすればいいのかを見ていく。やり方がわかれば、〈フォーチュン500〉企業から小規模な非営利団体まで、ほぼあらゆる組織でそうしたチームをつくれるようになる。成功への鍵は、すべての人の天賦の才を解き放ってやることだ！

この頃は、従業員エンゲージメントに関する統計が発表されるたびに、ほぼ必ず惨憺たる結果を見せられる。メディアでは、何でも楽しんでやろうとする起業家精神あふれる企業が21世紀のアメリカを支える屋台骨になりつつあると盛んに報道するが、人事担当者は従業員意識調査の結果を嫌というほど知っている。ギャラップとCCL（センター・フォー・クリエイティブ・リーダーシップ）の調査によると、仕事にやりがい《エンゲージメント》を感じている従業員は全世界でわずか13％、アメリカでもたった27％だ。この調査結果は、従業員の満足度、ワークライフバランス、定着率など、従業員が幸福かどうかを示すデータの調査に基づいている。言うまでもなく、従業員が幸福かどうかの答えはノーだ。

クリエイティブ系の人たちが仕事に注ぐエンゲージメントのレベルを考えた場合、ソフトウエアエンジニアなのか文筆家なのか、俳優なのかミュージシャンなのかに関係なく、ほとんどの人が、幸福度や満足度でエンゲージメントのレベルを測るのはかなり違和感があると答えるだろう。彼らが示しているのは情熱であり、何より重要な使命感であり、世界で自分自身を表現することへのコミットメントだ。仕事そのものの定義が古くなっているのに、このような調査では、古びた定義に基づく時代遅れの質問をしているのかもしれない。最近では、生涯に4つか5つの仕事を経験する人も珍しくないが、ほとんどの企業は改革を可能にする柔軟性を育めていない。なんとも残念だ。雇用主が従業員の成長を促し、職務記述書《ジョブディスクリプション》の厳格さにこだわらなければ、従業員の創造性が刺激されて学習意欲が持続し、定着率の向上につながるだろう。特に先見性のある企業の中には、思いがけない人と人とのつながりを生み出そうと、部門の垣根を越え世代の壁さえ越えるさまざまな取り組みを試しているところもある。

この種の画期的な発想の一例に、200年の歴史を持つ保守的な保険会社ハートフォードで行われた取り組みがある。ベビーブーム世代を中心とするこの会社の幹部たちは、フェイスブックやツイッター(現・X)やインスタグラムの大流行を目の当たりにしながらも、どうすればいいのかわからずにいた。キャリアの浅い社員(ミレニアル世代とX世代)の一部も、自分たちの会社が新しいテクノロジーに素早く適応できていない現状に気がついた。そこで彼らは円卓会議を立ち上げ、ソーシャルメディアやモバイルインターネットやイントラネット通信の導入状況を改善する方法について議論した。CEOはこの活動を受け、前例のないリバースメンタリング・プログラムを開始した。キャリアの浅いメンターが幹部をメンティーとしてペアを組み、新しいテクノロジーとその活用方法について話し合うというものだ。当然ながら、メンティーもシニアリーダーの立場からメンターにビジネスを教えたり、キャリアアドバイスや能力開発のフィードバックを与えたりできる。プログラムに参加しているメンターとメンティーたちは定期的に集まり、学習成果の共有もしている。

世代を超えたこの協力関係を監督する人事チームは、まだ1年しか経っていないのに、すでにいくつかの好結果を確認している。まず、離職リスクの高い若手社員のエンゲージメントと能力が高まった。次に、ソーシャルメディアの使用法と方針が改訂され、テクノロジーツールが利用しやすくなった。最後に、このプログラムは継続されているため、シニアリーダーは斬新なアイデアに触れる機会を持ち、社員はキャリアの浅いうちに大企業の経営方法に関する知識を獲得している。これはまさにWin-Winの関係であり、改革を必要としていた会社と、会社にとどまる理由を必要としていた若い世代の両方に、メリットがもたらされている。

「ベータを極めたリーダーにアルファのエキスを注入する」

会議室に入ったとたんに不協和音に襲われた。私はデジタルメディアコンサルタント会社のエグゼクティブディレクター兼創設者であるジョナサンに雇われ、ITとイノベーションの責任者、業務の責任者、リサーチの責任者のコーチングをすることになっていた。初めて全員と顔合わせをしたとき、会社がカオス状態になっているのがはっきりとわかった。だが、驚きはしなかった。チームが組織化されておらず、流動的で、ときにけんか腰の態度が見られるのは、そもそもの目論みによるところが大きい。ジョナサンが目指していたものはただひとつ、イノベーションだった。デジタルメディア製品を通じて社会変革を加速させたいと考えていたのだ。この崇高な目標に対するジョナサンのアプローチはシンプルで、ソフトウェアエンジニアやデータサイエンスアナリスト、文化とメディアの研究者や社会心理学者や神経科学者など、専門分野に秀でた若い人材を雇い、世界を変えるアイデアやアプリケーションや製品を思い思いに生み出してもらおうとしていた。

では、なぜコーチの力を借りるのだろうか。ひとつには、チームが常に締め切りに遅れるという理由があった。ジョナサンも認めているように、チームメンバーには創造性を高めるうえで必要な「規律」が欠けていた。ジョナサンが悩んでいたのは、成果に重点を置きながらも冒険をためらわない文化を守るにはどうすればいいか、という問題だった。自分とは正反対のタイプの業務担当ディレクター、キャスリーンを採用するという試みはすでに行っていた。だが、ジョナサンが育んできた大学の延長のような文化の中では、リーダーシップに少しでも「文配《パワーオーバー》」の気配がすると抵抗された。

ジョナサンには重大な盲点がひとつあった。自分こそがこのような職場の雰囲気をつくり出している張本人だと気づいていなかったのである。ジョナサンはリーダーシップスタイルが自由奔放で、ブレインストーミングセッションをとりとめなく行い、何日も行方不明になるのはざらで、計画を立てたり業務を完遂したりといった実務を全般的に軽視していた。それゆえ、「期限は重要ではない」という考えをチームが持ってしまっていたのである。私がコーチングに入ったとき、ブレインストーミングはガス抜きの場に変わっていた。みんなにもっと責任感を持たせようとするキャスリーンの必死の働きかけが反発を招いたのだ。ジョナサンはキャスリーンをクビにする寸前で、キャスリーンは辞職する寸前だった。リサーチチームやデータサイエンティストたちは、「キャスリーンは監督過剰でジョナサンは指示をしなさすぎる」と不満を募らせ、ジョナサンは途方に暮れていた。

　ジョナサンと初めて面談したのは、チームの自由気ままなプランニングセッション、通称「月曜朝のらんちき騒ぎ《マンデーモーニングマッドネス》」の直後だった。セッション中、私はチームメンバーの賑やかなやりとりをリングサイドで見ていた。

「あなたのグループのエンゲージメントが高いのは間違いありませんね」と私は言った。

　ジョナサンはため息をついた。「エンゲージメントは気にしていません。みんな情熱を持って懸命に仕事をしてくれています。ただ、とにかくアイデアが多すぎて、たくさんのプロジェクトが目白押しになっているせいで、本当に必要なアイデアがないがしろにされているのです」

「それはどんなアイデアですか？」

「ああ」とジョナサンはまたため息をついた。「締め切りが重要だというアイデアです」

私はジョナサンに、パフォーマンスが高いエンジニアリングチームを対象にグーグルが行った最近の研究の結果を見せた。[*1] パフォーマンスに影響する因子として報告された上位5つは次のとおりである。

1. **心理的安全：**安心して声を上げられ、失敗を打ち明けても咎《とが》められず、むしろ学習の機会になる。

2. **信頼性：**リーダーの価値観、行動、取り組み姿勢が一貫している。

3. **構造と明確さ：**リーダーが合理的な期待値と実行期間を設定し、責任の所在を明確にしている。

4. **意味：**従業員が最も大切にしているものと仕事が結びついている。

5. インパクト：仕事が重要だと思える。

ジョナサンの場合、1と4と5は合格だったが、2と3に課題があった。当然の評価だ。ジョナサンは「サーファー」のような人生を送ってきたと語った。物事を先延ばしにしてもきちんと結果を出せる人間だと幼い頃から自覚していたジョナサンは、どうすれば日々の生活に規律を取り入れられるのかよくわかっていなかった。私はジョナサンに、規律や計画性を持って行動できたと思う出来事を思い返してほしいと頼んだ。

「高校時代の話です」とジョナサンは思い出を語り始めた。「勝てるとみんなが言うので、学級委員長に立候補したんです。私はスポーツマンでしたし、ほぼ全員が友達でした。ところが、選挙演説をする日の前の晩は不安に襲われました。準備が何もできていなかったのです。それで、翌朝は早くから起き出して、教師と生徒の関係や芸術課程を拡充するための予算など、主張したい重要事項を具体的に挙げていきました。規律を守る能力はあると思っています。使いたくないだけです。最高のアイデアを引き出したいので、スタッフには息苦しい思いをさせたくないんです」

「創造力を刺激するこの環境があってこそ革新的な組織を何度もつくれたのでしょうから、今の環境を絶対に手放したくない気持ちは理解できます」と私は言った。「でも、研究結果とチームの声からもわかるように、他の能力とのバランスが重要です」

それから数カ月間、ジョナサンは磨きのかかったベータ流のやり方にアルファの要素を少しずつ加え、スタイルの幅を広げていった。いつでも人を巻き込んで民主的に物事を進めるジョナサンは、何を変えるべきかについてはチームメンバー全員と一緒に決めたいと申し出た。メンバーの反応も気がかりだったのだろう。コーチの助けを借りると言ったら、「ジョナサンが暴君に変えられてしまう」と思われるのではないか、と危惧していた。そこで、主要メンバーを交えて、ジョナサンの目標と職場全体の目標を設定する運びとなった。最終的には、次に示す4つの要素を注入する案で意見が一致した。創造性を損なわずに生産性を最大化するために、指導層と組織に必要だと全員が結論づけた要素である。

1. **規律を注入する。**「ブレインストーミングセッション」はブレインストーミングに徹する。短時間のオープンなミーティングで1つか2つの問題を集中的に議論する方式にチーム全員が同意した。

2. **明快さを注入する。**「生産性セッション」（プロジェクト計画やスケジュール、コミットメントについて重点的に議論する体系的なミーティング）を別個に行う。ミーティングを分けたのは正真正銘の変化だった。それまでは、責任の話になったとたんにブレインストーミングセッションの創造的なエネルギーが消えてしまうこともあった。

3. 構造を注入する。主要なチームメンバーと1対1で話し合って「期待値を明確にする」という案にジョナサンは同意した。その際には、メンバーの個人的な目標、強み、成長の機会と組織の課題とをどうかみ合わせるのか、その方法を相互の約束事項として書面にする。

4. 集合知を注入する。「全員をリーダーにする」。仕上げにこの4つ目の新たなエネルギーを注入するには、ジョナサンがチームメンバー全員について、個々の成果物の責任と義務と所有権を明確に定義する必要があった。つまり、全員がアルファスピリットを高め、キャスリーンに頼りきりにならないようにする姿勢が求められたのである。

この最後のポイントは、特にコーチングには欠かせない。誰もがそうであるように、ジョナサンの周囲にもコーチ候補が大勢いた。互いにコーチングができるようにするには、さまざまな帽子をチームメンバーそれぞれがかぶり分ける方法について合意を形成するだけでよかった。ジョナサンがリーダーの役割を外れてフォロワーになったときには、キャスリーンや他のアルファ型のメンバーがジョナサンのコーチングをし、その逆パターンも実施されるようになった。私との契約期間が終了する頃には、同僚が互いにコーチングし合って規律と生産性の向上に務める取り組みが、この破天荒な文化の新たな規範となっていた。

結局、ジョナサンは相変わらずジョナサンのままだったし、ジョナサンが培ったオープンで束縛のない創造性の空間も依然として健在だった。私たちがともに成し遂げたのは、ちょっとした文化的変化を注入して、スカンクワークスをハイパフォーマンスな仕組み《マシーン》に変えることだった。

「大手製薬会社に良薬を」

次は、前述の事例の対極にあるバイオ医薬品の分野に話を移そう。ここで私は、社内でイノベーションや新しいアイデアを引き出す任務に就くリーダーのコーチングをする機会を得た。初めて面談したとき、そのアルファ型のリーダー、アマーは、自分が監督する科学者のチームが何をしているのか説明してくれた。アマーのチームは化学合成した医薬品が効かない病気の治療法を研究中で、その治療法に大きな期待が寄せられているという。業界で特に研究が盛んになっている領域である「バイオ医薬品」とは、製薬界の有機物ともいえる天然の分子や化合物を利用して設計・製造される医薬品を指し、がんや糖尿病やアルツハイマー病など、治療が特に難しい病気を対象としている。科学者たちは、母なる自然が持つ強力な治癒能力の発見と抽出も担っているのである。

アマーは巨大な多国籍企業の中でスカンクワークスを運営していた。これが成功していれば、「創造性に富みなおかつ生産性も高いチームを率いていくのはどこでもできる」という私の持論は確固たるものになっていたはずなのに、私はすぐに問題を発見することになった。並外れた独創性を備えたアマーのチームは結果も出していたが、その高い生産性は犠牲の上に成り立っていた。私がフィードバックを収集するまでアマーは知らなかったが、大半の部下はやる気を失っていただけでなく、つらい思いもしていた。他にチャンスがないかと探している人が大勢いたのである。他のポジションが見つかればすぐにでも辞めるつもりだと言う人もいれば、酷使されるばかりで十分に評価されていないと感じて諦めを覚えている人もいた。また、科学を愛し優秀な仲間を高く評価する一方で、不信と競争に満ちた業界特有の文化に憤慨し、蔓延する脅威と不安感にうつうつとしていると打ち明ける人もいた。素晴らしいアイデアを新たに思いつかなかったら、報酬も評価も得られなくなるというのだ。

アマーはエンゲージメントの欠如にうすうす気づいていたというより、気づいていたがゆえに助けを求めてきたのだった。幸いアマーは理解力があり、どうすればリーダーとしてのあり方を変えられるのか探求する意欲を見せ、スタイルを柔軟に切り替える方法を学び、部下を鼓舞する方法を見つけ、イノベーションへの情熱に再び火をつけたいと考えるようになった。私はアマーに、チームに何が起きているのかを探る前に教えてほしいことがあると言い、アマーがどうやって創造性を育んだのかを尋ねた。チームの雰囲気を決定づけるのはリーダーなのだから、エネルギッシュなアマーの存在が欠かせない。アマーは、本題から離れてリラックスしながら思索できるときに最高のアイデアが浮かんでくると教えてくれた。

「苦労しています」とアマーは言った。「チームには思い切り自由かつ臨機応変にやってもらいたいと本音では思っています。でも、私たちは依然として結果を重視する組織です。成果を出さなければならないのは大きなプレッシャーです」

「でも、そのプレッシャーのせいで燃え尽きる人や意欲を失う人が出ているのだとすれば、あなたのスカンクワークスはフル稼働しているとは言えませんよね」と私は言った。

アマーも同じ意見だった。「私のもとで働いてくれている優秀な科学者、化学者、技術者、生物学者の才能を十分に活用できていないと思うと悲しくなります」

「あ！　今、〝活用〟と言いましたね。これは大事な単語です。私がこれまでに見てきた創造的な試みの中で特に成功している事例では、リーダーが力を尽くして、全員の潜在能力を最大限に活用できる環境をつくろうとしていました。創造力は強制的に発揮させられるものではないと気づいていただかなければ始まりませんが、この点についてはもうご存じですよね」

人材の泉を最大限に活用しようと思ったら、リーダーはいくつかのレバーを引かなければならない。「エンゲージメントの6つのレバー」と名付けたそれについて、私は順にアマーに説明していった。まず、個々のチームメンバーを中心に、外側へと広がるいくつかの同心円としてオフィス環境をイメージしよう。なぜか？　理由は自分で考えてほしい。素晴らしいアイデアはどこから生まれて来るだろうか？

アマーにこの質問をすると即座に答えが返ってきた。「素晴らしいアイデアはどれも、私のチームに集まった優秀な人材のひとりかほんの一握りの人たちの洞察力や大発見から生まれています」

「アイデアがひらめく場面はいろいろありますよね。シャワーを浴びているとき、散歩をしているとき、空想にふけっているとき、ブレインストーミングをしているときなどもそうかもしれません。どの場合にも共通するものが1つありますが、何だと思いますか？」

「アイデアは気分が前向きのときに生まれてくる、というところではありませんか？」

エンゲージメントの6つのレバー

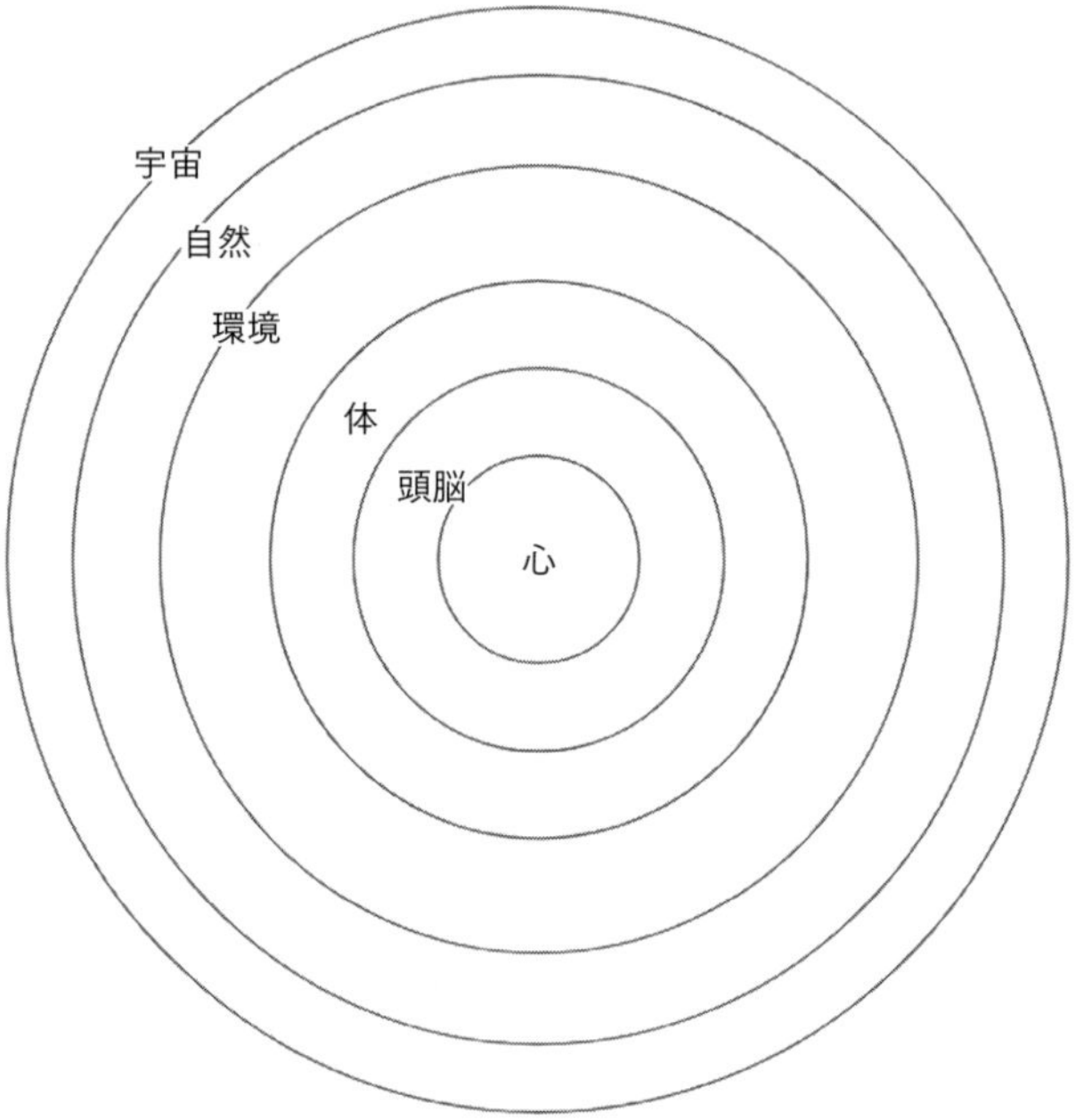

「そのとおり！　素晴らしいアイデアは、意欲や熱意や活力を感じ、生きていると実感しているときに生まれます」

ここでのキーワードは「感じる」だった。科学者やエンジニアに囲まれていたアマーは、創造力の源は脳だという誤った通説を簡単に信じてしまっていたが、これはまったくの嘘だ。〝モチベーション（motivation）〟という単語の語源は、「動かす」を意味するラテン語、〝motere〟だ。音楽や芸術や自然や、見事なアイデアに心を「動かされた（moved）」とき、私たちは感情について語っている。だからこそ、エンゲージメントの6つのレバーは、最も重要な「心」から始まるのである。

「1．心のレバーを使う

すでに説明したとおり、リーダーが他者とつながる方法や他者の心を動かす方法は無数にある。たとえば、状況に合わせてリーダーシップスタイルを変える、優れた聞き手になる、好奇心を持つ、自分の「なぜ」を知る、感情でコミュニケーションを図る、いい面に目を向ける、感情を率直に表現する、謙虚な気持ちで恐怖に対する弱さを認める、信頼と安心を築く、コーチングやメンタリングをする、協調性の文化を育む、などだ。アマーは理性では全部理解したが、実際にこれらの方法を実践するには大きな障害がありそうだった。そしてそれは、ご想像のとおり、多くのリーダーたちのステップアップを阻む「核心に迫る」ものだった。能力が試されるこの大事な時期にあって、アマーはリーダーシップそのものを仕事のように感じていた。本来ならアマーが他の人たちに仕事への意欲を吹き込まなければならないのに、いい上司であらねばならないというプレッシャーのせいで、アマーのやる気そのものが失われていた。アマーも燃え尽きていたのである。

工場の真ん中でスカンクたちのチームをやる気にさせるのは簡単ではない。だが、これは本書の基本テーマ「まず自分自身をコーチングする」を暗示している。アマーは一歩下がり、文字どおりの意味でも比喩的な意味でも自分自身に休みを与え、自分の「なぜ」と再びつながる必要があった。そもそもなぜ科学者になったのか？　今でも興奮を覚えるのはどんなものか？　朝、ベッドから出るのは何のためか？　チームに吹き込むべき活力や熱意を体現するモデルとなるためには、まず自分自身の心ともう一度つながり、再び心を活気づけるところから始めなければならなかった。

私はアマーに、心と体の維持や回復に必要な栄養を与えてこなかった部分はどこだと思うかと尋ねた。アマーにいちばん必要だったのは休息であり、思索のための時間と空間だった。ここは短い休暇を取るのが筋というものだ。ペースの速い過酷な環境で休みを取るのは至難の業だが、必要なのは間違いない。アマーはノートパソコンを家に置いていくことにも同意した（当然ながらメールはスマートフォンでチェックできるが）。エネルギーを取り戻して復帰したアマーは、最も大切にしている仕事に全力で取り組み始めた。アマーは研究者になって間もない頃、治癒力を持つ有機化合物を発見し、それが最終的に何千人もの命を救った、という経験をしていた。アマーはチームメンバーを集めてこの経験談を伝え、メンバーを鼓舞した。人の命を救う――それは仕事ではなく使命だった。同じメッセージをチームに伝えるには、アマーが自分自身の情熱をよみがえらせさえすればよかった。

2. 脳を活用する

脳は私たちの体の中で最も謎の多い器官だ。意識のコアメカニズムもわからなければ、人が言語を意味へと変換し、意味を言葉へと変換する方法もわかっていない。その一方で、神経科学や神経生物学の研究は数多く行われており、創造性が生まれるときに脳で何が起きているのかの解明は進んでいる。エグゼクティブコーチであり医師であり、ニューロマネジメント手法の専門家であるカルロス・ダヴィドヴィッチ博士は、クリエイティブな洞察を得るための最善の方法を神経学の観点から突き止めた。博士が提唱するのは、脳のエネルギー使用のバランスを整えるとともに神経結合を促進する次のような活動だ。(1)休息（長めの休憩や昼寝など）を挟みながら、短時間で集中的にアイデア出しをする、(2)散歩や運動をする（体を動かすと創造性が促進されるため）、(3)アイデアを出さなければと頑張らず、心をさまよわせたり、内省したり、ぼんやりしたりする時間を計画的に取る、(4)何か思いつかなければダメだと思わず、前向きでいる、などである。[*2]

「3. ボディ–マインド」を活用する

3つ目のレバーを引くには、脳だけを見ていてはいけない。私が「ボディ–マインド」と呼んでいるもの「創造性を育むために組み合わされる、身体的・感情的エネルギーのとっておきの万能薬」に目を向ける必要がある。第8章で述べたように、直感、つまり感覚的な気づきのメカニズムが解明されたことで、画期的な思考は頭脳のプロセスであると同時に身体的かつ感情的プロセスでもあると証明されつつある。重要なのは、エネルギーのバランスが整った状態、すなわち退屈でも満足でもなく、かといって不安に駆られもしない、安心できる環境に身を置くことなのだ。

安心感、帰属意識、信頼感は単なる概念ではなく、身体的、感情的、認知的な要素を含むエネルギーだ。そして、このすべてが揃っていなければ、新しいアイデアに挑戦してもいいのだとは思えない。リスクがあると感じるアイデアや既存の枠から外れたアイデアの場合はなおさらだ。だが実際には、「既存の枠から外れる」のは不可能に近い。私たちはみな、体、職場、家族、州、国といった複数の枠の中で生きているからだ。私たちにできるのは、こうした枠をもっと広げ、もっと包容力のあるものにして、創意工夫やひらめきを誘発する土台をつくることだ。

そこでアマーはまず身体面と感情面のバランスに関わる問題に対処するために、食事、栄養、睡眠、運動習慣の改善に着手した。やがてアマーは、健康的でオープンな環境とイノベーションとの関係を理解し始めた。創造性は私たちの内側だけでなく、私たちの間を流れるエネルギーのネットワークの中でも起こり得るという証拠が、研究によって示され始めている。これは実に興味深い。[*3] たとえば、コーチングの「ネットワーク効果」は複数の研究で確認されている。グループ内の誰かひとりがコーチングを受け、新しい習慣を実践していくうちに自己認識力が高まり、エネルギーの面でもいろいろと変化が起きると、いずれは周囲の人々の態度や行動に大小さまざまな影響が直接的に及ぶのだという。コーチング後のそうした効果が、会社全体のエネルギーや文化や創造性にインパクトを与えると考えられている。

4. 環境を活用する

リーダーが引くべき4つ目のレバーには、同心円を脳と体だけでなく環境にまで広げる作用がある。第8章で述べたように、仕事をする空間が先を見通す力や問題解決能力に直接的な影響を及ぼしていることが研究で明らかになっている。時間にも空間にも注意を払わなければならない。誰でも知っているように、いちばん仕事がはかどる時間帯が早朝の人もいれば深夜の人もいる。それなのに、時代遅れの通説に囚われている職場が多い。「仕事」は蛍光灯の灯ったガラス張りの個室で午前9時から午後5時の間にするものだと言って、時間と空間の枠に人々を押し込めているのである。これで本当に多くの人が創造性を最大限に発揮できるだろうか？　大切なのは、社員が生き生きと仕事ができるように、公的空間と私的空間のバランスや美観に注意を払い、働く環境を一人ひとりが自由かつ自律的に選べるようにすることだ。静かな環境にひとりでいるときに最も仕事がはかどる人もいるだろう。誰かとブレインストーミングをしてアイデアを出し合いたい人もいるだろう。活発な対話が最大の発見につながると思っている人もいるはずだ。

働く環境の力を最大限に引き出すためにリーダーができる4つの対策を紹介しよう。(1)勤務時間に幅を持たせ、働く人たちの体内時計に対応させる。(2)柔らかな色合い、自然光、新鮮な空気、落ち着きのある質感など、職場の美観に配慮する。(3)公的空間と私的空間を混在させる。(4)人間関係を祝福したり深めたりできる魅力的な休憩スペースをつくる（座り心地のいい椅子があるコーヒーバー風のたまり場など）。[*4]

「5．自然界を活用する」

5つ目のレバーには、私たちを職場から世界へと連れ出してくれる力がある。私たちを取り巻く世界は驚くほど複雑で、美しく、謎に満ちている。私たちは世界の中にいるだけでなく、世界を構成している要素でもある。ただ、敢えてその点は忘れている。

自然の中で過ごすと元気が回復する現象は数多くの研究で実証されており、1日30分の森林浴でもストレスが減少し、コルチゾールレベルが低下したのが確認されている。大半の人は、外で過ごすと頭や心や魂が強烈なインパクトを受けるのを知っている。部下の創造性を引き出そうとしているリーダーの場合、歩行瞑想、ハイキング、野生動物保護区の散策など、意識的に自然と関わる方法が見つかると、それがきっかけで人と人とのつながりや新たな発見が生まれ、世界が変わるかもしれない。

企業のチームがこの課題に取り組む方法はすぐには見つからないかもしれないが、ドアを開けて外に出ていく程度の簡単なことでもかまわない。アマーは個室にこもっている部下を大自然の中に連れ出せたらどんなに素晴らしいだろうと思いながらも、当初はその方法が浮かんでこなかった。ところが、アイデアはないかとチームに尋ねたところ、にやにやされてしまった。多くのメンバーはすでに、ペンシルベニア州東部にある会社のキャンパスを取り囲む森の麓を定期的に散歩していたのであった。*5

「6．宇宙を活用する」

エンゲージメントの6つ目のレバーは「宇宙の活用」と呼びたい。澄んだ夜空に広がる星の海に抱かれて呼吸をしてみたら、自分は星空を見上げると同時に見下ろしているとも言えるのではないかと、ふと思うかもしれない。また、人間の細胞を顕微鏡で覗いてみたら、あの星空とまったく同じものが存在していてびっくりするかもしれない。いずれにしても、このレバーの持つ最も重要な力は、未知なる神秘に驚嘆する感性を活性化させる作用だ。クリエイティブな人は人口のごく一部という思い込みを絶えず見直す必要がある。私たちはみな生まれたときからアーティストだ。リーダーにとって、常に広大な未知とつながりを保ち、探究心を引き出すことはとても重要だ。

コーチングを始めてから数カ月間で、アマーの立ち居振る舞いは頭のてっぺんからつま先まで変化した。私の目の前でどんどん若返っていくようでもあった。脳と体と魂に栄養を与えたら、創造力が再び溢れ始めたのだ。今でも必要に応じて威圧的な態度を取れたが、自身の中の少年を外で遊ばせてやれるようになったら、また仕事が楽しくなったようだ。

結局のところ、アルファとベータを往き来するFLEX能力は、エネルギーがあってこそ発揮できる。前述した6つのレバーの概念は、チームへのエネルギーの向け方について改めて考える際の助けとなるように考案されたものだ。あなたはどのレバーを引く力を持っているのか〝遊び心を持って〟考えてみよう。いろいろと実験してみるのもいい。ありがたいことに、たったひとりでチームを引っ張っていかなければならない人は存在しない。ジョナサンがチームのアルファ型メンバーに権限を渡し、彼らの指示に従ったことで恩恵を受けたのと同じように、アマーのロールモデルもチームの中にいた。アマーはベータ型のメンバーを探し出し、一緒に森を散歩しようと誘うだけでよかった。

速習トレーニング

「アルファからベータに切り替えるためのテクニック」

1. 心から始める。自分の内なる目的とつながり、それを起点にして話をする練習をしよう（内なる目的は、日々のモチベーションになっているものなら何でもいい）。チームにも同じ練習をさせ、仕事に意味をもたらすものについて、フォーマルな場でもそうでない場でも意見交換をしよう。

2. 脳を鍛える。脳にもともとある創造性を活性化させる習慣（脳科学の裏付けがあるもの）を身につけよう。たとえば、定期的に休憩を取る、短時間に集中して仕事をする、ぼんやりする、小さな前進を祝福して励みにする、などを実践しよう。

3. 創造的な空間を育む。どんな環境でどんなときに創造性が開花するかをよく見ておこう。ブレインストーミングはひとりがいいかグループのほうがいいか、試してみよう。ひとりの力を活用し、大勢のネットワークも活用してみよう。

4. **信頼感を醸成する。**対人関係の機微に気を配ろう。咎《とが》めるような評価はせず、弱さを認める勇気ある人の模範となり、過ちを学びの機会ととらえよう。

5. **驚嘆する感性を呼び起こす。**さまざまな可能性を楽しんで受け入れよう。独自路線を歩む人（特に物静かな人）を尊重しよう。試金石《タッチストーン》（おもちゃ、万華鏡、レゴブロック、楽器）を職場に持ち込み、インナーチャイルドの目を通して世界を見る姿勢を思い出そう。

速習トレーニング

ベータからアルファに切り替えるためのテクニック

1. **期待値を明確にする。**各メンバーに求められる明確な目標とサポート体制（コーチング、メンタリング、研修など）について話し合おう。頑張れば達成できる目標を互いの合意のもとに設定し、継続的な学習と成長のための計画を組み込もう。どの人も時間が経てば「担当職を自主的に離れられる」状況をつくると、役割や個人が変革され続けるのが経験的に確認されている。

2. **規律を導入する**。会議の時間や議題、運営方針、定期的な状況報告（実施の形式と頻度）、締め切り設定のプロセスなどについて、全員の承認を得たうえで一定のルールをつくろう。文書化したこの運営ルールは、合衆国憲法と同様、全員を拘束するものではあっても、必要に応じて修正可能なものと考えよう。

3. **構造化する**。柔軟性を残したゆるやかな組織構造を定め、役割を明確化するとともに、すべての人にリーダーシップと説明責任を求めよう。個人の自主性が尊重されると同時に個人同士のつながりや信頼関係が強化されるような境界線も定めよう。

4. **集団の力を活用する**。組織にとらわれずに楽しめる活動（ゲーム、イベント、自然体験）でグループの人々に才能を発揮してもらい、新たな連携や部門の壁の破壊につなげよう。報告会、反省会、学びを共有するための時間を設けるのも忘れずに。

5.（目標の達成だけでなく）学習成果を祝う。同僚が互いに学習成果や成長を公然と称え合う方法を見つけよう。お祝いを職場の恒例行事にするのもいい。ただし、日常化するほど頻繁に実施してはいけないし、不十分で遅すぎると感じられるほど少なすぎてもいけない。

「雷は二度落ちる」

ともに歩んできた旅の締めくくりとして、本書のページに登場してくれた素晴らしいクライアントの方々に感謝の意を表したい。天地がひっくり返った現在のめちゃくちゃな世界でリーダーシップの試練に挑んでいる彼らは、私のヒーローでありロールモデルであり教師でもある。本書で紹介したリーダーの属性は、男性、女性、非白人、ＬＧＢＴ、ミレニアル世代、ベビーブーム世代、Ｘ世代など多岐にわたるが、全員に共通点がある。それは、自分と自分が率いるすべての人たちの潜在能力を最大限に引き出すという大きな目標のために、自ら進んで生徒になり、コーチングを受け、セルフコーチングをし、盲点に光を当て、レパートリーを広げようとする姿勢だ。

FIERCEモデルをつくるきっかけとなった最初の事例を振り返ったとき、マークは特殊な例だったのではないかと思う人がいるかもしれない。柔軟性、意志力、感情の敏捷性《アジリティ》、自分らしさ、協調性、積極的関与——これらの特性や能力を備えることが、今日のフラット化が進んだネット社会でリーダーシップを発揮するための鍵だと、研究によって明らかになっている。とはいえ、アイビーリーグの教育と外科医の鋭い才覚がなければ、このような多面的な能力を育むのは無理なのではないか？　ここまで読んで、そのような感想を持っている人もいるだろう。では最後に、マークとは正反対の環境に身を置くもうひとりのリーダーを紹介して、誤解を永遠に解きたいと思う。

アレンはプレキシグラス製高級家具のデザインと製造を手がける家族経営の創業100年にもなる会社のオーナー兼CEOだ。アレンに初めて会ったときは、タイムワープしてしまったのかと思った。電動ノコギリやボール盤が金属音を鳴り響かせる中、木屑やホコリが分厚く積もった床の上で従業員が汗まみれになって、切断、接着、研磨、梱包などの作業に精を出している。すべてが時計仕掛けのように見えるのに、監督者らしき人はひとりもいない。と思ったのは勘違いで、そこにアレンがいたのであった。作業場の監督と一緒になって計画を検討し、プロジェクトのスケジュールについて議論し、騒音の中で大声を上げ、フロアを歩きながら承認の合図を送ったりハイタッチを交わしたりしていた。アレンは作業員たちに混じって熱心に仕事に取り組んでいた。この人こそ、卓越した身体的リーダーだ。

その後のマーケティング会議では、オープンエンドクエスチョンを投げかけ、チームが取り組んでいる大小さまざまな問題の状況を根気強くメモしていた。アレンは受容力があり、好奇心が旺盛で、合意形成を重視する人だった。また、状況に応じて「支配者《パワーオーバー》」から「同僚《パワーウィズ》」へと、自分らしさを維持したままで容易にモードを切り替えられる人でもあった。工場の作業場から重役会議室まで、どんな雰囲気に自分の存在感や口調や振る舞い方を変えればチームの生産性と創造性が最大になるかを心得ていた。作業場は混乱して慌ただしかったが、ミーティングの間、アレンはコーチ兼ファシリテーターとして冷静にスタッフの話に耳を傾け、仕草や態度で敬意や熱心さを示していた。厳しい販売目標や予算を設定してプレッシャーをかければチームはストレスでまいってしまい、ショールームに展示する作品を生み出す意欲を削ぐ結果になるのをアレンは知っていた。家具は実用性重視の味気ないものにもなれば、デザイン性の高いものにもなり得る。アレンの会社が長きにわたって繁盛し続けているのは後者のおかげだった。

アレンを見ていたら、手術室でマークとともに目撃したものが偶然の賜物ではなかったのがわかった。100年の歴史を持つニューヨークの工場が生産性の高いマシーンになり得て、イノベーションを引き起こすスカンクワークスにもなり得るならば、アルファとベータの二項対立を脱却し、タスクと人間関係の力学を一体化し、全員の才能の総合力を活用するリーダーシップ理論は夢物語ではない。アレンは自分の長所と欠点を現実のものとして謙虚に認めたうえでチームに磨きをかけ、情熱を持って仕事に打ち込む従業員たちをメンバーとする、柔軟で目的意識とエンゲージメントの高い集団へと育て上げた。

エルサルバドル出身の旋盤工の作業場から10メートルほど離れたところでスウェーデン人学生がデザインを学び、ユダヤ人の顧客サービス担当者やインド人の経理担当者、ＬＧＢＴでミレニアル世代のセールスマネージャーが仕事をしていた。アレンは近くのギリシャ料理店に従業員を定期的に連れていき、昼食を取りながら彼らの努力を称え、対話を促し、部門をまたいで知識が共有されるよう働きかけた。また、売上目標の達成、新しいデザインの発表、何カ月も無事故の工場運営など、成果があるたびにそれを祝った。要するに、今でもアメリカに人種のるつぼが存在するのは、アレンのＦＩＥＲＣＥリーダーシップのおかげでもあるのだ。

私は基本的に、本書を手に取るすべての人が、手術室のマークや工場作業場のアレンのようなリーダーになれるだけのすごさ《FIERCE》を身につけられる能力を秘めていると信じている。今日のイノベーターは、組織の壁を越え、限界を突破し、自らをコーチングしてさまざまな顔を持つ存在になる必要がある。ときに理想のリーダーとなり、ときに仕事熱心なパートナーとなり、ときに意思を持ったフォロワーにならなければいけない。自分自身の限界に挑戦し続けていくときの目標は、立ちはだかるあらゆる壁を打ち壊して自分自身を知ることでなければならない。もはや存在しない出世の階段を登れるだろうかと心配する必要はない。むしろ、重力の法則に抗ってあなた自身と周囲のすべての人たちを押し上げることに、情熱と創造力を傾けてほしい。簡単そうに聞こえるが、そのとおりで、あなたは周囲の人々を鼓舞するリーダーとなり、心の奥底にある夢を実現し、世界を変えられる——今いる場所がどこであっても、それは可能だ。

さあ、今すぐ始めよう！

おわりに
インクルーシブな世界を目指す

この原稿を書いている今、ニューヨーク市郊外のキャッツキル山地には（少し遅めの）春がようやく訪れようとしている。本書のページで述べたこととは裏腹に、信じられないほど二極化した時代に私たちが生きているのは間違いない。リーダーシップをさらに進化させるためには「英雄型」ミームから脱却する必要があるという主張を私が唱えたまさにその瞬間に、独裁的で男性優位の政権が復活した。それも米国でだけでなく、才能ある人々の次なる大波が現れるであろう中国、ロシア、シリア、トルコ、イスラエル、エジプト、フィリピンなどの国々でもだ。

けれども、私は別の変化も目にしている。世界中の組織が、構造のフラット化、拡大、再構築を進め、女性や非白人を昇進させ、ネットワーク型や分散型や共有型のリーダーシップモデルを試している。また、もう少しいいニュースもある。地方、州、連邦レベルで、女性や社会《マイ》的少数者《マイノリティ》やノンバイナリー（訳注：性自認に男性か女性かという枠組みをあてはめようとしない考え方を持つ人）の政治家候補がかつてない人数にまで急増している。合衆国大統領職のガラスの天井は2016年には壊されなかったかもしれないが、他の多くの天井はすぐに粉々にされるだろう。

ところで、本書の「はじめに」で述べたFIERCEモデルを覚えているだろうか。実を言うと私は、このモデル名に使った「すごい」という意味を持つ単語〝fierce〟の中にもう1つ〝I〟があったらよかったのにと思っている（残念ながら、私はつづりに弱く意志も弱いので、〝IFIERCE〟以外の覚えやすい頭字語を考え出すことができない）。リーダーシップの世界に変化の兆しはないかと見回してみたら、急速に注目度が上がっている資質がみつかったからだ。「Inclusion（インクルージョン）」がそれだ。この資質に注目が集まるというのはよくわかる。本書の中心テーマのひとつでもあるが、「英雄型のリーダーが白馬の騎士として必ず現れる」という時代遅れの伝説はまやかしであり、英雄型リーダーは世界中の組織で勢力を失いつつあるのだから。この変化と並行して、「LGBTQの地位向上」も見られ、肌の色、人種、性別、セクシュアリティ、文化を、ありとあらゆる組み合わせで併せ持つリーダーたちが、日々登場している。

だが、私にとってはこんなにも重要なトピックなのに、どう考えても私はこの分野の専門家ではない。そんなわけで私は、友人であり同僚でもあるジェニファー・ブラウンのようなロールモデルに注目している。ジェニファーはこのテーマについて雄弁に語り、教え、書いている。彼女の著書 *Inclusion: Diversity, the New Workplace and the Will to Change*（インクルージョン：ダイバーシティ、新しい職場、変化への意志）は、研究の重要な補強資料だ。ジェニファーのビジョンには感動させられる。「組織内や社会全体で協力して、私たちを分断している誤った二項対立や無意識の偏見を取り払い、コミュニティにおける安全の重要性を常に意識しながら、私たちを豊かにしてくれるあらゆる違いをともに祝えるようにしたいと考えています。私が何よりも望んでいるのは、私たち一人ひとりが職場で、そして人生において、歓迎され、評価され、尊重され、話を聞いてもらえていると感じられることです」。変革が急務なのは明らかだ。今やらなければ未来はない。

カール・ユングは、人間の成長は生涯続くプロセスであるとし、これを「個性化」と呼んだ。このプロセスの中で、私たちはそれぞれ自己の構築と解体を続けながら成人へ、そしてその先へと成長していく。生存には強い自我が必要であり、それはメンタルモデル（信念体系、集団的価値観、社会規範）が私たちに重要な帰属体験を与えてくれるからだ。ユングはまた、成長のためにはこの自我を構成する要素そのものが解体されなければならない、とも指摘している。硬直、脆さ、破壊はすべて、精神が変容しているサインなのだ。蛇の皮が乾き、剝がれ落ち、新しい体が現れるように、私たちは新しい皮膚「新しい、包摂的《インクルーシブ》な人々の物語」に道をつくろうとしている。

私たちは収斂《しゅうれん》（リミナリティ）の時代を生きている。この間《かん》は、これが普通だと言えば通用していたものがほとんど通用しなくなり、変わらないのは変化だけとなる。リミナリティとは、心理学者が「敷居」と呼ぶもので、古いやり方がまだ完全になくなっていない状態と、個人やコミュニティの新しいアイデンティティがまだ完全に形成されていない状態とが同時に存在する過渡期を指す。この間《あわい》にいるリーダーとしての私たちに求められているのは、矛盾を受け入れることであり、役に立たなくなったメンタルモデルや信念を捨て去ることだ。引きずり込まれずに変化の波に乗れる人々が、道を開いていくだろう。私の任務は、私たち全員がＦＬＥＸ能力を身につけ、包摂的《インクルーシブ》であろうと努力するよう仕向けることだ。

誰もがリーダーとして活躍できる世界をともに築こうではないか。全員がそうしなければならないのだから。

謝辞

本とは奇妙なもので、表紙にはたいてい1人の名前しか記されていない。これでは、あたかも著者が1人で（ノートパソコンとともに）洞窟にこもり、半年後にハードカバーを手にして外に出てきたかのようだが、実際はそうではない。あなたが手にしているこの本は、教師や協力者や研究者、クライアント、友人や家族など、数多くの方々が私に知恵を授け、執筆の旅を支えてくださったからこそ実現したものだ。こんなにも多くの方々から時間や洞察、フィードバック、愛情をプレゼントしてもらったのだと、今こうして振り返ってみると、とても身の引き締まる思いがするとともに感謝の念に堪えない。

やがてFIERCEモデルへと結実するアイデアの種が初めて芽生えたのは、親友でありかつてのビジネスパートナーでもあるパスカル・セママと話をしているときだった。パスカルは驚くべき人生の旅路を歩んできた切れ者で、フランスの一流工科大学からミシガン州の製造工場を経てウォール街のトレーディングフロアへと至り、（私にとって）ありがたいことに、リーダーシップコンサルティングの世界に早い時期から足を踏み入れた。パスカルと私は次第に、リーダーをサポートする仕事に深い情熱を抱くようになり、コーチングがようやく職業として確立されるずっと以前に「リーダーシップコーチ」になっていた。先見の明を持つ冒険家のパスカルは、ハーバード大学で教育を受けて40歳で麻酔専門医となり、その後すぐに私をボストンのマサチューセッツ総合病院に紹介してくれた。私はそこで、それまで出会ったことがないほど聡明で敏捷性《アジャイル》のあるリーダーたちの何人かと仕事をする機会に恵まれた。パスカル、きみが今も、これからもずっと、パートナーで、親友で、友人でいてくれることを光栄に思っている。

最初に感謝の気持ちを伝えたい相手は、ジェニン・ウィーナー＝クローニッシュだ。ハーバード大学教授でマサチューセッツ総合病院の麻酔・救急救命診療・疼痛医学部長でもあるジェニンは、彼女の優秀な医師のチームを変える力を私が持っていると信じてくれた。安全で柔軟で感情的知性を備えたチームリーダーを手術室で育てられるのなら、どこでも同じことができると信じるようになったのは、ここでの経験がきっかけだ。

ハーバード大学医学部の関連機関であるコーチング研究所の2人の創設者、キャロル・カウフマンとマーガレット・ムーアに出会ったのも、マサチューセッツ総合病院で仕事をしている時だった。コーチング研究所に移ってからコーチングの力に対する信念のレベルがまるで違うものになったのは、協力し合えるすばらしい仲間を得て思考の幅が広がったからだ。キャロル、マーガレット、スーザン・デイビッド、イリーナ・トドロワ、チップ・カーター、ケリー・スタンデル、ローレル・ドゲット、スー・ブレニック、ステファニー・ジラール、そしてコーチング研究所のチーム全員に深く感謝している。革新的思考力で世界を導くみなさんの友情がなければ、この本は決して実現しなかっただろう。また、ルース・アン・ハーニッシュにも心から感謝している。コーチング研究所があるのはルースの寛大な支援のおかげだ。そして、次世代の女性リーダーたちのために資金援助やコーチング、エンパワーメントを続けているルースに、私は日々、刺激を受けている。

本書を読んだ後でこの謝辞を読んでいる方はすでにおわかりでしょうが、私はあらゆる層の年齢、業界、機能、規模に属する驚くほど多様なクライアントに恵まれてきた。クライアントのみなさんには感謝してもしきれない。コーチングというのは深い互恵関係にある仕事だ。私はいつもクライアントを指導するのと同じかそれ以上にクライアントから学んでいる。私が気に入っている教訓をたくさん、本書に記した。彼らはいくつもの試練を経験し、苦難を乗り越え、数々の気づきを得て最終的に成功に至っている。この試み全体が価値あるものになったのは、このリーダーシップの旅路があってこそだ。

私は大勢のプロフェッショナルパートナーにも恵まれてきた。彼らの多くは、世界各地で開催される多様なリーダーシッププログラムに私を連れて行ってくれた。深い感謝の念を込めて、ここに名前を挙げさせていただく。TLDグループのトレイシー・デュバマン、スカイライン・グループのアニー・エイブラムスとトゥイ・シンデル、そしてホアン・ホセ・カイエハス、テリル・トンプソン、クック・ヴー、ニコール・コウジア、レスリー・ジャッフェ、アンナ・フロレス、ガブリエレ・ガンスウィント、ヘサン・ムーン、エリック・カウフマン、アイリーン・フラキア、ジャン・ライベック、アンドレアス・ベルンハルト、ベン・クロフト。これまでも、そしてこれからも、みなさんと一緒に仕事ができることを嬉しく思う。

本を書く行為は単独作業ではあるが、読者が手に取ってくださるような美しいデザインのものに仕上げるには、よく言われるように「村」が必要だ。今回の出版に際しては、才能あふれる専門家たちが「村」のメンバーだった。忍耐強さと辛抱強さを兼ね備えた代理人であるフォリオのソナリ・チャンチャニとフランク・ワイマンは、何度も企画書を練り直し、いくつもの出版社を回って交渉を重ねながらも、一貫して私の立場を尊重し、この本に書かれているアイデアの版元がいずれは見つかり、書籍となって世に送り出されるはずだと信じ続けてくれた。彼らが正しかったのは言うまでもない。やがて私は、これ以上ないほどの才能を持つ編集者のチームに恵まれた。本書が現在の形になったのは、ステファニー・ボーエン、ニーナ・シールド、ハリエット・ベルの3人の洞察力と忍耐力のおかげであり、何より、鋭くも優しい彫刻刀で私の文章の冗長な部分を削ぎ落としてくれた結果だ。3人のサポートに心から感謝している。

エグゼクティブコーチとしてフルタイムで働き、本を執筆し、コーチング研究所をサポートする——これらすべてを同時にこなしていたため、この本に不可欠な「エビデンスに基づく研究」の調査や実施に充てる時間がほとんどなかった。この点でも私は恵まれていた。コロンビア大学の大学院生で優秀なリサーチアシスタントのリズ・ダンツカーが救援に来てくれたのである。私自身がコーチであるため、優れたコーチを持つことの潜在的なメリットを常に意識している。だから、才能ある作家で、自然愛好家で、非凡なライティングコーチであるジェニファー・ウィルホイトがワシントン州の大自然の中にいるところを発見できたのは幸運だった。ジェニファーは机から離れて外に出なさいと、早朝から私を促した。セントラルパークにしか行けなかったとしても、大地に触れ、新鮮な空気を吸うと、創作意欲が蘇った。ジェニファー、ありがとう。

多くの教師、研究者、ソートリーダーが私の思考に大きな影響を与えたのだと考えると、すべての方々に感謝を伝えるのは不可能に思える。とはいえ、特にお世話になった次の方々には、お礼を述べなければならない。というのも、リーダーシップの難問を自力で解決できなかったとき、しばしば私の思考を広げてくれたのが、私の魂に染み込んでいた彼らの言葉だったからだ。その多くは本文でも紹介している。カール・ユング、マーガレット・ウィートリー、ペマ・チョドロン、マーシャル・ゴールドスミス、ライアン・ニーミック、ダニエル・ゴールマン、サイモン・シネック、スーザン・ケイン、ジェニファー・ブラウン、リチャード・ストロッツィ＝ヘックラー、リチャード・ボヤツィス、スーザン・デイビッド、マーガレット・ムーア、デイヴィッド・ピーターソン、トム・ルーツ、アレン・ショア、ギフォード・ブース、ルービン・バーロン、タチアナ・バキロバ、デイビッド・ロック、エイミー・エドモンドソン、バーバラ・フレドリクソン、バーバラ・ケラーマン、マーティン・セリグマン、キャロル・ドゥエック。みなさんは私のヒーローだ。

執筆に際してはここに挙げた先生方の指導を仰いだものの、アイデアを試そうとしているときや、文体や適切な言葉選びに悩んでいるとき、執筆時の落ち込みから救い出してほしいときに頼ったのは、大切な友人たちと何人かの特別な家族だった。彼らは、崩壊しつつある家父長制や新たなリーダーシップの状況について私が延々としゃべり続けても大目に見てくれた。バーバラ・フィリップス、スティーブ・メンドゥルソン、ジュディ・フォックス、ポリー・ハウエルズ、グザビエ・ルー、マウラ・コンロン＝マッカイバー、デイビッド・フレクター、ハドソン・タルボット、アンドレア・ローエンタール、カート・アンダーナック、あなたたちの愛とサポートに感謝する。私にとって、あなたたちの友情がすべてだ。

執筆中の毎日を支えてくれたのは、ある人物（と2匹の美しい猫）だった。何度も原稿を書き直す間も、ようやく完成させた初稿が、優に2冊分はあるから削って削って削りまくらなければいけない（ニーナとハリエットのおかげで、これがまったく正しい判断だったのは後にわかった）と言われて絶望したときも、落ち着きと正気を保って元気に過ごせたのは、人生のパートナーであるジェイソンのおかげだ。深夜、机の上に魔法のように現れた白ワインのグラス、困難な時の温かいハグ、私とこの本のメッセージへの揺るぎない信念に、感謝の気持ちでいっぱいだ。

最後に、ニューヨーク大学の大学院生にお礼を申し上げる。一部の民主主義大国（米国を含めて）でトップに登り詰めたのが、大衆迎合主義で、権威主義で、倫理的にどうかと思うようなリーダーだとしても、多様で知的で創造性を備えた彼らを見ていると、人類への希望が持てる。世界中の民主主義制度が危機的状況にあるのは間違いない。それでも、私の授業に参加した世界各国の若きリーダーたちは、強くて元気で優秀《FIERCE》だ。彼らが権力の座を引き継いでいくと、独裁者の世代は終わりを告げるに違いないと期待が持てる。恐る恐るではあるが、私は依然として楽観的だ。この本を彼らに捧げる。

原注

第2章

1．**フィードバックに関する神経科学の研究**：神経学者で教育者のジュディ・ウィリスが脳を調べたところ、ストレスに満ちた教室環境でネガティブなフィードバックばかりを繰り返す指導を行った場合、生徒の学習が阻害されるのがわかった。ウィリスは、「神経画像と脳内化学物質（神経伝達物質）の測定値を見れば、ストレス感情を抱いている状態のときに脳内で何が起こっているのかわかる。（中略）ストレスで脳の感情フィルターが活性化されると、高次認知機能に関する神経ネットワークへの情報の流れが制限される」と記述している。つまり、ネガティブなフィードバックを受けると脳は機能を停止するのである。逆に、ポジティブなものにはすべてのネットワークを総動員して反応し、モチベーション、創造性、新しいことに挑戦する意欲を育んでくれる。以下の記事を参照。J. A. Willis, "Connecting Brain Research with the Art of Teaching," School Administrator Journal of AASA, School Superintendents Association, September 2017; http://my.aasa.org/AASA/Resources/SAMag/2017/Sep17/Willis.aspx

2．**ポジティビティ比の研究：**バーバラ・フレドリクソンが複数の調査を実施したところ、ポジティビティ比（訳注：ポジティブな感情とネガティブな感情の比率）が3.0以上（ネガティブな感情1つに対してポジティブな感情が3つ以上）の大学生は精神的・社会的な健康状態が高い傾向が著しく強いことがわかった。学界では「ポジティブな感情表現」の具体的な定量的尺度および適用を巡る議論が続いているが、「ポジティブな感情は人間関係、健康、パフォーマンスの質に直接的な影響を与える」というフレドリクソンの基本テーマは引き続き引用され、学生以外（介護施設に収容されている患者など）でも確認される状況が継続している。フレドリクソンの「拡張形成」仮説は、ポジティブな感情が起こると興味の対象が広がり、それによって関わる意欲が促されて行動のレパートリーも広がり、新しい機会に気づいてそれをうまく利用できるようになると、最終的に適応できると証明されることを示唆している。本研究については以下を参照。B. L. Fredrickson, “The Role of Positive Emotions in Positive Psychology: The Broaden-and-Build Theory of Positive Emotions,” American Psychologist 56:3 (2001): 218–26; http://dx.doi.org/10.1037/0003-066X.56.3.218

3．**孤立の神経科学的メカニズム：**プリンストン大学のA．M．ストラナハンの研究によると、社会的孤立はストレスの悪影響を深刻化させ、精神障害の発症リスクを高めるという。ラットに運動する機会（通常は脳の健康によい影響を与える）を与えた場合、「一人暮らし」と「集団暮らし」とでラットの脳への影響に違いはあるのか比較調査したところ、互いに隔離されていたラットの場合は、「走る」というポジティブな行動でも脳機能に悪影響が及ぶのがわかった。ラットは人間と同じ社会的動物であり、この種の脳の実験は社会的孤立が脳機能に悪影響を及ぼす可能性を示唆している。本研究については以下を参照。A. M. Stranahan et al., "Social Isolation Delays the Positive Effects of Running on Adult Neurogenesis," Journal of Nature Neuroscience 9:4 (April 2006): 526–33; http://dx.doi.org/10.1038/nn1668

4. **達成感の神経科学的メカニズム**：ジョージア健康科学大学のBrain and Behavior Discovery Institute（脳と行動の発見研究所）の共同所長であるジョー・Z・ツィエン博士は、脳内でドーパミンを機能させる重要な受容体が、習慣づくりに不可欠な「ゲートウェイ」の働きをしているのを発見した。ドーパミンは、人が目標に到達して達成感を覚えたときに放出される重要な神経伝達物質である。運動したり、重要な任務を完了したり、締め切りに間に合ったり、好ましい習慣が身についたりしたときに湧き起こる快感に応じて前向きな意欲をかき立てる、「報酬分子」とも呼ばれる。本研究については以下を参照。J. Z. Tsien et al., "NMDA

Receptors in Dopaminergic Neurons Are Crucial for Habit Learning," Neuron 72:1 (2011): 1055–6; http://dx.doi.org/10.1016/j.neuron.2011.10.019

5.『マインドセット「やればできる！」の研究』（キャロル・ドゥエック著、今西康子訳、草思社、2016年）を参照。

第3章

1. **傾聴の重要性**：オスロ大学のエリク・オッドヴァル・エリクセンと共同研究者らがノルウェーの病院のリーダーシップ慣行を調査したところ、リーダーシップの成功は、マネージャーが「コミュニカティブモード」と呼ばれる対話を行っているかどうかが大いに影響しているのがわかった。この研究は、リーダーシップを「道具」とみなし、効率や目標達成に焦点を当てるべきと主張した過去の研究への反証となった。調査の結果、処罰や規則を手段として効率化や目標達成を目指すマネージャーよりも、積極的な対話と傾聴を通じて相互理解と問題解決の環境を生み出すリーダーのほうが効果的とみなされているのがわかった。本研究については以下を参照。E. O. Eriksen, "Leadership in a Communicative Perspective," Acta Sociologica 44:1

(2001): 21–35; https://doi.org/10.1177/000169930104400103

2. トップエグゼクティブコーチの「聞くときの視点」の概要は、以下を参照。Carol Kauffman and William H. Hodgetts, "Model Agility: Coaching Effectiveness and Four Perspectives on a Case Study," Consulting Psychology Journal: Practice and Research 68:2 (June 2016): 157–76

3. 自己の多重性に関するタチアナ・バキロバの研究については、以下を参照。Tatiana Bachkirova and Simon Borrington, "The Limits and Possibilities of a Person-Centered Approach in Coaching Through the Lens of Adult Development Theories," Philosophy of Coaching: An International Journal 3:1 (May 2018): 6–22; https://doi.org/10.22316/poc/03.1.02; and Tatiana Bachkirova, Developmental Coaching: Collaborating with the Self (London: Open University Press, 2011)

4. **マインドフルであればあるほどよいリーダーになる：**ニュージーランドのワイカト大学のマリー・ロッシュと共同研究者らは、マインドフルネスがリーダーの幸福に果たす役割について研究した。ＣＥＯ／社長２０５人、中間管理職１８３人、若手管理職２０２人、起業家１０７人の４つの標本を用いて、マインドフルネス（意識の高揚）のレベルが精神的な幸福に及ぼす直接的な影響を検証した。結果は４つの標本すべてにおいて同じで、マインドフルな状態にあると過去や未来のネガティブな出来事に思い悩んだり心配したりせずに、状況を「ありのままに」見られるようになるのがわかった。結論として、「マインドレス（注意が散漫な状態）になったり取り乱したりするのではなく、意識と注意を今この瞬間に向けると、起こるかもしれない問題や過去に起こった問題ではなく、目の前の問題に集中できるため、熟慮した選択ができるようになり、それが心の健康と幸福によい影響を与える」と述べている。本研究については以下を参照。Maree Roche et al., "The Role of Mindfulness and Psychological Capital on the Well-Being of Leaders," Journal of Occupational Health Psychology 19:4 (October 2014): 476–89; https://doi.org/10.1037/a0037183

5. **好奇心の神経科学的メカニズム：**カリフォルニア大学デービス校神経科学センターの研究員、Ｍ．Ｊ．グルーバーらによると、好奇心は学習を促進し、好奇心が高まっているときは、関係のない情報も記憶しやすくなるという。本研究からは、好奇心がかき立てられたときの脳の変化についての知見が得られる。被験者は最初に一連の雑学クイズへの自身の関心度を評価した。その後、クイズの答えを学習している被験者の脳をスキャンした。被験者は、テーマに強い関心があるときほど、雑学情報をよく記憶した。調査の結果、好奇心が刺激されると脳の報酬系回路の活動が活発になるのがわかった。また、好奇心にかられて学習しているときは、海馬（新しい記憶を形成するうえで重要な役割を果たす部位）の活動が高まることもわかった。本研究については以下を参照。M. J. Gruber et al., "States of Curiosity Modulate Hippocampus-Dependent Learning via the Dopaminergic Circuit," Neuron 84:2 (October 2014): 486–96; https://doi.org/10.1016/j.neuron.2014.08.060

第4章

1．**物語る力と資金調達の関係：**コンコルディア大学とアルバータ大学の研究者は、バイオテクノロジー、インターネット、半導体の各業界に属するスタートアップ企業を詳細に分析し、創業者のプレゼンテーション手法が、投資家からの資金調達成功率と獲得資金の額にどのような影響を与えたかを特に詳しく調査した。その結果、ビジネスモデルや財務予測のみに焦点を当てて説明した企業よりも、起業家が熟練したストーリーテラーで、独自性、ビジョン、価値観を明確に伝えた企業のほうが、資金調達額が高かったのがわかった。本研究については以下を参照。M. L. Martens et al., "Do the Stories They Tell Get Them the Money They Need? The Role of Entrepreneurial Narratives in Resource Acquisition," Academy of Management Journal 50:5 (October 2007): 1107–32.

第5章

1. 以下を参照。Thuy Sindell and Milo Sindell, "7 Ways Women Leaders Can Excel Being Their Authentic Selves," Skyline Group (blog), September 2017, https://skylineg.com/resources/blog/7-ways-women-leaders-can-excel-being-their-authentic-selves/

2. 心理学者ルーヴェン・バーロン博士の仕事、博士の最新の著書、感情的知能アセスメント（EQ-i 2.0）の最新情報についての詳細は、http://www.reuvenbaron.org を参照。EQ-i 2.0アセスメントを受けたい方は、MHS Assessments（http://www.MHS.com）で認定プラクティショナーへの問い合わせ方法を調べるか、筆者ジェフリー・ハル（jeff.hull@instituteofcoaching.org）に問い合わせが可能。

3．**左脳／右脳説**：ユタ大学の科学者らは1000人以上の脳を分析し、この説は誤りだと指摘した。人が左右いずれかの脳を優先的に使っている証拠は見つからなかったのである。ユタ大学fMRI Neurosurgical Mapping Service（fMRI神経外科マッピングサービス）所長のジェフリー・アンダーソン博士とそのチームは、7歳から29歳までの被験者が安静、学習、問題解決、運動しているときの脳のスキャン画像を調べた。博士らは脳の領域を7000以上の区域に分けてそれぞれの活動を調べ、これらの区域内および区域間の神経連絡を調査した。一定の重要な区域において神経活動が激しい場所はあったものの、平均すると、脳の神経ネットワークおよび神経連絡は、左右ともほぼ同じだった。本研究については以下を参照。J. A. Nielsen et al., "An Evaluation of the Left-Brain vs. Right-Brain Hypothesis with Resting State Functional Connectivity Magnetic Resonance Imaging," PLoS ONE 8:8 (2013): e71275; https://doi.org/10.1371/journal.pone.0071275

4．**SDTと効果的なリーダーシップ**：イリノイ州立大学のthe School of Kinesiology and Recreation（運動学&レクリエーション学科）のアンソニー・J・アモローズと共同研究者らは、有能感、自律性、関係性の認識の程度が学生運動選手のやる気やその後の成績に影響を与えるかどうかを、自己決定理論（SDT）を用いて調査した。彼らは、高校と大学の運動選手、男女581人を対象に、コーチが自律性を尊重してくれている、自信を高めてくれる、良好な人間関係にあると認識している度合いを調査し、これらの要因が学生の向上心に大いに影響していると結論づけた。本研究については以下を参照。Anthony J. Amorose and Dawn Anderson-Butcher, "Autonomy-Supportive Coaching and Self-Determined Motivation in High School and College Athletes: A Test of Self-Determination Theory," Psychology of Sport and Exercise 8 (2007): 654–70; https://doi.org/10.1016/j.psychsport.2006.11.003

5. **SCARFの神経科学的メカニズム：** カリフォルニア大学ロサンゼルス校の神経科学の研究者らは、他者に受け入れらる／拒絶される、公平に扱われる／不公平に扱われる、他者から尊敬される／軽んじられる、といった苦痛および快楽の経験を担う神経系を特定した。身体的苦痛の感覚的側面（痛む場所がわかる、など）に関連する痛みネットワークは、感情的苦痛が起きている間も同じように活性化される。同様に、よい評判を得る、公平に扱われる、協力し合っているといったときには、身体的快楽の経験に用いられるのと類似した脳のネットワークが活性化されることも判明した。脳の報酬系回路が神経伝達物質ドーパミンを受容するのである。これは、望ましい食べ物や飲み物を味わっているときに用いられるのと同じネットワークと化学物質だ。以下を参照。M. Lieberman and N. Eisenberger, "Pains and Pleasures of Social Life,"

Science 323 (February 13, 2009); http://www.sciencemag.org

6. **敵対する神経ネットワーク**：ケース・ウェスタン・リザーブ大学の心理学者、リチャード・ボヤツィスによると、タスク指向型活動に集中している被験者の脳の活動をｆＭＲＩ画像でマッピングした場合、ＴＰＮ（タスクポジティブネットワーク）が働いている一方で、対人的／感情的活動に連動するＤＭＮ（デフォルトモードネットワーク）は抑制される。逆もまた然りで、ＤＭＮが活性化するとＴＰＮは抑制されるのだという。この対立する２つのネットワークは「共感的思考と分析的思考の対立」を反映しており、脳は、解析問題を解きながらリーダーシップの社会的・感情的側面も同時に処理するよう迫られているように見える。この神経ネットワークの役割の二極化はリーダーにとって問題だ。ボヤツィスが述べているように、「この〝敵対する〟脳のダイナミクスの影響を相殺するためには、リーダーの分析能力と対人能力の開発が重要かもしれない。（中略）２つのネットワークとそれに応じたリーダーシップの役割を切り替える能力が、リーダーシップの有効性の鍵だと証明されるかもしれない」。本研究については以下を参照。R. E. Boyatzis, K. Rochford, and A. I. Jack, "Antagonistic Neural Networks Underlying Differentiated Leadership Roles," Frontiers in Human Neuroscience 8:114 (2014); http://doi.org/10.3389/fnhum.2014.00114

第7章

1．**強みとしての弱さ：**ネバダ大学環境公共問題学部の研究者らは、模擬的な職場環境での研修に参加者した教育指導学博士課程の学生たちにインタビューを行い、データを分析した。研修では、一定の個人的な不快感をリスクにさらして個人的な内省に取り組むよう求めた。分析の結果、安心して自己開示ができる雰囲気を醸成する環境をつくった研修プログラムの場合、参加者は格段に熱心になり、集中して学習し、最終的に、各自の組織の実際の現場で非常に配慮しながら他者の指導に力を尽くすようになるのがわかった。以下を参照。Edith Rusch et al., "Transforming Leadership Identity in a Virtual Environment: Learning About the Leading Self," Journal of Transformative Education 11:1 (2013): 45–69.

2．人間同士の顔認識、共鳴、信頼、非言語のつながりを陰で支える神経学的機能に関する詳細分析については、ウィスコンシン大学マディソン校のポーラ・ニーデンタール教授（心理学）の次の研究などを参照。Paula Niedenthal et al., "Functionally Distinct Smiles Elicit Different Physiological Responses in an Evaluative Context," Scientific Reports 8 (2018):

http://doi.org/10.1038/s41598-018-21536-1

3．**リーダーシップにおける信頼の鍵は価値観の一致：**クイーンズランド大学の研究者は、研究開発チームにおけるリーダーシップ慣行と科学技術スタッフの信頼との関係を調査した。その結果、指導層に対する信頼を築くうえで最も重要な要素は、意思決定に関する透明性のあるコミュニケーション、集団的ビジョンの伝達、指導者との価値観の共有の3つだとわかった。研究者のニコール・ギレスピーによれば、「共通の価値観を持っていると、チームメンバーはリーダーが将来どのように行動するかを予測でき、共有されている価値観に反する行動をリーダーが取る可能性は低いと確信を持てる。価値観の共有、目標の共有、協議による意思決定によって不安が低減するのは、これらを実践するにはオープンで正直なコミュニケーションが必要であり、各個人にとって重要なものを共有する必要があるためだ」。本研究については以下を参照。Nicole Gillespie et al., "Leadership and Trust: Their Effect on Knowledge Sharing and Team Performance," Management Learning 41:4 (2010): 473–91; https://doi.org/10.1177/1350507610362036

4．**リーダーシップにおける謙虚さの価値：**オハイオ州立大学、ポートランド州立大学、中国人民大学の研究者は、チームの創造性に関連する重要なリーダーの特性は謙虚さであるとし、その特徴として、自分の限界や欠点や間違いを率直に認める姿勢や、フォロワーに感謝を示したり称賛したりする態度を挙げた。彼らはチームの心理的安全性と情報共有を変数として、リーダーの謙虚さとチームの創造性との関係を調査した。データは、中国の情報技術企業11社の72の作業チームと、354人のチームメンバーおよび監督者／マネージャーから収集された。その結果、リーダーの謙虚さと情報共有の重要性、影響、方法の間に正の関係があるのがわかった。さらに、リーダー側の情報共有における寛容さと透明性が心理的安全性の構築に役立ち、それがチームの創造性を著しく高めるのもわかった。本研究については以下を参照。J. Hu et al., "Leader Humility and Team Creativity: The Role of Team Information Sharing, Psychological Safety, and Power Distance," Journal of Applied Psychology 103:3 (2018): 313–23; http://dx.doi.org/10.1037/apl0000277

第8章

1. **身体的知性のメカニズム**：英国のキングス・カレッジのジョン・ヒンドマーシュとノッティンガム大学のアリソン・ピルニックは、麻酔作業チームに対してビデオ観察法による調査を実施し、組織メンバーの身体動作を分析した。この研究は、チームワークのリアルタイム連携における間身体的（身体的）認識の重要性を浮き彫りにしている。仕事中の上級医を観察した研究者は、チームが最小限の言葉のやり取りで複雑な臨床的・身体的動作を協調させている様子に注目した。体の配置、ジェスチャー、エナクトメント（訳注：無意識の行動。意識化されていない心的内容の表出）、顔の表情（うなずき、微笑み、アイコンタクト）などのシグナルは、非常に複雑なチームの相互作用においても、身体的行為と非言語的コミュニケーションがチームメンバーの「会話」を支え、チームの成功に不可欠であることを示している。本研究については以下を参照。Jon Hindmarsh et al., "Knowing Bodies at Work: Embodiment and Ephemeral Teamwork in Anesthesia," Organization Studies 28 (2007): 1395–416; http://dx.doi.org/10.1177/0170840607068258

2. 弟子丸泰仙, The Zen Way to the Martial Arts (New York: Penguin, 1982).

3. **言語としての体**：バトラー大学のアリソン・オマリー准教授らは、スピーチをするリーダーの動画を被験者に見せ、その様子をウェブカメラで録画し、被験者の身体的反応を考察する実験を行った。リーダーはスピーチをしているとき、接近、回避、中立を示す一連の身体表現を行った。調査の結果、被験者が自分の見ているリーダーの身体的動作に応じて模倣するのは、接近動作（腕を広げる、うなずく）よりも回避動作（腕組みをする、首を左右に振るなど）である傾向が強いのがわかった。被験者は非言語的動作を敏感に察知し、無意識で動作を模倣していた。さらに、回避動作を模倣した被験者は、接近的／開放的なスタイル寄りの非言語的動作を模倣した被験者よりも、リーダーに対して否定的な印象を持つ傾向があった。本研究については以下を参照。A. L. O'Malley et al., "Incorporating Embodied Cognition into Sensemaking Theory: A Theoretical Integration of Embodied Processes in a Leadership Context," Current Topics in Management 14 (2009): 151–82.

4. Carrie Arnold, PhD, PCC, "The Silenced Female Leader: Coaching Women to Find Purposeful Voice," Willow Group, April 2017; http://www.willow-group.com 調査は、ハーバード大学医学大学院の関連施設、マクリーン病院コーチング研究所の出資のもとに実施された。

5. **直感のメカニズム**：ニューサウスウェールズ大学の研究チームが、直感（一般に「勘」とされるもの）の存在を科学的に証明した。実験では、大量のうごめく点《ドット》（古くなったテレビにちらちらと映し出される「雪」のようなもの）を被験者に見せ、点《ドット》の全体的な移動方向（左か右か）を判断してもらった。このとき、被験者の目の前にポジティブな印象を与える写真（愛らしい子犬など）とネガティブな印象を与える写真（今にも襲いかかろうとしている蛇）を提示した（ただし、被験者は写真に気づかない）。ピアソンらは、被験者の判断が写真に直接影響されるのを確認した。また、被験者が決断を下す際の皮膚コンダクタンス（生理的覚醒の指標）も測定し、調査時にはどの被験者も写真を見ていないと回答したにもかかわらず、写真の情動画像に有意な生理的反応があったのを認めた。研究者らの出した驚くべき結論は、「非意識的な〝データ〟は体と脳に影響を与え、私たちの意思決定を左右しているのは間違いがなく、よりよい判断に導いている可能性すらある」というものだ。本研究については以下を参照。Galang Lufityanto et al., "Measuring Intuition: Nonconscious Emotional Information Boosts Decision Accuracy and Confidence," Psychological Science 27:5 (April 2016): 622–34.

6. Richard Strozzi- Heckler, The Art of Somatic Coaching: Embodying Skillful Action, Wisdom, and Compassion (Berkeley, Calif.: North Atlantic, 2014).

7. **環境が重要**：アイオワ州立大学のジェームズ・C・マケロイは、米国中西部のある大手金融サービス企業で実施されたオフィスの大規模な変更／改装および従業員の移動の影響を調査した。オンラインによるアンケート調査は従業員271人（男性35・4％、女性64・6％）を対象に実施された（調査対象の約半数が、オフィスのデザイン変更および移転プロジェクトに参加していた）。同社は、(1)より少ないスペースにより多くの従業員を収容してコストを削減する、(2)より協力的な文化を促進する、(3)もっと前向きに仕事に取り組めるようにする、という明確な目標を掲げてオフィスの改装を行った。オフィス家具等の備品はすべて新調し、内装を一新し、明るい色を選び、自然光が入りやすくなるようにパーティションを低めにした。共用の会議室や会合スペースがつくられ、雑音が減少した。改装された新しいオフィスで仕事をするようになった従業員は、組織の文化があまり堅苦しくなくなり、より革新的でより協力的な文化になったとみなし、自主性が認められる範囲が増えたと感じているのが調査結果からわかった。本研究については以下を参照。J. McElroy, "Employee Reactions to Office Redesign: A Naturally Occurring Quasi-Field Experiment in a Multi-Generational Setting," Human Relations 63:5 (2010): 609–36.

8. Jennifer Wilhoit, PhD, Writing on the Landscape: Essays and Practices to Write, Roam, Renew (Bloomington, Ind.: LifeRich Publishing, 2017).

第9章

1. Rockwood Leadership Institute; https://rockwoodleadership.org/art-of-leadership/

2. **協力的なリーダーシップがうまくいく：**「リーダーが協力的に振る舞うと、よりよい意思決定につながるのだろうか？」という問いに対して、ある研究者のグループが調査に乗り出した。実験は、MBAの大学院生のチームを対象に、7カ月間にわたって実施された。各チームは1時間単位のミーティングを重ねながら、チームリーダーとともに指導要領を決定する。チームリーダーとは学部長、教授、事務幹部といった主要な学校職員を指し、訓練を受けた俳優がこれらのチームリーダー役を演じた。研究者は2つのタイプのミーティングを設定し、〝リーダー〟たちは2つの根本的に異なるリーダーシップスタイルで学生たちを同様の意思決定プロセスへと導いた。一方のグループのリーダーは典型的なアルファモードで振る舞い、指示や命令でチームの邪魔をし、権力を笠に着た要求や「私」を基準にした発言を繰り返した。もう一方のグループのリーダーは協力的なアプローチを取るよう訓練されており、オープンエンドクエスチョンを投げかけ、チームメンバーに発言を促し、寛容さや温かみの感じられる身振り手振り（センサーで把握）で共感や透明性、互恵的協力を通じて力を高め合うエネルギーを示した。結果は明白だ。参加型のチームダイナミクスであればあるほど、合意に基づいてグループの決定が下される傾向が見られ、しかも「正しい」決定に至りやすかった。「コラボレーションはうまくいく」が結論だ。本研究については以下を参照。Kim T. McFee et al., "Sociometric Badges: Using Sensor Technology to Capture New Forms of Collaboration," Journal of Organizational Behavior 33:3 (2012): 412–27.

3. **S字カーブを飛び移る：**高業績企業を対象にした調査プログラムのリーダーを務めるアクセンチュアのポール・ヌネズとティム・ブリーンは、さまざまな業界に属する世界中の企業を何千社も調査し、多くのリーダーが、いわゆる収益成長のS字カーブ（最初はゆるやかだった事業の成長がある時点から急加速し、やがて市場が飽和状態に近づくと横ばいになる様子を表したモデル）のみに焦点を当てて企業を経営している実態を明らかにした。これとは対照的に、トップクラスの業績を上げている組織は継続的かつ早い時期から目に見えないS字カーブを積極的に管理し、事業の途絶を防いで次世代のイノベーションに備えている。彼らの研究の主な成果は、人材育成のS字カーブ、すなわち労働市場だけでは対応できない部分を担う人材生育環境を構築するのが重要だとわかったことだ。実例としては、シュルンベルジェ（訳注：エネルギー革新に注力するグローバルテクノロジー企業。2022年10月に社名をSLBに変更）などの企業がある。こうした企業では、人材を安定的に確保するために多額の投資を行い、コーチング、トレーニング、ジョブローテーション、職務拡大など、常に学び続けられる環境を用意して、従業員が絶えず個人のS字カーブを「飛び移る」ことができるようにしている。本研究については以下を参照。P. Nunes and T. Breene, Jumping the S-Curve: How to Beat the Growth Cycle, Get on Top, and Stay There (Boston: Harvard Business Review Press, 2011).

4. **ポジティブフィードバックの神経科学的メカニズム**：ケース・ウェスタン・リザーブ大学のリチャード・ボヤツィス教授とその共同研究者らは、質問やフィードバックに自分自身が答えている動画を本人に見せ、その間に脳の活動をｆＭＲＩで観察し、引き起こされた感情的反応がポジティブな場合とネガティブな場合とで脳のパターンがわずかに変化するのを確認した。ボヤツィスによると、「ポジティブな感情アトラクター」（皮質神経回路の活性化）は建設的な認知的・生理的反応を引き起こし、これが個人のやる気、努力、楽観性、柔軟性、創造的思考、回復力《レジリエンス》などの適応行動を強化するという。「ネガティブな感情アトラクター」（別の皮質神経回路）は社会的ストレス要因を高める別のプロセスを誘発し、個人の有効性を損なう可能性があるという。何かを意図的に変えようとする場合、どちらの感情アトラクターも重要な役割を果たすが、変化に対する内発的動機を高めるためにはポジティブな要素に焦点を当てるのがポイントとなる。本研究については以下を参照。Richard Boyatzis et al., "The Role of the Positive Emotional Attractor in Vision and Shared Vision: Toward Effective Leadership, Relationships, and Engagement," Frontiers in Psychology 6:670 (2015); http://dx.doi.org/10.3389/fpsyg.2015.00670

5. **心理的安全性のメリット**：ハーバード・ビジネス・スクールでリーダーシップを担当するノバルティス寄附講座教授のエイミー・エドモンドソンは、心臓外科の手術室の「多職種から成るアクションチーム」を16チーム観察し、そのパフォーマンスとチームダイナミクスを調査した（チームは、外科医、麻酔専門医、看護師、技師、サポートスタッフで構成されていた）。エドモンドソンは結論として、以下に示すチーム特性を育み根づかせたチームの場合、学習とパフォーマンスが大幅に向上した（効率が向上する、新しい機器の使い方を覚えるのが早くなる、ミスが減少するなど）と述べている。条件となるチーム特性とは、(1)リーダーがコーチングを受け、序列の悪影響を軽減できるようになっている、(2)チームメンバーに「発言する」権限が与えられている、(3)チームメンバー間の権力や地位の差を最小化する姿勢を明確に求めるコミュニケーションセッションが実施されている、である。本研究については以下を参照。A. Edmonson, "Psychological Safety and Learning Behavior in Work Teams," Administrative Science Quarterly

44:2 (1999): 350–83.

第10章

1. グーグルが価値観を強化するために社内で行った従業員調査や作業については、『New York Times』の以下の記事を参照。Charles Duhigg, "What Google Learned from Its Quest to Build the Perfect Team," New York Times, February 25, 2016.

2. **創造性の最大化**：カリフォルニア大学サンタバーバラ校の心理・脳科学科のベンジャミン・ベアード教授らは、休息やマインドワンダリング（訳注：注意が逸れて思考がさまよう現象）がもたらすメリットを調査し、短い休憩や「あたため期」と呼ばれる時間（何にも集中せず、思考をさまよわせる数分間）を与えた場合に、被験者である学生の創造的な問題解決の成績が大幅に向上したのを確認した。データは、マインドワンダリングによって問題解決の創造性が向上する可能性を示唆している。本研究については以下を参照。B. Baird et al., "Inspired by Distraction: Mind Wandering Facilitates Creative Incubation," Psychological Science 23:10 (2012): 1117–22.

3．**コーチングの波及効果：**シドニー大学の研究者であるショーン・オコナーとマイケル・カバナーは、コーチングの効果は非線形的に拡大すると仮定し、コーチングを受けた人（コーチイ）の「対人関係ネットワーク」（研究者らの表現）に含まれる他者の幸福感にコーチングが与えた影響を、ソーシャルネットワーク分析（ＳＮＡ）を用いて調査した。この研究では、20人のリーダーが１対１のコーチングセッションを８回受け、自己申告と３６０度フィードバック（事前・事後）の結果を評価したところ、目標達成度と心理的幸福感が有意に向上していた。このＳＮＡでは、コーチイのネットワークのメンバー（コーチングを受けた人と密接なつながりがあると認められたメンバーなど）の幸福感もプラス方向へ有意に増加したのがわかった。本研究については以下を参照。Sean O'Connor and Michael Cavanagh, "The Coaching Ripple Effect: The Effects of Developmental Coaching on Wellbeing Across Organisational Networks," Psycholog y of Well- Being 3 (2013); http://dx.doi.org/10.1186/2211-1522-3-2

4．従業員のプライバシーを確保しつつ従業員同士のコミュニケーションを妨げないオフィス空間のモデルレイアウトの設定方法に関する研究は、続々と行われている。モデルおよびケーススタディーは以下を参照。Adel Mohammad A. Binyaseen, "Office Layouts and Employee

Participation," Facilities 28 (2010): 348–57. http://dx.doi.org/10.1108/02632771011042455

5．**創造性を誘発する自然の力**：ユタ大学の心理学者デイビッド・ストレイヤーとカンザス大学の共同研究者らは、自然が創造性に与える影響を調べた。その結果、テクノロジーから隔離されて自然の中で充実した時間を過ごした場合、創造性を検証するテストのスコアが有意に向上するのがわかった。この調査では、大自然の中を徒歩で移動するツアーに参加した56人（男性30人、女性26人）を被験者とし、電子機器の持ち込みを禁じた。56人の被験者のうち24人は、朝、トレッキングツアーに出発する前に10項目の創造性テストを受け、残りの32人はツアー4日目の朝にテストを受けた。本研究の共著者であるストレイヤーは結果について次のように記述している。「4日間どっぷり自然に浸り、同じ日数をマルチメディアやテクノロジーから切り離されて過ごすと、創造力の問題解決課題の成績が丸々50％向上する」。本研究については以下を参照。Ruth Atchley, David Strayer, and Paul Atchley, "Creativity in the Wild: Improving Creative Reasoning through Immersion in Natural Settings," PloS One 7 (2012): e51474. http://dx.doi.org/10.1371/journal.pone.0051474

柔軟なリーダーシップ
権威と協調を使い分ける

発行日　2024年4月19日　第1刷

Author　ジェフリー・ハル
Translator　川﨑千歳（翻訳協力：株式会社トランネット（www.trannet.co.jp））
Book Designer　小口翔平＋後藤司＋村上佑佳（tobufune）

Publication　株式会社ディスカヴァー・トゥエンティワン
〒102-0093　東京都千代田区平河町2-16-1 平河町森タワー11F
TEL　03-3237-8321（代表）03-3237-8345（営業）　FAX　03-3237-8323
https://d21.co.jp/

Publisher　谷口奈緒美
Editor　藤田浩芳　伊東佑真　（編集協力：鹿児島有里）

Sales & Marketing Company　飯田智樹　庄司知世　蛯原昇　杉田彰子　古矢薫　佐藤昌幸　青木翔平　阿知波淳平　磯部隆　大﨑双葉　近江花渚　小田木もも　仙田彩歌　副島杏南　滝口景太郎　田山礼真　廣内悠理　松ノ下直輝　宮田有利子　三輪真也　八木眸　山田諭志　古川菜津子　鈴木雄大　高原未来子　藤井多穂子　厚見アレックス太郎　伊藤香　伊藤由美　金野美穂　鈴木洋子　陳鋭　松浦麻恵

Product Management Company　大山聡子　大竹朝子　藤田浩芳　三谷祐一　千葉正幸　伊東佑真　榎本明日香　大田原恵美　小石亜季　野村美空　橋本莉奈　原典宏　星野悠果　牧野類　村尾純司　安永姫菜　斎藤悠人　浅野目七重　神日登美　波塚みなみ　林佳菜

Digital Solution & Production Company　大星多聞　中島俊平　馮東平　森谷真一　青木涼馬　宇賀神実　小野航平　佐藤淳基　舘瑞恵　津野主揮　西川なつか　野﨑竜海　野中保奈美　林秀樹　林秀規　元木優子　福田章平　小山怜那　千葉潤子　藤井かおり　町田加奈子

Headquarters　川島理　小関勝則　田中亜紀　山中麻吏　井筒浩　井上竜之介　奥田千晶　中西花　福永友紀　齋藤朋子　俵敬子　宮下祥子　池田望　石橋佐知子　丸山香織

Proofreader　文字工房燦光
DTP　アーティザンカンパニー株式会社
Printing　共同印刷株式会社

ISBN978-4-7993-3028-9　Junanna Leadership by Jeffery Hull,Ph.D.